Wilhelm Maas

Arabismus – Islam – Christentum

Wilhelm Maas

Arabismus
Islam · Christentum

Konflikte und Konvergenzen

Urachhaus

Umschlagbild: »Offenbarung des Engels Gabriel an Mohammed« – Miniatur aus Ǧāmiʿat-tawārīḫ (Universalgeschichte) des Rašīd ad-Dīn, Tabrīz 1307 (Universitätsbibliothek Edinburgh)

Die Deutsche Bibliothek – CIP-Einheitsaufnahme

Maas, Wilhelm:

Arabismus – Islam – Christentum : Konflikte und Konvergenzen / von Wilhelm Maas. – Stuttgart : Urachhaus, 1991
ISBN 3-87838-916-7

© 1991 Verlag Urachhaus Johannes M. Mayer GmbH, Stuttgart
Umschlaggestaltung Bruno Schachtner, Dachau
Satz und Druck der Offizin Chr. Scheufele, Stuttgart

INHALT

II DIE SCHIA – DER ESOTERISCHE ISLAM

III DER SUFISMUS – DIE ISLAMISCHE MYSTIK

BEMERKUNGEN ZUR UMSCHRIFT

Die Umschrift der arabischen Namen und Begriffe erfolgt nach dem System der Deutschen Morgenländischen Gesellschaft. Die Längung (und Betonung) der Vokale wird durch einen waagerechten Strich über dem Buchstaben wiedergegeben.

ḍ = emphatisches *d*
ḏ = stimmhaftes engl. *th*
ġ = dt. Zäpfchen-*r*
ǧ = *dsch*
ḥ = starkes *h* mit Reibungsgeräusch
ḫ = hartes *ch*
q = emphatisches *k*
r = Zungenspitzen-*r*
ṣ = emphatisches *s*
š = *sch*
ṭ = emphatisches *t*
ṯ = stimmloses engl. *th*
z = stimmhaftes *s*
ẓ = emphatisches stimmhaftes *s*
ʾ = Kehlkopfverschluß, Stimmein- oder -absatz
ʿ = stimmhafter, durch Verengung der Stimmritze gebildeter Reibelaut

VORWORT

Die erste Anregung zu diesem Buch kam aus dem Teilneh-
merkreis eines Seminars in der Studienstätte »Quellhof« in
Kirchberg-Mistlau an der Jagst Ende März 1991, das unter
dem Thema stand: »Arabismus und Islam – Herausforde-
rung für das christliche Europa?« Ermunterungen des Verle-
gers kamen hinzu. So habe ich das damals oft nur Angedeu-
tete, Vermutete, holzschnittartig Vorgetragene, jetzt hier weiter auszuführen und historisch detailliert zu belegen versucht.

Dieses Buch will nicht eine Einführung in den Islam ersetzen – hier halte ich mich ziemlich kurz – sondern einander
vielleicht unbekannte, unter Umständen kontroverse Stand-
punkte und Meinungen *ins Gespräch bringen;* insofern ruft es
geradezu nach kritischer Auseinandersetzung und Weiterentwicklung. In Jahrhunderten verhärtete, verfahrene Situatio-
nen im interreligiösen Dialog brauchen kühne Innovations-
vorschläge mit Animationscharakter!

Mancher Leser wird sich fragen: Warum in demselben Verlag ein zweites Buch mit fast dem gleichen Titel? Rudolf Frielings exzellentes Buch »Christentum und Islam. Der Geisteskampf um das Menschenbild«, erschienen im Jahr 1977, erarbeitet und gereift im Laufe von zwanzig Jahren, ist auch heute
in seinen theologischen Grundaussagen zum Islam und zum
Christentum unübertroffen und nicht überholt. Ich ergänze
es in den dort nur sehr kurz behandelten Themen »Schia«
und »Mystik« (hier mit erheblichen Korrekturen) und greife
aktuelle Fragestellungen auf. Dadurch ergeben sich viele neue
Themen. Im übrigen ist dieses Buch in seiner im Verlag
Urachhaus erschienenen Originalausgabe vergriffen.

Zur Lektüre des Kapitels über die Schia muß ich dem Leser
ausdrücklich Mut machen, sich »durchzubeißen«. Die Schia

in den uns zunächst so fernen Vorstellungen erschließt sich nur in mühsamer (vielleicht nur » esoterischer «) Anstrengung des Denkens, dann aber mit spirituellem Gewinn.

Durch die Einbeziehung des Arabismus-Problems ergab sich von selbst die das Buch beherrschende Thematik von » Erkenntnis « und » Menschenbild «. Insofern es auch um den Erkenntnisweg zur geistig-göttlichen Welt geht, ist dieses Buch eng benachbart dem gleichzeitig in diesem Verlag erscheinenden Werk von Peter Heimann: Der griechische Weg zu Christus.

Gewidmet sei diese Studie meiner Frau Marlies, die mir in der Zeit der Erstellung des Manuskripts durch ihre verständnisvolle Begleitung nicht nur den Geist frei gehalten hat.

Heilbronn – Stuttgart, im Mai 1991   WILHELM MAAS

I DER ISLAM –
GESCHICHTE UND GEGENWART

Wer ist ein Moslem?

Wer ist ein Moslem? Auf diese grundlegende Frage gibt es die präzise und klare Antwort, der niemand widersprechen wird: Ein Moslem ist, wer die Vorschriften des Koran und der schriftlichen Überlieferung der Reden und Gebräuche des Propheten Mohammed (Hadith) befolgt und die Pflichten der »fünf Säulen« des Islam erfüllt: allen voran das Bekenntnis zur göttlichen Einheit und zum Prophetentum Mohammeds, dann das fünfmalige Gebet, das Fasten im Monat Ramadan, die Almosensteuer und die Pilgerfahrt nach Mekka.

Wer ist ein Moslem? Darauf gibt es aber auch eine andere Antwort, ungewöhnlich, zum tieferen Nachdenken, wenn nicht zum Widerspruch auffordernd, aber aus einer tiefen spirituellen Einsicht stammend: Ein wahrer Moslem ist noch nicht derjenige, der das Glaubensbekenntnis spricht, sondern erst derjenige, der die übersinnlichen Wahrnehmungsorgane seines Ich voll und rein entfaltet hat. Diese Antwort ist nicht unsere Erfindung, sondern die Summe tiefer, esoterisch-spiritueller Einsichten eines der bedeutendsten islamischen Theologen und Mystiker, Simnani, aus dem 13. Jahrhundert. Davon wird noch später im einzelnen zu reden sein.

Zwischen diesen beiden Antworten, den Extremen des Exoterisch-Äußerlichen und des Esoterisch-Innerlichen, könnte man eine bunte Skala vielfältiger anderer Definitionen finden. Und niemand kann definitiv sagen: Diese Antwort ist richtig, jene ist falsch; denn es gibt im Islam kein Lehramt, keine »kirchliche« Autorität, die unfehlbar darüber entscheiden könnte. *Den* Islam als uniforme Religion gibt es also nicht. Das kann man auch noch an einer anderen, sehr bedeutsamen

Frage festmachen, nämlich der: Wann hat der Islam begonnen? Wann war seine Geburtsstunde?

Wann beginnt der Islam?

Auf diese Frage gibt es die präzise und klare Antwort, der niemand widersprechen wird: Die Geburtsstunde des Islam liegt in jener Nacht des 27. im Monat Ramadan des Jahres 610, als Mohammed seine erste Offenbarung durch den Engel Gabriel empfing, jener »Nacht der Herrlichkeit«, von der die 97. Sure des Koran später sagt (in der Übersetzung von C. Schedl):

> Siehe, wir ließen ihn (den Koran) niedersteigen
> zur herrlichen Nacht.
> Kannst du dir ausdenken,
> was diese herrliche Nacht?
> Diese herrliche Nacht
> ist besser als tausend Monde.
> In ihr stiegen die Engel herab
> und der Geist auf ihres Herrn
> Geheiß mit der Ganzheit des Wortes.
> Heil war sie bis zum Aufstieg
> des Morgenrot.

Diese »heilige Nacht«, vergleichbar der »Weihe-Nacht« der Christen, gilt, und das ist zunächst unmittelbar einsichtig, als Geburtsstunde der islamischen Religion – wäre da nicht jenes Ur-phänomen, von dem Sure 7,171 spricht, und das eine *andere* Antwort erfordert auf dieselbe Frage: Wann war die Geburtsstunde des Islam?

Der Ursprung des Islam liegt in jenem übergeschichtlichen, meta-historischen Ereignis, jenem prä-existenten »Prolog im Himmel«, jenem in der Ewigkeit vor aller irdischen Schöpfung geschlossenen Ur-Vertrag Gottes mit der Menschheit: »›Bin ich nicht euer Herr?‹ Sie sagten: ›Ja, wir bezeugen es.‹« Dieser »Zeitpunkt«, da Gott vor der Schöpfung die zukünftige Menschheit aus den Lenden des noch nicht geschaffenen Adam rief, ist die Geburtsstunde des Ur-Islam. Der in dieser zweiten möglichen Antwort liegende Gedanke an einen vorzeitigen Bund zwischen Gott und der Menschheit hat in der Tat das religiöse Leben im Islam tiefer beeinflußt als jede andere Idee. Die profunde Kennerin islamischer Mystik, Annemarie Schimmel, sagt hierzu: »Hier liegt der Ausgangspunkt für ihr (d.h. der Mystik; W.M.) Verständnis von freiem Willen und Vorherbestimmung, von Erwählung und Angenommenwerden, von Gottes ewiger Macht, von liebender Antwort und von demutvollem Versprechen des Menschen. Das Ziel des Mystikers ist es, zu der Erfahrung des Alastu-Tages zurückzukehren, als nur Gott bestand, bevor Er noch die künftigen Geschöpfe aus dem Abgrund des Nichts hervorrief und sie mit Leben, Liebe und Verständnis begabte, damit sie Ihm wiederum am Ende der Zeiten gegenübertreten, Ihn als den Herrn anerkennen könnten.«[1] So wäre denn das Offenbarungsereignis im Jahre 610 »nur« eine exoterische Manifestation und geschichtliche Konkretisierung im Rahmen jenes übergeschichtlichen, übersinnlichen, esoterischen Gründungsgeheimnisses. Auch bezüglich der Frage nach dem Ursprung stehen wir also wieder dem Phänomen der Vielfalt von Antwortmöglichkeiten gegenüber. Das Phänomen Islam ist differenzierter, pluriformer, als wir uns zunächst vorgestellt haben. Und wir erkennen hier schon andeutungsweise, daß das wohl etwas zu tun hat mit dem Standort des Betrachters, mit der Stufe, auf der sein Wahrnehmungsvermögen, seine spirituelle Erkenntnisfähigkeit, steht. Der Verlauf unserer Darlegungen wird diese Vermutung bestätigen.

Schon hier, im religiösen Bereich, gibt es also offenbar unterschiedliche Perspektiven und Akzente. Das gilt erst recht für den Islam in seiner *kulturellen* und *politischen* Dimension:

Den Islam gibt es nicht. Es gibt die Monarchie in Saʿudi-Arabien und Marokko, es gibt Republiken (wieder in sich unterschiedlicher Art) z. B. in Algerien und im Iran; es gibt die Regierungsform von Volkskongressen und Kommittees in Libyen; in Malaysia regiert eine ethnische Gruppe, nämlich die Malayen, gegen Hindus und Chinesen usw. Der Islam ist also nicht monolithisch, wohl aber ist er universalistisch. Im Zuge seiner geschichtlichen Ausbreitung ist er zur Religion vieler asiatischer und afrikanischer nichtarabischer Völker geworden, auch wenn das arabische Element eine besondere Stellung einnimmt, weil die arabische Sprache die heilige Sprache des Koran ist. Religiöse Rituale dürfen nur in arabischer Sprache ausgeführt werden, auch z. B. von einem das Arabische nicht verstehenden Türken. Ein Nicht-Araber muß, wenn er zum Islam übertritt, auch seinen Namen arabisieren.

Wir haben es mit *einem* universalen, pluriformen Islam zu tun. Worin aber liegt seine unaufgebbare Identität? Sie liegt in dem Bekenntnis zum einen und einzigen Gott, dessen Gesandter Mohammed ist. Diese *Einheit* (tauḥīd) ist der Identitätspunkt des Islam schlechthin. Wer sich zu ihr bekennt, ist schon dadurch und dadurch allein ein Moslem. Daß diese Einheit mehr bedeutet als einen naiven Monotheismus gegenüber heidnischem Vielgötterglauben, werden wir noch aufzeigen.

Wenn nun die *Einheit* das beherrschende Prinzip ist, wie und wodurch ist dann überhaupt Vielfalt legitimiert und ermöglicht? Der islamische Religionssoziologe Bassam Tibi führt hier den Unterschied ein zwischen *Rechtsislam* und *Volksislam*.[2] Rechtsislam bedeutet für ihn die Quelle der Vorschriften, das Modell für die Realität; Volksislam ist der real gelebte Islam. Tibi verdeutlicht diese Spannung am Beispiel der Spannung zwischen dem islamischen »Gesetz« (šarīʿa) und der islamischen Mystik (Sufi-Islam); letztere stellt in der Geschichte des Gesamtislam den Versuch dar, an dem dogmatischen Gebäude eines als blockartig geltenden Rechtsislam, wenn auch ohne sich dessen bewußt zu sein, zu rütteln; sie erreicht das dadurch, daß sie einerseits den Handlungsspielraum im Verhältnis Mensch-Gott zu vergrößern sucht und andererseits verinnerlichende, spiritualisierende Elemente in den Islam einbaut. Der Rechtsislam der »šarī'a«, was wörtlich die Straße, der breite Weg, bedeutet, steht dem sufischen Volks-Islam gegenüber, der dann auch »Tarīqa-Islam« genannt wird (tarīqa bedeutet Weg, der sozusagen von der Hauptstraße abzweigt). Schon in dieser Bezeichnung kommt zum Ausdruck, daß es im Volks-Islam viele Wege gibt, im Rechts-Islam aber eigentlich nur einen. Auf diese islamische Tradition des Tarīqa-Islam berufen sich heute auch islamische Autoren, die alles andere als Mystiker sind, eher vielleicht Rationalisten, um Wege einer möglichen *Vielfalt* innerhalb des Islam aufzuzeigen. In der Tarīqa-Gestalt hat der Islam besonders außerhalb der arabischen Region weite Verbreitung gefunden (Afrika, Iran, Malaysia usw.). Hier ist dann jeweils eine Fusion zustandegekommen zwischen dem Islam und einer bereits vor ihm existierenden außerislamischen autochtonen Kultur. In diesen Regionen wird die šarī'a natürlich nicht zurückgewiesen, aber sie bleibt, wenn auch übernommen, doch mehr formal an der Oberfläche, während der auf der Sufi-Tradition basierende Tarīqa-Islam gerade aufgrund seiner Anpassungsfähigkeit in der Regel voll integriert wird.

Das vorislamische Arabien der »Ignoranz«?

Die arabische Halbinsel lag im 6. nachchristlichen Jahrhundert am Rande, im toten Winkel, der Weltgeschichte. Die beiden Weltmächte, die Byzantiner und die persischen Sassaniden, lagen in ständigem Streit miteinander und hatten beide ihre arabischen Vasallen: die Sassaniden die Lachmiden-Dynastie, die Byzantiner die arabische Ġassaniden-Dynastie. Im Dienste der sich befehdenden beiden Weltmächte kämpften also Araber als Hilfstruppen und Söldner gegeneinander.

Eine eigene arabische Identität im politischen Sinne gab es nicht. Im Bereich der Religion galten die Araber aus der Sicht der dort in kleineren Gruppen ansässigen Christen und Juden als ein heidnisches Volk von Polytheisten, religiöse Wilde, die nicht einmal, wie die zivilisierten Völker, eine organisierte Kirche besaßen. Es fehlte eine politische Zentralinstanz; die Araber waren zersplittert in eine Vielzahl sich bekämpfender Stämme, die in zwei sehr verschiedenen Lebensweisen nebeneinander lebten: einmal die reiche Händlerschicht im städtischen Handelszentrum Mekka, dann die in der Wüste lebenden »primitiven« Beduinen, die »Parasiten des Kamels«, die im wesentlichen von plötzlichen Überfällen auf Handelskarawanen lebten, die sie in ihrer Sprache »ġazu« nannten, woher unser Wort Razzia stammt. So zahlten die Handelskarawanen an die Beduinen in der Regel ein »Schutzgeld«, um so nicht ein Opfer der Razzia zu werden.

Daß diese Nomaden der Wüste aufgrund ihres harten Existenzkampfes keine Kunst entwickelt hätten, kann man sehr oft lesen, wird dadurch aber nicht wahrer. Was die vorislamische *Literatur* angeht, so muß man zunächst bedenken, daß ihre Geburtsstätte die Wüste und Steppe ist, heftigen Schwankungen von Hitze und Kälte ausgesetzt. Und die Eintönigkeit des Lebens der Nomaden, die auf der Suche nach frischen Weideplätzen unstet von Ort zu Ort weiterziehen, wird nur durch die gelegentlichen, dann überbordenen Wonnen der Jahre des Überflusses und die furchtbare Armut der Hungerjahre durchbrochen. Die Lebensgewohnheiten der Araber, ihre Sprache und ihr Denken, sind von dieser Umgebung geformt. Sie hat ihnen einerseits jene Wiederholungen und andererseits jene abrupten Übergänge aufgezwungen und eingeprägt, die in ihrer psychischen Struktur (wie wir noch sehen werden) und in allen Aspekten ihres Lebens und dann auch ihrer Literatur wiederkehren. Natürlich stimmt es in gewisser Weise, wenn man sagt, ihr Existenzkampf sei zu hart gewesen, um überhaupt für irgend etwas anderes über die praktischen und materiellen Bedürfnisse des Tages hinaus noch Aufmerksamkeit zu haben, schon gar nicht ein Interesse an religiösen Spekulationen. Natürlich ist etwas Wahres daran, wenn man sagt, ihre Philosophie bestehe aus einer Anzahl markanter Kernsprüche und ihre Religion sei ein verschwommener Aberglaube. Aber gerade um diese Ideenarmut gleichsam aufzuwiegen, führt diese Eintönigkeit der Lebensverhältnisse zu einer besonders reichen Entwicklung der Sprache im Bereich des *materiellen* Lebens. Es gibt in der arabischen Sprache eine Überfülle von Synonymen, gleichbedeutenden Wörtern; jede noch so geringfügige Variante einer Naturerscheinung, jede besondere Verhaltens- und Tätigkeitsnuance wird mit einem eigenen Ausdruck bezeichnet. So gibt es schon im vorislamischen Arabien des 6. Jahrhunderts einen überreichen Wortschatz als Ausdruck einer hochdifferenzierten Wahrnehmung und Beobachtungsgabe, und das gilt nicht nur für den physischen, sondern auch für den psychischen Bereich.

Literaturhistoriker haben immer wieder festgestellt, daß der auffälligste Wesenszug der arabischen Literatur das Element des Unerwarteten ist. Nie gibt es vorher auch nur eine Andeutung für das, was dann folgt; es bricht immer wieder eine neue vollentfaltete literarische Kunst hervor mit einer Vollkommenheit, wie sie dann von den späteren Vertretern derselben Kunstgattung nie mehr erreicht wird. Und – was uns hier besonders interessiert – dieses Element der Überraschung ist nirgends stärker als beim *ersten* Erscheinen des Arabischen als eines Literaturträgers. In einem bestimmten Moment scheint Arabien, literarisch gesehen, stumpf und leer, vielleicht mit einigen Ausnahmen von Inschriften in Dialektform. Im nächsten Moment aber stehen ganze Scharen von Dichtern auf, tragen formal hochkomplizierte Oden vor, die »Qasīden«, in denen eine Reihe von bestimmten Standardthemen mit einer hohen ästhetischen Sensibilität, unübertroffener Kraft, Lebendigkeit der Vorstellung und Präzision des

Bildes dargestellt sind, in einer unendlich reichen und differenzierten Hochsprache, gestaltet in komplizierten metrischen Schemata, die einen Reim durch das ganze Gedicht hindurch tragen.[3] Die jeweils genau passende Verwendung von Wörtern ist bis heute die hohe Kunst der Araber geblieben, die eine fast unkontrollierbare emotionale Gewalt auf sie ausübt; der unerschöpfliche Reichtum der Sprache ist für die Araber eine Quelle ihres Selbstbewußtseins und ihres Stolzes, und das mit Recht. So haben die vorislamischen Dichter im Arabien des 6. Jahrhunderts einen hochbedeutsamen Kulturdienst geleistet, indem sie dem Hocharabischen eine universal gültige, verbindliche Form gaben, die auch die bislang engen Stammesgrenzen überschritt und so den Grundstein legte für ein neues Identitätsgefühl und Selbstbewußtsein der Araber. Es bedurfte nur noch eines zündenden Funkens, um voll zu erwachen. Von daher gesehen ist es reine Arroganz und zeugt selbst von Ignoranz, in der Rückschau das vorislamische Arabien als das »Arabien der Ignoranz« (ğāhilīya) zu bezeichnen.

Wir deuteten schon an, daß das Zeichen der vorislamischen arabischen Epoche das Bedürfnis nach einer arabischen »Ideologie« war. Juden und Christen hatten jeweils ihr eigenes heiliges Buch, sie wurden unterstützt von Weltreichen. Die Araber aber hatten weder ein eigenes heiliges Buch noch ein eigenes Reich. Insofern hat Mohammed dann das Bedürfnis dieser Epoche erfüllt: Der Islam war eine arabische Religion für die Araber. In Mohammed und seiner Religion war eine umfassende, von allen anerkannte Autorität etabliert, der sich alle Stämme unterordneten. Im monotheistischen Islam war der Stamm als kleinster Bestandteil der zersplitterten arabischen Beduinengesellschaft aufgehoben in einer alle Araber umfassenden islamischen Gemeinschaft (umma).

Fehlende Anknüpfungspunkte
für Mohammeds Verkündigung

Arabiens geographische Lage und seine klimatischen und geo-
logischen Bedingungen sind der Grund dafür, daß es im toten
Winkel der Weltgeschichte lag, fernab von den religiösen, wis-
senschaftlichen und kulturellen Zentren: Die einzige Le-
bensader, die Arabien mit der »Welt« verband, war die von
Südarabien entlang des Roten Meeres nach Syrien führende
Handelsstraße, an der die Stadt Mekka lag. Von Südarabien
aus, wo die Stadt Naǧrān einen wichtigen Knotenpunkt bildete, gab es Verbindungen zur See nach Ostafrika und Indien.
Entlang dieser Verbindungsstraßen hatten sich kleinere
Gruppen von Juden, zoroastrischen Persern und Christen nie-
dergelassen.

Was den arabischen Götterhimmel betrifft, so bestand er in
der Umgebung Mohammeds vornehmlich aus drei weiblichen
Gottheiten, Al-Lāt, Manāt und Al-ʿUzza. Die wichtigste von
ihnen ist Al-Lāt, die in einem Heiligtum in der Nähe von
Mekka als Fruchtbarkeitsgöttin verehrt wurde; Kultgegen-
stand war dort ein weißer Stein, im Gegensatz zu dem schwarzen Stein der Kaaba in Mekka. Diese drei arabischen Göttinnen haben Mohammed in eine peinliche Situation gebracht,
die unter dem Stichwort »Satanische Verse« bekanntgewor-
den ist. Führende mekkanische Kreise hatten Mohammed einen Kompromißvorschlag gemacht des Inhalts, daß sie ihn in
Zukunft mit seiner Verkündigung gewähren lassen würden,
wenn er, Mohammed, seinerseits die Verehrung der drei Göttinnen in seine Religion miteinbezöge. Mohammed hat dann
tatsächlich in seiner Verkündigung gesprochen von den
»hochverehrten Schwänen, auf deren Fürbitte gehofft wird«.
Diese Verse hat er dann aber sehr bald den Einflüsterungen
Satans zugeschrieben, sie widerrufen, weil ihm klar war, daß
die Verehrung der drei Göttinnen unvereinbar war mit seinem strikten Monotheismus. So gab es also im religiösen

Spektrum Arabiens keinen Ansatzpunkt und Anknüpfungspunkt für die neue Lehre, und in *dieser* Hinsicht ist denn diese
vorislamische Zeit mit etwas mehr Recht die »Zeit der Unwissenheit« genannt worden (vgl. auch die Apostelgeschichte
des Lukas, Kap. 17, Vers 30, wo die Zeit des Polytheismus
die Zeit der »Unwissenheit« genannt wird).

Einen einzigen Anknüpfungspunkt gab es für Mohammed
allerdings doch. Es waren vereinzelte Anbeter eines einzigen
Gottes, die »Ḥanīfen«. Das waren offenbar ehemalige Polytheisten, die aus philosophischen Erwägungen heraus den
Monotheismus angenommen hatten. Genaueres läßt sich
heute über diese Ḥanīfen nicht mehr feststellen. Für Mohammed und den Koran ist der Typus des Ḥanīfen insofern höchst
bedeutsam geworden, als die Gestalt des Abraham im Koran
als ein solcher Ḥanīf angesehen wird. Sure 6, 161 drückt das
so aus: » Sag: Mein Herr hat mich auf einen geraden Weg geführt, zu einem richtigen Glauben, der Religion Abrahams,
eines Ḥanīfen, und er gehörte nicht zu denjenigen, die Gott
Götzen beigesellt haben. « Und in Sure 3, 67 heißt es: » Abraham war weder Jude noch Christ, er war Ḥanīf und Moslem
und er gehörte nicht zu denen, die Gott Götzen beigesellen. «
Es gibt also so etwas wie eine Ur-Religion, eben die Religion
Abrahams (millat Ibrāhīm). Mit der Gestalt des Abraham
bzw. Ibrāhīm ist somit die endgültige Arabisierung und absolute Eigenständigkeit des Islam verknüpft. Mohammeds anfängliche Hoffnung, die Juden nach innen und außen für sich
gewinnen zu können, ging nicht in Erfüllung. Das bedeutete
auch: Die Juden, Jerusalem, waren nicht länger die Mitte der
Offenbarungsreligion; diese war jetzt das Heiligtum in
Mekka. War die islamische Gebetsrichtung ursprünglich nach
Jerusalem orientiert, so ging sie nun in Richtung Mekka. Hier,
in Mekka, nicht in Jerusalem, war das erste Heiligtum der
monotheistischen Ur-Religion gegründet worden. Die Grün-
dung der Kaaba wird mit Abraham und seinem Sohn Ismael
in Verbindung gebracht.

So wie Noah und Moses war auch Abraham für Mohammed, jedenfalls in der mekkanischen Zeit, Kronzeuge für
seine eigene Verkündigung. Daß Allah der eine und einzige
Gott, der Schöpfer des Himmels und der Erde ist, der immer
zur rechten Zeit seine Gesandten schickt, um das wankelmü-
tige Volk wieder auf den Weg zu bringen, in dieser Auffassung
fühlte sich Mohammed durch die jüdische Lehre bestätigt.
Kronzeugen sollten die Juden sein, nicht aber Leitlinie und
Wahrheitskriterium für die Offenbarung des Koran. Während
es in der mekkanischen Zeit noch offen war, wer sich wem
anschließen würde, wurde in der Zeit der Auseinandersetzung mit den Juden in Medina immer klarer, daß die Juden
auch zu den »Frevlern« gehören, so wie es Sure 29,46 in
mehr oder weniger abschließender Weise feststellt: »Und
streitet mit den Schriftbesitzern nie anders als auf eine möglichst gute Art – mit Ausnahme derer von ihnen, die Frevler
sind. Und sagt: Wir glauben an das, was zu uns und was zu
euch herabgesandt worden ist. Unser und euer Gott ist einer!
Ihm sind wir als Moslems ergeben.«[4]

Die Geburtsstunde des Islam, exoterisch betrachtet

Mekka, die Geburtsstadt des Islam, war eine Karawanen-
stadt, in einem heißen und trockenen Tal gelegen, und lebte
von Handel und Verkehr der Kaufleute auf ihrem Wege von
Indien zum Westen. Die Stadt besaß ein berühmtes Heiligtum, einen kleinen Tempel in Kubusform (daher sein Name
kaʿba = Würfel), eine Art Pantheon aller Götter, zu dem die
Araber damals regelmäßig Wallfahrten machten.
  Was die Person des Mohammed angeht, so weiß man von
seinem Leben vor der ersten Offenbarung sehr wenig Gesi-
chertes. Er ist im Jahre 570 oder 571 geboren, seine Eltern
gehörten innerhalb des Stammes der Quraiš zur Sippe der
Hāšim (Haschimiten). Die Eltern starben kurz nach seiner

Geburt, Mohammed wächst bei seinem Großvater auf, dann
bei einem Onkel namens Abū Ṭālib. Mit diesem machte er
mehrere Geschäftsreisen nach Syrien. Er verdient sich sein
Geld außerdem als Schafhirte. Im Alter von 25 Jahren heira-
tet er die reiche Kaufmannswitwe Ḥadīǧa, die damals
40 Jahre alt war. Mit ihr hatte er vier Töchter; die Söhne starben alle kurz nach der Geburt. Mohammeds Sohnlosigkeit hat
vorausweisende, tiefe Symbolik (vgl. seine Theologie).

Hin und wieder zog sich Mohammed zur Besinnung in eine
Höhle eines nahen Berges zurück, um sich der Meditation und
dem Gebet zu widmen. Bei einer solchen Gelegenheit, im
Monat Ramadan des Jahres 610 unserer Zeitrechnung, in der
später sogenannten »Nacht der Bestimmung«, erscheint ihm
der Engel Gabriel. Er tritt vor ihn hin mit einem Tuche aus
Brokat, auf dem etwas geschrieben steht, und spricht: »Lies!«
Mohammed erwidert: »Ich kann nicht lesen.« Da preßt der
Engel Gabriel das Tuch so fest auf ihn, daß er denkt, es wäre
sein Tod. Zum zweiten Mal sagt Gabriel: »Lies!« Wieder antwortet Mohammed, daß er nicht lesen könne. Und wieder
würgt der Engel ihn mit dem Tuch, so daß Mohammed denkt,
er müsse sterben. Ein drittes Mal befiehlt der Engel: »Lies!
Im Namen deines Herrn, der erschaffen hat, den Menschen
aus einem Embryo erschaffen hat! Lies! Dein höchst edelmütiger Herr ist es ja, der den Gebrauch des Schreibrohrs gelehrt
hat, den Menschen gelehrt hat, was er nicht wußte.« Mohammed wiederholt es und der Engel entfernt sich von ihm. Als
Mohammed erwacht, steigt er auf den Berg. Auf halber Höhe
vernimmt er eine Stimme vom Himmel: »Mohammed, Du
bist der Erwählte Gottes und ich bin Gabriel.« Mohammed
schaut zum Himmel und sieht dort Gabriel. in der Gestalt
eines Mannes, dessen Füße den Horizont berühren.

In dieser oder ähnlicher Form berichten islamische Historiker des 8. Jahrhunderts über die Geburtsstunde des Islam
(vgl. auch Sure 96). Nach einiger Zeit empfängt Mohammed
neue Offenbarungen, von denen er zunächst nur seiner Frau

berichtet, die ihm in seiner seelischen Krise, die diese Erlebnisse hervorrufen, treu zur Seite steht. Im übrigen wird der
Kreis derer, die von Mohammeds Sendung überzeugt sind, in
Mekka sehr klein bleiben.

Der klare Hinweis auf die Leseunfähigkeit Mohammeds
soll zum Ausdruck bringen, daß er der Inspiration gegenüber
so etwas wie ein »leeres Blatt«, eine »tabula rasa«, war. Ob
dies im buchstäblichen Sinne historisch zutrifft, ist diskutabel. Diese Tradition des Analphabetismus Mohammeds
könnte jedoch als Hinweis darauf aufzufassen sein, daß »der
Prophet in den der Inspiration angemessenen Zustand des leeren Bewußtseins einzutreten vermochte«.[5] Im Laufe der Zeit
wurden die dem Mohammed geoffenbarten Texte zunächst
mündlich überliefert und auswendig gelernt, von ausgebildeten Berufsschreibern auf Palmblättern aufgeschrieben und
ungefähr um die Mitte des 7. Jahrhunderts in der ersten und
im wesentlichen bis heute gültigen Ausgabe des Koran zusammengestellt.

Indem wir auf der ersten Umschlagseite dieses Buches in
Form einer Miniatur aus dem 14. Jahrhundert die Szene wiedergegeben haben, in der Mohammed von Gott durch den
Engel Gabriel die heilige Offenbarung empfängt, haben wir
damit zum Ausdruck bringen wollen, daß der Koran eben
nicht Mohammeds »Werk«, sondern Inspiration, Eingebung,
ist. Der von Gott empfangene und dann schriftlich fixierte
Koran ist die arabische Gestalt eines himmlischen Ur-Koran,
des unerschaffenen göttlichen Urwortes. Mohammeds Seele
mußte ganz rein sein, ganz schriftunkundig, um als angemessenes Gefäß für den göttlichen Inhalt brauchbar zu sein. In
dieser Hinsicht gibt es eine Entsprechung zwischen Maria
und Mohammed: das Ohr der unbefleckten Jungfrau ist der
Eingangsort des göttlichen Logos, der Fleisch werden soll;
Mohammeds »Unbeflecktheit und Jungfräulichkeit« besteht
in der eben genannten psychischen Disposition der »tabula
rasa des Schriftunkundigen«. Im christlichen Sinne ist der

Logos Mensch geworden, im islamischen Sinne ist er Buch geworden. Dem Christentum ist das »inkarnierte Gottes-wort« zu eigen, dem Islam das »inlibrierte Gotteswort«.[6] Man muß G. Röscherts Hinweis gut bedenken, daß die Vor-stellung, daß sich der Logos als Buch offenbaren könne, nicht »seltsamer« sei als die andere, er sei Fleisch geworden. »Dem Urchristentum und der Gnosis bereitete die Vorstellung Pein, die allgemeine Weltvernunft, das heilige Schöpfungswort Gottes, könne in die Hülle eines sterblichen Menschen einge-gangen sein und an dessen Beschränkungen Anteil gehabt ha-ben. Dieses Hemmnis ist die Wurzel des frühchristlichen Do-ketismus. Demgegenüber schien die ins Buch gefaßte Sprach-form des Weltenwortes spiritueller zu sein und diesem selbst näher zu stehen.«[7] Die spätere islamische Tradition hat in An-lehnung an Sure 94 gelehrt, daß der Inspiration des Prophe-ten ein Initiationserlebnis vorausgegangen ist. Danach haben Engel dem Kind Mohammed die Brust geöffnet und das Herz und andere Organe durch Waschungen gereinigt, um so auf den Empfang des Gotteswortes vorzubereiten.

Die ersten Verkündigungen Mohammeds wurden von *ei-nem* zentralen Gedanken beherrscht, dem des nahenden End-gerichts. Die in ihre irdischen Geschäfte verstrickten und Al-lah vergessenden Menschen werden dann aus ihrer dumpfen Ahnungslosigkeit aufgeschreckt und vor Gottes Angesicht ge-stellt werden. Das Ende steht nahe bevor. In gewaltigen Bil-dern, die sich geradezu überstürzen, wird dieses drohende Er-eignis in der Sure 81 geschildert:

> Wenn die Sonne sich verschleiert und die Sterne
>   verblassen,
> Wenn die Berge schwanken, Kamelstuten sich verlassen,
> Wenn die wilden Tiere sich rotten, wenn das Meer
>   aufgejagt,
> Wenn die Seelen sich paaren, wenn man die getöteten
>   Töchter fragt,

Um welcher Schuld sie ermordet, wenn Rechnung ist
  vorgebracht,
Wenn der Himmel enthüllt ist, das höllische Feuer
  entfacht,
Wenn nahe der Paradiesesgarten, dann erkennt die Seele,
  was sie gemacht.
(Übersetzung von Richard Hartmann)

Die ersten Entfaltungen

Die praktisch und ökonomisch denkenden Kaufleute Mekkas
haben Mohammeds drohende, auch sozialkritisch gefärbte
Verkündigung nicht ernst genommen. Der Gedanke einer
leiblichen Auferstehung nach dem Tode erschien ihnen wohl
lächerlich. Schließlich mußte ein Teil von Mohammeds An-
hängern unter dem Druck der Umstände ins benachbarte
christliche Abessinien auswandern. Und als Mohammed im
Jahre 619 seine Frau und dann noch seinen Onkel verlor, der
ihn bislang geschützt hatte, verschärfte sich für ihn die Lage.
Als 621 Leute aus dem nördlich gelegenen Yaṯrīb kamen, um
ihn als Friedensrichter zu engagieren, nahm er diese Gelegenheit wahr und wanderte, als letzter nach seinen Getreuen,
aus. Von da an trug Yaṯrīb den Namen Medina (die »*Stadt* des
Propheten«) und das Jahr der Hiǧra, der Auswanderung,
wurde der Beginn der islamischen Zeitrechnung; denn hier ist
ein Wendepunkt in der Entwicklung der Grundgedanken Mohammeds. Bislang war er davon überzeugt gewesen, das Gleiche zu lehren wie Juden und Christen, nämlich den Glauben
an den einen und einzigen Gott, wie er erstmals von Abraham
vertreten worden war. Doch Mohammed hatte sich getäuscht:
die Juden lehnen die heilsgeschichtlichen Darstellungen des
Koran ab, Mohammed seinerseits hält die jüdischen Geschichten für gefälscht. Sein Glaube sei letztlich älter als der
der Juden, nämlich der reine Glaube Abrahams, der über sei-

nen Sohn Ismael (den Sohn der Magd Hagar) als Stammvater
auch der Araber gilt und der selbst, so die uralte heilige Le-
gende, das Heiligtum in Mekka gegründet hat. War bislang
Jerusalem die Gebetsrichtung gewesen, so ist es von jetzt ab
Mekka.

Hier in Medina war Mohammed nun auch als Staatsmann
und Militärstratege gefordert. Er gründet das erste islamische
politische Gebilde, dessen Grundlagen er in der »Gemein-
deordnung von Medina« zusammenfaßt.

Alle früher rivalisierenden Nomadenstämme werden vereinigt in der »Pax Islamica« des Stadtstaates Medina. Die Annahme des Islam war Vorbedingung einer Aufnahme in dieses
Bündnis. Nichtarabische Muslime konnten Klienten arabischer Stämme werden, und Nichtmuslime wurden zu »geschützten Minderheiten«. Bei Streitfragen, die die Gefahr einer Spaltung der Gemeinschaft hätten mit sich bringen können, sollte man sich an »Gott und Mohammed« wenden. Die
religiöse Grundlage dieser politischen Ordnung wurde von
der islamischen Einheitslehre (tauḥīd) gebildet, in deren Zentrum ein endgültiger und kompromißloser Monotheismus
steht: »Es gibt keine Gottheit außer Gott und Mohammed ist
sein Gesandter.« Allāh allerdings, das muß ein für allemal und
unmißverständlich betont werden, ist kein arabisch-islami-
scher Gott, wie auch heute noch gelegentlich zu lesen ist;
denn dieses Wort (entstanden aus al-ilāhu, entsprechend dem
alttestamentlichen »elohim«) hat keine andere Bedeutung als
»Gott«. Der Gott der Muslime ist der Gott der Juden und der
Gott der Christen, ein und derselbe. Es darf daran erinnert
werden, daß es Millionen arabisch sprechender Christen gibt,
die für Gott kein anderes Wort kennen als – Allāh!

Diese Einheit und Einzigkeit des einen Gottes muß nun
konsequenterweise ihre Abspiegelung im politisch-sozialen
Bereich finden. So besteht das Ziel der Entwicklung der
Menschheit im islamischen Sinne darin, eine einzige mono-
theistische Weltgemeinde aufzubauen. Die Gemeinde

(umma) von Medina war in diesem Sinne der Kern und das Modell einer Weltgemeinschaft. Diese islamische Urgemeinde bleibt das Vorbild für alle Zeiten. Das bedeutet aber: Die Entwicklung in der Zukunft hat als idealen Maßstab die Vergangenheit. In diesem Sinne ist jedenfalls der »orthodoxe«, sunnitische Islam rückwärts gewandt und kennt keine zukunftsweisende Utopie. So können wir zusammenfassend mit Bassam Tibi feststellen, daß die islamische Doktrin zwei konfligierende Vorstellungen von Entwicklung hat: »eine vorwärts gerichtete Option auf die Zukunft der Menschheit, auf die man hinzuarbeiten habe, und in der die Menschheit unter dem Banner des Islams vereinigt sein werde; und eine rückwärts gerichtete Interpretation der Geschichte, verbunden mit der Bestrebung, die islamische Urgemeinde des Propheten von Medina wiederherzustellen.«[8]

Nach dem Tode Mohammeds haben seine Nachfolger die Pax Islamica, das politische System Medinas, mit militärischen Mitteln, durch Arabisierung und Islamisierung zugleich, weiter ausgedehnt. Aus dem Stadtstaat wurde mit der Zeit eine internationale politische Ordnung, aus der sich dann eine ganze Weltzivilisation entwickelte. Die persischen Sassaniden und die Byzantiner, diese beiden Weltreiche, die *vor* dem Islam die Araber als Söldner herangezogen und arabische Satellitenstaaten gezüchtet hatten, mußten nun vor der islamischen Eroberung kapitulieren: binnen 10 Jahren hatte Byzanz alle seine Ostprovinzen verloren, die persische Großmacht war ausgelöscht. Mit der Ausdehnung der islamischen Religion begann eine glanzvolle Phase der menschlichen Kulturgeschichte. Eine interkulturelle Synthese wurde geschaffen, die in der Weltgeschichte ihresgleichen sucht.

Die fünf Pfeiler des Islam

Hinsichtlich der Frage nach den Grundlagen hat sich schon früh die Gewohnheit herausgebildet, von den fünf »Pfeilern« zu sprechen, die das Gesamtgebäude Islam tragen. Es handelt sich im einzelnen um die Bezeugung des Glaubens an den einen Gott, die Anerkennung Mohammeds als des Gesandten Gottes, das rituelle Gebet, Almosen, das Ramadan-Fasten und die Wallfahrt nach Mekka. (Diese fünf Elemente finden sich, wenn auch in etwas variierter Form, auch in der Bibel: die Bergpredigt spricht ausführlich von der Dreiheit Gebet – Almosen – Fasten, und was die Wallfahrt betrifft, so finden wir für ihre Wertschätzung manche Zeugnisse im Alten Testament.)

Der *erste* und wichtigste Pfeiler ist die Bezeugung der Einzigkeit Gottes und der Prophetie Mohammeds. Dieses Glaubenszeugnis öffentlich vor zwei Zeugen auszusprechen, macht einen Menschen schon zum Moslem. Es wird beim Aufruf zum Gebet vom Muezzin rezitiert; und im täglichen Leben der Moslems wird es immer wieder gesprochen. Die Tatsache, daß in dieser Glaubensformulierung sich auch eine negative Aussage findet, nämlich die Weigerung, auch andere Gottheiten außer Gott zuzulassen, gibt ihr eine besonders evidente Klarheit und Deutlichkeit. Alles, was nicht Gott ist, wird beiseite geschoben, das Geheimnis Gottes aber in sich selbst bleibt gewahrt, ein Geheimnis, in das auch der Gläubige sich nicht »einschmuggeln« darf, wie ein berühmtes Hadith klarmacht: »Meditiert über die Geschöpfe Gottes, aber meditiert nicht darüber, was Gott in sich selbst ist.« Dieses Glaubensbekenntnis ständig zu hören und zu sprechen, sich ganz damit zu identifizieren, gibt auch die Kraft zur Verweigerung der Unterwerfung unter andere Autoritäten, die sich gegen den Koran und gegen den Islam richten. Mit dem vergleichbaren Ruf »Gott allein ist groß« (allāhu akbar) haben sich die Moslems in ihre kriegerischen Auseinandersetzungen gestürzt. Wir werden auf die tiefe theologische und philosophische Bedeutung dieses Glaubensbekenntnisses noch zurückkommen. Insgesamt erfordert es einen doppelten Glauben, nämlich außer dem Glauben an die Einzigkeit und Einheit Gottes auch den an die Wahrhaftigkeit der von Mohammed überlieferten Botschaft. »Es verbindet das Abstrakte mit dem Konkreten, den Idealismus mit der Wirklichkeit, das Geistige mit dem Erlebten. Der Glaube an die prophetische Mission Mohammeds beweist das Vermögen zur Einsicht und stellt sich zwischen das Relative und das Absolute, verbindet die Welt mit Gott.« (M. Boisard)

Den *zweiten* Pfeiler bildet das rituelle Gebet (ṣalāt). Mit Eintritt der Pubertät ist jeder Moslem verpflichtet, am Tage fünf Gebete zu verrichten, die zusammengenommen den wesentlichen Kern der »islamischen Liturgie« bilden. Diese Gebete können mit anderen zusammen oder privat gesprochen werden; die entsprechenden Körperhaltungen zu den verschiedenen Gebetstexten sind genau vorgeschrieben und müssen sorgfältig beachtet werden. Dem Gebet geht eine rituelle Waschung voran, die in ihrem Umfang der jeweiligen Stufe der Unreinheit entspricht, die für den Beter nach dem letzten Gebet entstanden ist. Der Gläubige wendet sich nach Mekka, genauer gesagt: zur Kaaba hin. Innerhalb des Gebetes gibt es Pflichtteile und solche, die freiwillig hinzugenommen werden. Die Gebetszeiten sind der Sonnenaufgang, der Mittag, der Nachmittag, die Zeit des Sonnenuntergangs und die Nacht vor dem Schlafengehen. Jedes Gebet beginnt mit dem Ruf »allāhu akbar«, »Gott ist groß«. Dann folgt die Rezitation der ersten Sure des Koran, der »Eröffnenden« (fātiḥa). Daran kann sich eine Rezitation frei gewählter Koranverse anschließen. Was die Körperhaltung angeht, so müssen die würdigsten Teile des Körpers die Erde berühren. Das rituelle Gebet ist im Unterschied zum freien Gebet nicht einfach dem Gefühl und der persönlichen Eingebung überlassen, sondern muß unaufhörlich durch das Wort Gottes, Buch geworden im

Koran, genährt werden. Am Ende des Gebetes grüßt der Beter, immer noch auf den Knien, seinen Nachbarn zur Rechten und zur Linken. Diejenigen, die ihr Gebet privat verrichten, haben einen etwas größeren Spielraum, was die Gebetszeit angeht; sie dürfen die Gebete zwar nicht zu früh beten, aber eine gewisse Verspätung ist durchaus erlaubt. In den Moscheen allerdings sind die Gebetsstunden genau festgelegt. Freitags sollen sich alle Gläubigen in der Moschee zum Mittagsgebet einfinden, dem jeweils eine Koranrezitation und eine Predigt vorangeht. Dieses Freitagsgebet findet bei den Gläubigen, auf dem Lande noch mehr als in der Stadt, eine sehr große Beteiligung. Ein Imam, der in der Regel ein Koranstudium absolviert hat, steht diesem Gebet vor und hält die Predigt. Während das offizielle Gebet immer in arabischer Sprache vollzogen wird, kann beim freien, spontanen Gebet gegebenenfalls auch die nichtarabische Muttersprache gewählt werden.

Dritter Pfeiler des Islam ist das Almosen (zakāt). Dieses Wort stammt aus dem Syrischen und hat in seinem ursprünglichen Sinn mit »Reinheit« zu tun. In der Tat reinigt das Almosen den, der es gibt, weil es einen Sieg über den Egoismus darstellt und auch die moralische Befriedigung mit sich bringt, durch das Almosengeben am Aufbau einer besseren, gerechteren Gesellschaft mitzuarbeiten. Almosengeben ist nicht ein Werk der Barmherzigkeit, sondern ist Pflicht der Reichen und Recht der Armen. Almosengeben ist auch nicht eine soziale, sondern eine *religiöse* Tat und Pflicht; letztlich gibt der Gläubige damit freiwillig einen Teil seiner irdischen Güter an die göttliche Güte zurück (vgl. auch die Ausführungen zu Qaḏḏāfis »Dritter Universaltheorie«).

Der *vierte* Pfeiler, das Fasten im Monat Ramadan, ist nicht einfach nur eine individuelle Tat, ein Einzelfasten, sondern es ist ein bedeutsames soziales Phänomen, weil das ganze öffentliche Leben in der islamischen Gesellschaft einen Mondmonat lang davon beherrscht wird. Verpflichtet sind dazu alle, die das Pubertätsalter erreicht haben. Fasten bedeutet: keine Nahrung und keine Getränke von Sonnenaufgang bis Sonnenuntergang zu sich zu nehmen; Tabakrauchen und Geschlechtsverkehr sind ebenfalls in dieser Zeit untersagt. Das Fasten hat hier nicht den Charakter von Buße, sondern wird eher aufgefaßt als Stärkung des Willens, als Befreiung des Menschen von seinen Leidenschaften und als Reinigung seines Geistes durch Entsagung und Entbehrung. Es ist die Erinnerung an jene heilige Nacht der ersten Offenbarung Gottes durch Gabriel an Mohammed, die in eben diesem Monat Ramadan stattfand.

Die Pilgerfahrt nach Mekka ist der *fünfte* Pfeiler des Islam, eine Pflicht, die allerdings nur für denjenigen verbindlich ist, der über die nötigen finanziellen Mittel und die körperliche Verfassung verfügt. Das Ritual dafür ist genau vorgeschrieben. Die Pilgerfahrt nach Mekka ist zutiefst Symbol für die innere Reise zur Kaaba des Herzens. Die Pilgerfahrt reinigt die Gemeinschaft als ganze, so wie die Blutzirkulation durch das Herz den Körper reinigt. Kein anderes Ereignis ist ein so deutlicher Ausdruck der Zusammengehörigkeit der islamischen Gemeinschaft, die sich hier jährlich zu ihrer »Vollversammlung« trifft. Es sind in der Regel weit über eine Million Pilger.

Wegen der überragenden Bedeutung des *ersten* Pfeilers, des Glaubenszeugnisses, seien dazu noch vertiefende Erläuterungen gegeben.

Die Religion des tauḥīd (Einheit)

Ursprung, Mitte und Ende des Islam ist der TAUḤĪD: die Lehre von dem EINEN, von der Einheit und Einzigkeit Gottes, für alle Moslems verbindlich zum Ausdruck gebracht in der zentralen Bezeugung des Glaubens (šahāda): »(1) Es gibt keine Gottheit außer Gott allein und (2) Muḥammad ist der

Gesandte Gottes« (Lā ilāha illā 'llāh wa muḥammad rasūlu 'llāh). In etwas erweiterter, explizierter Form könnte man auch so formulieren: Es gibt keine Gottheit, keine Wirklichkeit, kein Absolutes, außer Gott, *der* Wirklichkeit, *dem* Absoluten, allein, und Mohammed (der Verherrlichte, Vollkommene) ist der Gesandte, der Künder, der Mittler, die Manifestation, das Sinnbild der Gottheit.[9] Schon diese ersten sinngemäßen Erweiterungen des Wortlauts zeigen deutlich, daß es hierbei nicht einfach und naiv nur darum geht – gegen den christlichen Trinitätsglauben oder gegen den Polytheismus –, daß es nur einen Gott gibt, nicht aber zwei oder mehrere Götter.

Zwei Behauptungen, zwei Wirklichkeitsbereiche, stehen sich hier gegenüber: Gott und Welt, das Absolute und das Relative, Ursache und Wirkung. Der Islam ist die Religion des Absoluten. Alle Dinge sind abhängig von diesem Absoluten: Gott bzw. Gottheit auf der einen, Erde und Himmel (!) auf der anderen Seite. Zwei Gewißheiten, die dem Moslem unmittelbar einleuchten: 1. Gott allein ist; 2. Alle Dinge sind abhängig von Gott. Alles Relative, alle Erscheinungen und Manifestationen, sind gebunden an das Absolute. Gott bzw. das Absolute und die Welt bzw. das Relative sind miteinander verbunden durch ein doppeltes Band: durch Ursache und Zweck. Der »Gesandte« (hier auch als Chiffre für Welt und Menschheit insgesamt) weist auf den Ursprung hin, der Name Mohammed, »Verherrlichter«, auf das Ziel.

Das Wort »Gottheit« (ilāh) am Anfang des ersten Teils (»Es gibt keine Gottheit ...«) weist letztlich hin auf die Welt, insofern sie *unwirklich* ist, denn nur Gott allein ist wirklich; der zweite Teil (»und Mohammed ...«) weist hin auf die Welt, insofern sie *wirlich* ist, weil nichts außerhalb Gottes bestehen kann: das Manifeste, die Welt, »ist nichts anderes« als Gott; denn in dem Maße, in dem sie Wirklichkeit besitzt, kann die Welt nichts anderes sein als das, was »ist«, d. h. in gewissem Sinne göttlich. Man muß also Gott überall und alles in Ihm sehen, im Sinne auch des Prophetenwortes »Wer mich gesehen hat, hat Gott gesehen«.

Der erste Teil der ersten šahāda (»Lā« = nicht) ist verneinend, führt die Welt auf das Nichts zurück, nimmt ihr zunächst alles Positive; der zweite Teil ist bejahend (»… außer Gott«) und bezieht sich auf die absolute Wirklichkeit. Diese Glaubensformel insgesamt ist das Schwert der Erkenntnis, der Seele, es geht hier um Kampf, um den äußersten inneren ǧihād (vgl. unten): um die Unterscheidung von Wirklichem und Nichtwirklichem. Erst nachdem die göttliche Wahrheit ein Nein gesagt hat zu der Welt, insofern sie Gott sein wollte, sagt sie ein Ja im Rahmen eben dieses Nein; denn die Welt an sich kann nicht von Gott getrennt werden: Allāh ist in ihr.

Der zweite Teil der šahāda (»und Mohammed ist sein Gesandter«) bedeutet, daß die Manifestation eine bedingte Wirklichkeit besitzt, die den Inhalt des ersten Teils widerspiegelt. Der uneingeschränkten Verneinung der vergänglichen Dinge wird so eine bedingte Bejahung entgegengestellt, nämlich die das Göttliche widerspiegelnde Manifestation, die Welt als göttliche Erscheinungsform. Mohammed *ist* diese Welt; das Wort »Gesandter« bezeichnet klar die Beziehung zwischen Ursache und Wirkung und verbindet damit Gott und die Welt. Die fundamentale Beziehung von Innerem und Äußerem (bāṭin und zāhir), die später bei der Koran-Exegese eine entscheidende Rolle spielen wird, ist hier grundgelegt.

So fundamental ist die Bedeutung des Zeugnisses, daß nur derjenige Moslem, aber derjenige auch wirklich, verdammt wird, der nicht anerkennt, daß »es keine Gottheit gibt außer Gott und Mohammed sein Prophet ist«. Er ist nicht dadurch schon verdammt, daß er nicht betet oder fastet, denn er könnte daran gehindert sein; auch dadurch nicht, daß er die Armensteuer, den Zehnten, nicht entrichtet (Arme und Bettler sind überhaupt davon dispensiert); er ist auch nicht dann verdammt, wenn er die Pilgerfahrt nach Mekka nicht durch-

führt (es könnten ihm die Mittel dazu fehlen). Das Gesetz der
šahāda aber kennt absolut keine Ausnahme, weil es eins ist,
weil es zusammenfällt mit dem, was den Sinn und das Ziel des
Menschseins ausmacht. Die verweigerte šahāda wäre, christlich gesprochen, die einzige nicht vergebbare »Sünde wider
den Heiligen Geist«.

Die Inhalte des islamischen Glaubens

Außer dem zentralen Glaubenszeugnis von der Einzigkeit
Gottes und der Sendung des Propheten gibt es im Islam noch
einige andere wichtige Glaubensinhalte. Sure 2, 285 benennt
sie so: »Die Gläubigen glauben an Allah und seine Engel und
seine Schriften und seine Gesandten.« Ein bedeutsames Hadith sagt: »Der Glaube fordert, daß du an Gott, an seine Engel, an das zukünftige Leben, an die Propheten und an die
Wiederauferstehung glaubst.« Und in einem anderen Hadith
wird diesen Punkten noch hinzugefügt: »... und daß du an
das göttliche Gebot für das Gute und das Böse, das Süße und
das Bittere glaubst.« Wenn man diese Aussagen etwas syste-
matisiert, ergeben sich fünf wichtige Glaubensinhalte.

1. Gott ist der absolut Einzige, der allmächtige Schöpfer, der
   gerechte und barmherzige Richter. Er ist absolut transzen-
   dent und erhaben, doch zugleich ist er mir »näher als meine
   Halsschlagader«.
2. Dieser eine Gott hat immer wieder durch seine Propheten
   zur Menschheit gesprochen, ihr sein Gesetz gebracht. Die
   drei größten gesetzgebenden Propheten sind Moses, Jesus
   und Mohammed. An diese Propheten und ihre Botschaft,
   von Adam bis zu Johannes dem Täufer, ist zu glauben.
3. Als Zwischenwesen, Boten, zwischen dem erhabenen Gott
   und den irdischen Menschen existieren die Engel. Der Engel Gabriel beispielsweise ist der Vermittler zwischen dem

sich offenbarenden Gott und dem die Offenbarung emp-
fangenden Mohammed.

4. Am Tag des Gerichts wird jeder Mensch von Gott nach
Gerechtigkeit gerichtet werden, und er wird auferstehen
entweder zu den ewigen Freuden des Paradieses oder zu
den ewigen Qualen der Hölle.

5. Gott hat in seinen Geboten das Gute und das Böse bestimmt und festgelegt. Der Koran spricht in diesem Zusammenhang sowohl von der absoluten Allmacht Gottes
als auch von der freien Verantwortung des Menschen, das
theologische Problem der Vorherbestimmung, der Prädestination, wird aber nicht ausdrücklich als solches gestellt.
Die extreme Lehre von der Vorherbestimmung zum *Bösen*
findet sich nur bei den Aschʿarīten. Im Koran wird sie nicht
direkt zum Ausdruck gebracht.

In den genannten fünf Punkten haben wir nur die wichtigsten
Glaubenslehren des Islam dargestellt; im Laufe der Geschichte der islamischen Theologie (kalām) sind diese Grundsätze natürlich immer weiter ausgelegt und differenziert worden. Manche, wie z. B. die Lehre von Freiheit und Vorherbestimmung, waren lange Zeit Gegenstand scharfer Auseinandersetzung zwischen verschiedenen theologischen Schulen.

Eine der bedeutendsten dieser Schulen, die Muʿtaziliten,
werden wir gleich vorstellen. Zuvor soll aber noch der größte
Stein des Anstoßes, die Lehre vom *sogenannten* »Heiligen
Krieg«, aus dem Wege geräumt und damit gleichzeitig die Be-
deutung der »fünf Pfeiler« unter einem ungewöhnlichen
Aspekt betrachtet werden.

Der große und der kleine ğihād –
kein »heiliger Krieg«

Es gibt heute wohl keine sensiblere und häufiger diskutierte
Frage zum Thema »Islam« als die nach dem ğihād, d. h. wörtlich der »großen, angestrengten Bemühung in Sachen Religion«, die abendländische Christen in völliger Verkennung
oder Mißachtung des Sachverhalts, in gänzlich falscher Übersetzung, als »heiligen Krieg« den Moslems unterschoben haben, obwohl es sich doch hierbei um ein Phänomen bzw. Programm aus dem Umfeld der christlichen Kreuzzugsideologie
handelt. An diesem Begriff, zusammen mit der Sicht der »Religion des Schwertes«, hat jedenfalls der Westen wesentlich
seine Ablehnung und Geringschätzung gegenüber dem Islam
festgemacht.

In Wahrheit ist ğihād ein religiöser und geistlicher Schlüsselbegriff, der nahezu jeden Bereich menschlichen Lebens, jedenfalls im moslemischen Verständnis, betrifft.[10] Dabei kor-
respondiert er mit einem anderen Schlüsselbegriff, nämlich
dem des *»Gleichgewichts«* innerhalb des Einzelmenschen wie
innerhalb der menschlichen Gesellschaft. Gerade die jahr-
hundertelange Stabilität der islamischen Gesellschaft, die
Unveränderlichkeit der Scharia, aber auch der letztlich zeit-
lose Charakter der traditionellen islamischen Zivilisation,
sind wie Abspiegelungen des Ideals des Gleichgewichts.
Doch bedeutet die Erhaltung des Gleichgewichts in dieser
Welt nicht einfach statische Untätigkeit, Passivität; denn Leben schließt immer Bewegung ein. Und angesichts der ständig
sich verändernden Wechselfälle des Lebens dennoch im
Gleichgewicht zu bleiben, erfordert ständige Anstrengung,
ständigen ğihād. Ungleichgewicht hätte Desintegration, Verlust der Mitte und Chaos im individuellen und sozialen Bereich zur Folge und würde ohne ğihād, ohne äußerste Anstrengung, zu einem tragischen Ende führen, weil dann der
Kampf gegen die das Gleichgewicht und die Integration (vgl.

tauḥīd) zerstörenden Kräfte nicht angemessen geführt werden könnte.

Der äußerlichste Aspekt des ğihād liegt zwar in der Verteidigung des »islamischen Hauses« (dar-al-islām) gegen nicht-islamische Kräfte. Aber es war nach der Rückkehr der Kämpfer aus einem der frühesten Kriege der islamischen Geschichte, die die Existenz der jungen Gemeinde substantiell bedrohten, daß der Prophet ihnen sagte: »Ihr seid aus dem *kleinen* ğihād (Krieg) zurückgekehrt zum *großen* ğihād (Kampf mit sich selbst)!« Der *große* Krieg ist nicht der äußere mit Waffen, sondern der innere gegen seine niederen Triebe, und der steht im Vordergrund.

Der ğihād und die »fünf Säulen« des Islam

Auch die oben schon erläuterten fünf Säulen des Islam kann und muß man in Beziehung setzen zum ğihād. Das grundlegende Glaubenszeugnis (šahāda) »Es gibt keinen Gott außer dem Gott und Muḥammad ist der Gesandte Gottes« ist nicht nur die Anerkenntnis der Wahrheit, sondern vor allem eine »Waffe« für den inneren ğihād. Die Form des ersten Buchstabens des ersten Wortes des ersten Teiles (lā ilāha illā'llāh), geschrieben in arabischer Kalligraphie (Schönschrift), ist wie ein gebogenes Schwert, mit dessen Hilfe alles »Andere« von der höchsten Wirklichkeit entfernt wird: »nicht ... außer«, während jede andere Erscheinungswirklichkeit auf diese Urwirklichkeit zurückgeführt wird. Der zweite Teil des Glaubensbekenntnisses »und Muhammad ist der Gesandte Gottes« beinhaltet die Anerkennung, daß Welt, Mensch und Offenbarung machtvolle Manifestationen dieser höchsten Wirklichkeit sind. Diese beiden Teile des Glaubenszeugnisses auszusprechen bedeutet letztlich: den inneren ğihād zu praktizieren und sich dessen bewußt zu werden, wer wir eigentlich sind, woher wir kommen und wo unser letztes Ziel liegt.

Auch das fünfmal am Tag gesprochene Gebet (ṣalāt) als innere Mitte des religiösen Lebens ist ein immerwährender ǧihād: in rhythmischen Abständen vollzogen bezeugt es die Harmonie mit dem Rhythmus des Kosmos. Es bedarf ständiger Willensanstrengung, ständigen Kampfes gegen Vergeßlichkeit, Zerstreutheit und Bequemlichkeit, um diese Gebete konzentriert und regelmäßig zu vollziehen. So ist das Gebet selbst eine Art geistlicher Kriegsführung.

Auch das Fasten im Monat Ramadan erfordert eine innere Disziplin und eine asketische Enthaltsamkeit, die nur in einem Krieg gegen Leidenschaften und Versuchungen der uns umgebenden Welt erlangt werden kann.

Ebenso ist die Abgabe der Armensteuer (zakāt) eine Form von ǧihād insofern, als Abgeben vom Reichtum immer große innere und äußere Überwindung kostet und andererseits der Mensch durch das Zahlen dieser Steuer, sei es durch Geld, sei es durch Naturalabgaben, letztlich beiträgt dazu, daß in der menschlichen Gesellschaft mehr ökonomische Gerechtigkeit herrscht und damit weniger Grund zum Krieg.

Die fünfte Säule des Islam schließlich, die einmal im Leben vollzogene Pilgerreise nach Mekka (ḥaǧǧ), bedarf langer mühevoller Vorbereitungen, Geduld in allen Strapazen. Nicht ohne Grund gibt es das Prophetenwort »Der ḥaǧǧ ist der herausragendste von allen ǧihāds.«

Obwohl der ǧihād selbst nicht ausdrücklich zu einer der fünf Säulen des Islam gehört, ist er doch in gewissem Sinne in allen anwesend. Alle Säulen kann man im Lichte des großen, inneren ǧihād betrachten.

Die Theologie der Muʿtaziliten – Freiheit und Vernunft

Es ist hier nicht der Ort, auf die *politischen* Ursprünge der Muʿtaziliten näher einzugehen. Die »Muʿtaziliten« in des Wortes buchstäblicher Bedeutung sind diejenigen, die »sich getrennt haben« (gemeint sind hier wahrscheinlich ein gewisser Wāṣil und seine Freunde, die sich im Streit um die Frage nach der Behandlung von jemandem, der einen schweren Fehler begangen hat, von der Gruppe um Ḥasan al-Baṣri getrennt hatten). Uns interessiert hier mehr die Theologie bzw. Philosophie der Muʿtaziliten.

Wahrscheinlich hat sich der Muʿtazilismus als Theologie unter Gläubigen entwickelt, die ein absolutes Vertrauen in die Verheißungen und Drohungen hatten, die Gott im Koran angekündigt hatte. Der Einheit Gottes, der Einheit des offenbarten Gesetzes, muß die Einheit der Gott ganz hingegebenen Gemeinschaft (umma) entsprechen (Sure 2,127). Diese Gemeinschaft ist die beste, die entstanden ist; sie befiehlt das Gute und untersagt das Böse (Sure 3,106 und 110). Es gibt eine enge Beziehung zwischen der Einheit der moslemischen Gemeinde und dem Kult der Anbetung des einen Herrn (Sure 21,92 und 23,52). Wir sehen hier, daß sich die Muʿtaziliten eng an den Koran anschließen und sich von ihm inspirieren lassen; man tut ihnen Unrecht, wenn man sie als die »Freidenker«, die »Liberalen«, des Islam bezeichnet.

Sehr früh entstand eine polemische Auseinandersetzung zwischen Christen und muʿtazilitischen Moslems. Auf christlicher Seite war daran vor allem der Kirchenlehrer Johannes Damascenus beteiligt. Diese Auseinandersetzung hatte für den Islam zwei Konsequenzen: einerseits mußte man das Dogma von der absoluten Einheit Gottes gegen die Dreifaltigkeitslehre der Christen verteidigen, und andererseits mußte man dafür über ein logisches Argumentationsinstrumentarium verfügen. Im Gegensatz zur konservativen ḥanbalitischen Schule, die schlicht und einfach alles dem Islam Fremde als minderwertig zurückwies, wollten die Muʿtaziliten sich kämpferisch auseinandersetzen und sich die Mittel für diese Diskussionen erarbeiten. Die Christen wollten den Moslems die drei Personen der Trinität schmackhaft machen, indem sie hinwiesen auf die göttlichen Eigenschaften, die der Koran benennt, wenn er sagt: Gott ist wissend, mächtig, lebendig, redend usw. Drei dieser Eigenschaften wählten die christlichen Theologen aus, um damit die göttlichen Personen zu charakterisieren. Doch die Muʿtaziliten hielten daran fest, daß die vom Koran genannten Eigenschaften Gottes nicht von seinem Wesen getrennt sind; denn dann, wenn sie wie Gott gleich ewig wären, müßte es ja mehrere Ewige geben und die absolute Einheit des göttlichen Wesens wäre vernichtet. In Wirklichkeit, so die Muʿtaziliten, sind die Eigenschaften auf das Wesen zurückführbar: Gott ist nicht wissend durch sein Wissen, nicht mächtig durch seine Allmacht, sondern durch sein Wesen. Im übrigen wurde auch die Ewigkeit des Koran von den Muʿtaziliten abgelehnt, weil sie die These von der Einheit Gottes gefährde.

So sind die Muʿtaziliten gerade durch die Notwendigkeit der argumentativen Auseinandersetzung mit der christlichen Theologie zu einer Hochschätzung der *Vernunft*, der Ratio, gekommen, die bis dahin im Islam noch unbekannt war und von der »offiziellen« Theologie durchaus nicht geteilt wurde. Wenn die Mehrheit der moslemischen Gelehrten behauptet, der Islam sei vernünftig, rational, dann in dem Sinne, daß er, im Gegensatz zum Christentum, kein »Mysterium« enthält; außerdem argumentiert im Koran Gott selbst und er fordert vom Menschen, mit den ihm zur Verfügung stehenden Mitteln über diese göttlichen Beweisführungen nachzudenken. Die Muʿtaziliten gehen hier noch weiter: nach ihrer Meinung gibt es rationale, vernunftgemäße Wahrheiten, Wesensnotwendigkeiten, die die Vernunft *aus sich selbst* entdecken kann; es gibt Werte von Gut und Böse, die in der Vernunft begründet sind und die der Mensch auch außerhalb jeder besonderen Offenbarung erkennen kann.

Ein solcher Vernunftsbegriff hatte zur Folge, daß die Muʿ-taziliten der menschlichen Freiheit einen wichtigen Platz ein-räumen mußten: der Mensch hat einen Auftrag zu erfüllen (taklīf), und er ist dafür selbst verantwortlich (mukallaf). Der große und der kleine ǧihād (d. h. die Anstrengung, um die Feinde Gottes in sich selbst und außerhalb seiner selbst zu besiegen), der iǧtihād (die Mühe der persönlichen Erarbei-tung der vorgegebenen Heiligen Schriften), machen Freiheit unbedingt erforderlich. Wenn Gott gerecht ist und nur das Gute tut, kann er nicht von vornherein Ungläubige erschaf-fen. Das Böse kommt durch den Menschen. Gott könnte im Gericht die Menschen nicht belohnen oder bestrafen, wenn sie nicht selbst für ihre Taten verantwortlich und ursächlich wären. Gott erschafft nicht selbst die menschlichen Handlun-gen: er erschafft die schöpferische, freie Handlungsfähigkeit des Menschen.

In der Schia werden wichtige Grundgedanken der Muʿtazi-liten weiterentwickelt werden.

Sunniten – Schiiten – Ḥariǧīten

Neben den Schiiten, denen wir noch ein ganzes Kapitel wid-men, und den Ḥariǧīten bilden die Sunniten eine der drei gro-ßen Gruppen im Islam (das Wort »sunna« bedeutet soviel wie Tradition, Überlieferung, gemeint ist hier zunächst die Über-lieferung des Propheten). Man bezeichnet sie auch als »Volk der Sunna und der Gemeinschaft«, oder einfach nur »Volk des Buches (= Koran)«, oder auch als »Volk der Übereinstim-mung« (ahl al iǧmāʿ). Oft spricht man von den Sunniten auch als von den *orthodoxen* Moslems. Dieser Ausdruck ist aller-dings irreführend, weil es im Islam, der keine Kirche ist, kein unfehlbares Lehramt und keine oberste dogmatische Autorität etwa in Form eines Konzils gibt, das Maßstäbe für eine Beurteilung einer Lehre verbindlich setzen könnte. In diesem Sinne sind die Schiiten genauso orthodox oder nichtorthodox wie die Sunniten. Nur wenn man zahlenmäßige Majorität mit Orthodoxie gleichsetzen würde, könnte man die Sunna als Orthodoxie bezeichnen. Allerdings gibt es innerhalb der Sunna viele unterschiedliche Meinungen und Gruppierungen sowohl in theologischen wie in rechtlichen Fragen. Diese Unterschiede haben in der Geschichte des Islam zu sehr heftigen Kämpfen und Auseinandersetzungen geführt, zur Bildung von »Schulen«, ohne daß aber die eine Gruppe die andere sozusagen exkommuniziert; denn einen Menschen als Ungläubigen (takfir) abzustempeln, ist ein so bedeutsamer Vorgang mit so schwerwiegenden Folgen, daß hier allergrößte Zurückhaltung geboten ist.

Überwiegend sunnitisch geprägte Gebiete sind Nordafrika, Saudi-Arabien, Syrien, Irak, Pakistan, Schwarzafrika, Indonesien.

Die Sunniten halten fest an der Legitimität der vier ersten Kalifen: Abu Bakr, Omar, Othman und Alī. Die Herrschaftszeit dieser vier »rechtgeleiteten Kalifen« war für sie das Goldene Zeitalter des Islam schlechthin. Sie haben keine Neuerungen eingeführt, sondern sind den Worten Gottes im Koran und denen seines Gesandten treu geblieben. Diese Treue zum ursprünglichen Islam ist für die Sunna ein wesentliches, immer wieder von ihnen selbst betontes Charakteristikum. Hierbei erliegen sie nicht selten einer Idealisierung der tatsächlichen Geschichte, die unter den ersten vier Kalifen durchaus von großen Divergenzen, Spannungen und Kämpfen gekennzeichnet war.

Was die Glaubenslehre angeht, so bietet die Sunna zwar auch eine Lehre von den Letzten Dingen (Gericht, Paradies oder Hölle), aber diese Eschatologie hat im Gegensatz zur Schia keinen politisch-messianischen Zug. Es gibt hier keinen verborgenen Imam, dessen Rückkehr man sehnsüchtig erwartet, der das Reich der Wahrheit und Gerechtigkeit endgültig aufrichten wird. Für die Sunna ist die Offenbarung endgültig abgeschlossen mit dem Tode des Propheten, der das »Siegel der Propheten« ist. Eine zukunftsgerichtete Geschichtsdynamik speziell des Religiösen fehlt in der Sunna.

Den eigentlichen Ausgangspunkt für die Entstehung und Entwicklung von Gruppen, für die Spaltung innerhalb des islamischen Gemeinwesens in zwei bzw. drei Hauptgruppen, bildet die Schlacht von Ṣiffīn im Jahre 657. Hier standen sich der künftige Omajadenherrscher Muʿāwiya (661–680) und der vierte Kalif, der Schwiegersohn und Vetter des Propheten, ʿAlī ibn Abī Ṭālib gegenüber. Nach wochenlangen Vorgefechten kamen die beiden Gegner endlich überein, den Konflikt durch zwei neutrale Schiedsrichter entscheiden zu lassen. Der Koran sollte dabei als Leitlinie dienen. Zu entscheiden war die Frage, ob Muʿāwiya das Recht habe, die von Alī in Schutz genommenen Mörder des Vorgängers Othman zur Rechenschaft zu ziehen und als Rächer aufzutreten oder nicht. Alī hat in diesen Schiedsspruch eingewilligt, damit indirekt sein Kalifat zur Verfügung gestellt. Dies betrachteten seine Anhänger als Verstoß gegen göttliches Gebot, weil er sein gutes Recht einem menschlichen Spruch unterwerfen wollte. Viele empörte Anhänger Alīs verließen ihn, sie »gingen davon« (ḫaraǧa = weggehen) und wurden fortan als Ḥariǧīten bezeichnet. Im Schiedsgericht wurde festgestellt, daß Alī, weil er mitverantwortlich war an der unrechtmäßigen Tötung Othmans, seine Herrschaft verwirkt habe: der Omajade Muʿāwiya wurde als neuer Kalif ausgerufen, damit war die islamische Gemeinde gespalten. Im Hintergrund stand damals die Frage nach den moralischen Qualitäten eines Leiters der Gemeinde. Die Ḥariǧīten forderten hier maximale moralische Leistungen, weil der Glaube insgesamt nur durch gute Werke wachsen könne. Wer eine große Sünde begehe, verdiene die Hölle und könne nicht mehr als Moslem gelten. Im Gegensatz zu dieser äußerst extremen, nonkonformisti-

schen Haltung tendierten die Sunniten immer dahin, die To-
leranzgrenzen so weit wie möglich zu ziehen. Die Erfüllung
der Mindestforderungen der Religion sollte zusammengehen
mit größtmöglicher Freiheit. So ist denn in der Tat auch keine
Gruppe jemals von der Sunna ausgeschlossen worden, mit
Ausnahme derjenigen, die selbst eine solche Exkommunikation wünschten.

Während die Schiiten lehrten, das Kalifat müsse auf die
leibliche Nachkommenschaft des Propheten beschränkt werden, bekannten sich die Ḫariǧīten dagegen zu einer mehr »demokratischen Ansicht«, daß nämlich jeder gläubige, fromme
Moslem Kalif werden könnte. Nun waren in der Tat die vier
ersten Kalifen alle aus dem Stamme der Quraiš (auch Mohammed gehörte dazu). Aus dieser Tatsache wurde ein grundsätzlicher Maßstab abgeleitet. Insofern nimmt die Sunna zwischen den Extremen von Schiiten und Ḫariǧīten eine mittlere
Position ein. Sie folgten Muʿāwiya, dem Begründer des Kalifats von Damaskus. Die Sunna ließ sich leiten von der norma-
tiven Kraft des Faktischen. Sie ist nicht aus einer vorgegebenen abstrakten Lehre heraus gewachsen; sie hat sich vielmehr
Zug um Zug gebildet, immer als Reaktion auf die historischen
Ereignisse, die potentielle Spaltungsfaktoren hätten sein können.

Der einzige Grundsatz der Sunna ist das Wort Gottes und
Lehre und Verhalten des Propheten: ein einziger Gott, ein
einziger Glaube, eine einzige islamische Gemeinde. Sunniten
übten größtmögliche Toleranz. Die aus ihnen hervorgegange-
nen Theologen legten bei umstrittenen Fragen immer Kom-
promißformulierungen vor. So wurde einer der frühesten und
bekanntesten sunnitischen Theologen, Al-Ašʿarī, zu einem
typischen Vermittlungstheologen, als er in der damals zentral
diskutierten Frage nach der Freiheit des Menschen lehrte, daß
man sich Gott eben nicht nach menschlichen Kategorien vorstellen könne, daß der Mensch weder ganz unfrei noch ganz
frei sei. Man darf aber nicht sagen, daß die ašʿarītische Theolo-

gie *die* Theologie der Sunna schlechthin sei. So kann sich die Sunna zunächst eigentlich nur auf verneinende Weise definieren: als Zurückweisung der »Sondergruppen«, die im Laufe der islamischen Geschichte immer wieder aufgetreten sind: Schiiten, Ḥariǧīten, Muʿtaziliten usw. Positiv ausgedrückt, betonen die Sunniten die Anerkennung des Koran als Wort Gottes, die Nachfolge des Propheten und die Anerkennung seiner Sunna, d. h. der schriftlich festgehaltenen Überlieferungen von Worten und Verhalten des Propheten, Hadith genannt. Außerdem legen sie noch größten Wert auf den gemeinschaftlichen Konsens (iǧmāʿ) bei der Suche nach Antworten auf kontrovers diskutierte Fragen.

Wie bereits geschildert, geht die Entstehung der Ḥariǧīten auf die Streitigkeiten um die Nachfolge nach dem Tod Mohammeds zurück.[11] Sie waren der Ansicht, man müsse sich gegen einen Imam oder Kalifen erheben dürfen – alle Menschen haben gleiche Rechte – wenn dieser gegen Gottes Gebot oder gegen die Tradition des Propheten verstoßen habe. Darum verließen sie (ḫaraǧa = weggehen) Alis Truppen und Kufa. Sie kämpften aber auch gegen den in Muʿāwiya personifizierten Exklusivanspruch der Quraiš- bzw. Omayadenaristokratie. Kämpferisch verbreiteten sie ihre Ideen von Gleichheit und »Demokratie«: Im Prinzip kann *jeder* gerechte und fromme Gläubige Kalif werden, auch ein Sklave mit schwarzer Hautfarbe. Solange er gläubig ist, kann er dieses Amt innehaben.

Im Gegensatz zur sunnitischen Lehre bestreiten die Ḥariǧīten überhaupt die absolute Notwendigkeit des Kalifats: Nur wenn die islamische Gemeinde die Bestellung eines Kalifen für nützlich erachtet und sie einen würdigen Kandidaten findet, muß die Gesamtgemeinde ihn in gänzlich freier Wahl bestimmen.

Der hinter diesen Prinzipien stehende moralische und religiöse Rigorismus hat seinen Vertretern die Bezeichnung »islamische Puritaner« eingebracht. Die Ḥariǧīten betrachteten alle Moslems als Ungläubige, die sich ihnen nicht anschlossen. Auf der anderen Seite zeigten sie eine relativ große Toleranz gegen Juden und Christen (ein Nebenprodukt ihrer politisch-demokratischen Grundeinstellung?). Heute spielen sie politisch als Gruppe kaum noch eine Rolle (außer in Schwarzafrika und im Maghreb). Doch lebt der Ḫariǧismus fort als eine bestimmte Art der Gesinnung und als Ideal, z. B. für Völker, die sich gegen eine sie beherrschende Macht erheben und sich dabei oft auf dieses Ideal berufen (z. B. die Berber im Maghreb).

Da es dieser Gruppe mehr um soziale und politische *Handlungs*-theorien geht, bleibt die Glaubens*lehre* weniger ausgebildet im Hintergrund. Von Bedeutung ist die extreme Haltung gegenüber Nicht-Ḫariǧiten: sie kommen in das Feuer der Hölle, genau so wie die Polytheisten samt ihren Kindern. Zu diesen Ungläubigen (kufr) zählen auch diejenigen Gläubigen, die einen »großen Fehler« gemacht haben.

Ihre politische Theorie (speziell die basisdemokratischen Elemente) spielt, wie wir noch sehen werden, eine Rolle in der »Dritten Universaltheorie« Qaḏḏāfis.

Nachdem wir nun die frühe Entwicklung des Islam betrachtet haben, machen wir einen Sprung in die Gegenwart und wenden unseren Blick auf einige wenige, aber herausragende Phänomene und Tendenzen des Islam heute. Wir beginnen mit dem zentralen Problem politischer Herrschaftsformen, wenden uns dann dem »Fall Rushdie« zu, um schließlich tieferliegende Grundtendenzen zu charakterisieren: Fundamentalismus, Modernismus, Messianismus und den besonders zu beachtenden und nicht mit Fundamentalismus zu verwechselnden »traditionalen Islam«. Der formale Gesichtspunkt von »Denken«, »Erkenntnismöglichkeiten« und »Menschenbild« steht dabei durchgängig im Vordergrund des Interesses.

Theokratie und Demokratie

Gegenwärtig hat in der westlichen Welt dasjenige islamische Phänomen das größte Befremden ausgelöst, das man mit dem Etikett »Theokratie« (Gottesherrschaft) belegt und das vor allem den Iran beherrscht. Was beinhalten Regelungen, deren Summe man unter diesem Namen zusammenfaßt und die natürlich auch für viele Irrwege offen sind, konkret?

Der Begriff »Theokratie« ist zum erstenmal geprägt worden von dem jüdischen Historiker Flavius Josephus, der damit den Feinden der Juden dieses außerhalb ihres Horizontes liegende Phänomen erklären wollte: Nachdem er die Regierungsformen der Monarchie, der Oligokratie und der Demokratie erwähnt hat, führt er die Theokratie vor: »Unser Gesetzgeber hingegen hat auf keine solche Regierungsform Rücksicht genommen, sondern den Staat (politeuma), wie man mit einem etwas erzwungenen Worte sagen könnte, zu einer Gottesherrschaft (theokratia) gemacht, indem er Gott die Herrschaft und Gewalt anheimgab und die große Masse bewog, auf ihn als den Urheber alles Guten hinzuschauen, das die Menschen im staatlichen wie im privaten Leben genießen ... Alles Tun, das ganze Leben, alles Reden beziehen sich bei uns auf die Frömmigkeit Gott gegenüber. Denn alle diese Dinge prüfte er und regelte sie ... Auch nicht das Geringste hat er selbstherrlich dem Willen derer, für welche die Gesetze bestimmt waren, überlassen ... damit wir ... weder mit Willen noch aus Unwissenheit sündigten.« (Gegen Apion II, 16–17). Als dann später das Judentum keinen Hohenpriester und keine Priester mehr hat und deren Leitungsamt von den Schriftgelehrten mitübernommen wird, diese dann auch noch als Richter tätig sind, ist im Grunde das Modell fertig, in das sich später der schiitische Islam fügen wird, wenn kein Imam mehr auf Erden wandelt.

Islamische Theokratie heißt nun aber nicht, daß der Herrscher von Gottes Gnaden regiert oder selbst priesterliche

Funktionen ausübt. In purer Form von Theokratie »gilt Herrschaft nicht nur als von Gott gewollt und eingesetzt, sie muß auch unter besonderer Leitung und in Stellvertretung der Gottheit geschehen. Solche stellvertretenden Herrscher können Priester sein, wo die betreffende Religion eine solche Institution im strengen Sinne kennt, es kann aber auch ein religiöser Repräsentant, Funktions- oder Würdenträger anderer Art sein«.[12]

In der islamischen Politik-Ordnung, wenn sie theokratisch ist, wurde aber der Staat nicht Kirche, nicht Kirchenstaat, sondern »Organismus der Religion« (Colpe). Theokratie, wenn sie in islamischen Staaten besteht, gibt es dort oft mehr in der Theorie als Ideal denn in der Wirklichkeit. Und manche islamische Politologen haben sich schon an einer säkularen Staatstheorie versucht. Julius Wellhausen hat das Wesen der Theokratie islamischer Prägung zutreffend so beschrieben, »daß nicht eine äußere und menschliche Gewalt, sondern allein eine innerlich anerkannte, über den Menschen stehende Macht das Recht zur Herrschaft habe. Die Theokratie ist die Negation des *Mulk*, des menschlichen Königtums … Man kann die Theokratie definieren als das Gemeinwesen, an dessen Spitze nicht der König und die angemaßte oder ererbte Gewalt steht, sondern der Prophet und das Recht Gottes … Die Theokratie hatte auch keine Ähnlichkeit mit einer Republik, trotz dem Gedanken, daß alle Untertanen Allahs in gleichem Verhältnis zu ihm stehen … Allah wirkte gleichmäßig in allen Funktionen und Organen des Gemeinwesens. Die Rechtsprechung und der Krieg waren ebenso heilige Geschäfte wie der Gottesdienst. Die Moschee vertrat zugleich das Forum und den Exerzierplatz.«[13]

Nun kann man natürlich, aus »realistischer« Sicht und aus Erfahrung, der Meinung sein, Theokratie sei (grundsätzlich) grausam, weil der Mensch zu fehlsam und für die Ausübung von Gottesherrschaft auf Erden nicht geschaffen sei. Man kann dieser Meinung sein. Aber liegt diese mögliche Gefahr wesensnotwendig, a priori, in der Konzeption begründet? Könnten theokratische Elemente nicht doch realisierbar sein? Der Iran z. B. hätte die Möglichkeit, dies zu demonstrieren, falls ihm in Frieden dazu Zeit gelassen würde. Theokratie *muß nicht* zwangsläufig, wesensnotwendig, Terror nach innen und Aggressivität nach außen bedeuten.

Nun gibt es – das mag die meisten Leser überraschen – im Koran auch Ansätze für eine »demokratische« Führungsweise. Den entscheidenden Hinweis darauf liefert Sure 42, 38, wo von der šūrā, der »Beratung untereinander« (vor wichtigen Entscheidungen) die Rede ist (wa amruhum šūrā bainahum; ähnlich auch Sure 3, 159). Dieser Gedanke ist z. B. in die Verfassung der Islamischen Republik Iran aufgenommen worden, wo es in Art. 7 heißt: »Entsprechend der Anweisung des edlen Koran: ›Ihre Angelegenheiten sind in Beratung untereinander zu erledigen‹ (42, 38) und ›Beratschlage mit ihnen über die Angelegenheit‹ (3, 159) gehören die National-Beratungsversammlung, die Versammlungen der Provinz, des Kreises, der Stadt, des Stadtviertels, des Bezirks, des Dorfes und ähnlich zu den Entscheidungs- und Verwaltungsorganen des Landes ...« In diesem demokratischen *Beratungsprinzip* zeigt sich deutlich, daß man sich hinsichtlich der Staatstheorie auf ureigene koranische Maßstäbe besinnt und nicht westliche Regierungsmodelle übernimmt. Der zweite Kalif Omar (634–644) hat dieses Prinzip zum erstenmal praktisch angewandt. Er berief eine Beratungsversammlung aus fünf Mitgliedern ein, die seinen Nachfolger Othman zum Kalifen ernannte.

Oft wurden in der islamischen Geschichte Machthaber beschuldigt, nicht durch Beratung die Herrschaft erlangt zu haben. Islamische Staaten leiten in ihren Verfassungen die Staatsgewalt ausdrücklich aus diesen Koranversen ab. Demokratisches Beratungsprinzip und grundlegendes Theokratie-Modell schließen sich aber nicht aus, wie die Verfassung des Iran zeigt: Gott ist der einzige Gesetzgeber. Die Regierenden sind nur befugt, das göttliche Recht auszulegen. Gott ist der absolute Souverän, aber er hat den Menschen eingesetzt zur Regierung über sein soziales Schicksal, und niemand kann ihm dieses göttliche Recht nehmen (Art. 56). Es gibt also, das sei nochmals betont, kein Herrschertum direkt von Gottes Gnaden, sondern das Volk erhält seine Souveränität direkt von Gott und *delegiert* sie an die Vertreter der Legislative, Exekutive und Judikative, die wiederum unter der Aufsicht der Rechtsgelehrten stehen. Insgesamt ist also theoretisch im Islam ein Miteinander von theokratischen und demokratischen Elementen in der Staatstheorie und Praxis auf allen Ebenen durchaus möglich und praktikabel. Dies möchten wir noch aufzeigen am Beispiel der Verfassungstheorie Libyens, die nach dem »Grünen Buch« (Al-Kitāb al-aḫḍar) des Muʿammar al-Qaḏḏāfi (westlich »Gaddafi« genannt) ausgerichtet ist. Ein Blick auf diese Theorie ist um so interessanter, als J. Pohl beispielsweise, ohne aber näher darauf einzugehen, von diesem »Grünen Buch« als von einem Staatsprogramm mit einem dritten Weg zwischen Kapitalismus und Kommunismus spricht, das »teils als Dreigliederungsgedankensammlung (sic!) aus der Frühzeit des anthroposophischen Achberg stammen könnte«.[14]

Qaḏḏāfis »Grünes Buch« als islamische Gesellschaftstheorie

Das »Grüne Buch« Qaḏḏāfis[15] enthält seine »Dritte Universale Theorie« und besteht aus drei Teilen, deren erster das Problem der Demokratie behandelt und praktisch eine Auslegung eines einzigen Koranverses ist, nämlich von Sure 42, 38: »Und ihre Angelegenheiten werden entschieden durch Beratung (šūrā) untereinander.« Das entscheidende Wort ist »Beratung«, šūrā. Dieser Begriff ist zentral für jedes politische System innerhalb des Islam; er ist heute die Antwort auf die westliche »Demokratie«. Die repräsentative Demokratie des

Westens ist nur sehr unvollkommen, das geringste Übel. Demokratie muß direkt und unmittelbar sein. Das Volk als ganzes muß regieren, nicht eine Partei, eine Gruppe. Qaḏḏāfis
Konzeption ist die der Volkskongresse und Kommittees. Sie
beruht auf dem Grundgedanken der »direkten Volksautori-
tät«. Jede Gemeinde hat einen oder mehrere Volkskongresse.
Die Ausführung von deren Entscheidungen werden über-
wacht von Basiskommittees. Die Kongresse sind im wesentlichen gesetzgebende Körperschaften. Die Kommittees führen
die Gesetze aus. Sie ersetzen praktisch Verwaltungen und Mi-
nisterien. In dieser Konzeption soll *jedem* Mitglied der Gesellschaft Gelegenheit zur *Teilhabe* an dieser Form direkter Demokratie gegeben werden. »Demokratie ist die Aufsicht des Volkes über sich selbst.«

Außer der legislativen Aufgabe haben die Volkskongresse
auch noch die Funktion, die Moral und den sozialen Zusammenhang zu fördern. Die beiden Hauptquellen der Sozialord-
nung im weitesten Sinne sind soziale Tradition (Brauchtum,
al-ʿurf) und Religion (mit all ihren Vorschriften). Soziales Gesetz ist aber immer *natürliches* Gesetz, dem Menschen angebo-
ren. Es ist die »fiṭrah«, die ursprüngliche Form, in der Gott
den Menschen erschaffen hat (Sure 30, 30), ewig und unveränderlich, im Gegensatz zu den positiven Gesetzen moderner
Staaten. Diese beiden Quellen sind die einzigen, um Gesetze
zu gestalten.

Im zweiten Teil des »Grünen Buches« geht es um *ökonomische* Freiheit, ohne die politische Freiheit unmöglich ist. Qaḏḏāfi will einen »dritten Weg« jenseits von Marxismus und Kapitalismus. Freiheit im Wirtschaftsbereich bedeutet: die
wichtigsten Bedürfnisse des Individuums von der Kontrolle
durch andere zu befreien. »Im Bedürfnis sitzt die Freiheit.«
Soziale Konflikte entstehen vor allem dann, wenn *eine* gesellschaftliche Gruppe die Kontrolle über die Bedürfnisse anderer besitzt. Zu den wesentlichen Bedürfnissen des Individuums zählen: Haus, Lebensunterhalt, Verkehrsmittel, Grund

und Boden. Die persönliche Kontrolle über und die eigene Erfüllung der Bedürfnisse allein kann Freiheit ermöglichen. Sie ist ein heiliges Recht.

Der dritte Teil des »Grünen Buches« ist der am meisten theoretische und grundlegende; aus ihm seien hier nur einige wichtige Prinzipien herausgestellt. Wandel, Veränderung und Fortschritt sind im Islam grundsätzlich erlaubt und notwendig, und zwar nicht als Veränderung der Grundprinzipien oder des Wesenskerns der šarīʿa, sondern als Wandel in der Art und Weise, wie diese auf die heutige Situation angewandt werden können. Das darf nicht verwechselt werden mit der im Koran verbotenen »tadelnswerten Neuerung« (bidʿah).

Der Islam als Religion geht zurück auf Abraham, den Vater der Propheten und ersten wahren Moslem, ja, sogar auf den Beginn der Schöpfung. Mohammed kam nur, um alle vorausgegangenen göttlichen Offenbarungen durch den Islam zu beschließen. Dieser ursprüngliche und ewige Islam besteht in der Anerkennung des einen wahren Gottes. *Nach* Mohammed gibt es nicht mehr länger Moslems und Nicht-Moslems. Alle Monotheisten sind Moslems im weiteren Sinne. Es ist so gleichgültig, ob ich Mohammed, Moses oder Jesus folge.

Für Qaddāfi ist die einzige Grundlage und Quelle aller Gesetze und Ordnungstheorien der Koran. Darüberhinaus bedarf es keiner importierten Ideologien. Erneuerung, Revolution der Gesellschaftsordnung ist insofern absolut inner-islamisch. Bis in die kleinsten Details hinein sind die Vorschriften dem Koran entlehnt.

Der dritte Weg zwischen Marxismus und Kapitalismus heißt »ištirakiyah«, was wörtlich so viel wie »*Teilhabe*« bedeutet. Der Begriff »neuer Sozialismus« wird vermieden, um falsche Assoziationen zu vermeiden. Wenn auch dieses Wort so nicht im Koran vorkommt, so gründet es sich doch auf koranische Prinzipien wie Privateigentum, Kollektivproduktion, Gleichheit und soziale Gerechtigkeit. Konkret bedeutet das

z. B. Zinsverbot, soziale Bindung des Privateigentums; Profit darf nur durch eigene Leistung erwirtschaftet werden. Wir fügen hinzu: sozialer Ausgleich durch »Armensteuer« und andere freiwillige Abgaben beruhen letztlich auf dem islamischen Grundprinzip des »Gleichgewichts«, der »Mitte« (vgl. Sure 2, 143: »ummatan waṣatan«, der Islam als Gemeinschaft des Gleichgewichts).

Qaḏḏāfi weist hinsichtlich seiner im Prinzip der šūrā implizierten, radikalen Forderung nach Gleichheit aller hin auf die erste Generation von Moslems, die in gewisser Weise normativ sei für die folgenden, speziell auf die Ḫariǧīten (Charidschiten), die »Sezessionisten«, die sich »abgetrennt« haben, indem sie gegen das auf »adliger« Abstammung, weltlicher Macht oder auf Reichtum basierende Prinzip von Autorität revoltierten. Es waren die ersten Revolutionäre des Islam. Ein revolutionäres Konzept ist für den Islam also nicht neu, auch der erste Imam Alī kämpfte gegen Armut und Unterdrückkung.

Alle Autorität – und insofern ist Qaḏḏāfis Theorie eine theokratische – gehört letztlich Gott allein, aber dadurch wird gerade *jede* menschliche und zeitliche Autorität relativiert. Jede Herrschaft auf Erden muß göttlich sanktioniert sein, sonst ist sie illegitim. Diese Sanktionierung aber liegt für Qaḏḏāfi im Auftrag des Koran an die Menschheit, »Gottes Stellvertreter auf Erden« zu sein. So ist auch im ökonomischen Bereich der Mensch letztlich Gott und der Gesellschaft verantwortlich für die Art, in der er seine Verantwortung in der Verwaltung von Gottes Reichtum auf Erden wahrnimmt. Im Grundsatz des »zakāt«, der »Armensteuer«, genauso wie in allen anderen Aspekten sozialer Verantwortlichkeit ist es Gott, der die Gesetze gegeben hat, die über eine gerechte Verteilung und den Verbrauch von Gottes Reichtum wachen.

Insgesamt ist diese hier nur in ihren allerwichtigsten Grundzügen vorgestellte Gesellschaftstheorie ein bemerkenswertes Beispiel dafür, zu welch anregender und zukunftsweisender Perspektive ernsthafte Versuche innerislamischer Besinnung führen können. Inwieweit es hier Berührungspunkte gibt mit anthroposophischen Gedanken von sozialer Dreigliederung, muß dem Urteil des kundigen Lesers überlassen bleiben, der sich zudem, wenn interessiert, mit weiteren konkreten Details – vielleicht steckt hier der Teufel? – von Qaḍḍāfis Vision beschäftigen müßte.

Der Fall Rushdie, die Menschenrechte und Toleranzgrenzen

Da wird von der Führung der Islamischen Republik Iran in zeitlicher Nähe zur Feier der zweihundertsten Wiederkehr der Französischen Revolution gegen einen im Mutterland der Demokratie, in England, lebenden, aus Indien emigrierten Schriftsteller namens Salman Rushdie das Todesurteil verkündet, ein Kopfgeld ausgesetzt, ein Mensch gejagt und verfolgt, der, alle paar Tage von einem Aufenthaltsort zu einem anderen wechselnd, rund um die Uhr von der Polizei geschützt wird. Der Grund: »Die Satanischen Verse«, ein gut 500 Seiten umfassender Roman, der von zwei Einwanderern erzählt, die sich in der neuen Heimat, in der fremden Kultur, verwandeln, anpassen. Es geht um die Beschreibung der Problematik der Begegnung von verschiedenen Kulturen heute. So weit, so gut, wäre da nicht die Beschreibung jener Träume, die sich regelmäßig bei dem berühmten Schauspieler Gibril einstellen, denen er so gern ein Ende machen würde.

Fast Nacht für Nacht träumt er den gleichen Traum weiter, nimmt er den Faden seiner Geschichte dort wieder auf, wo er ihn am Morgen zuvor fallen gelassen hat. Er sieht einen »Geschäftsmann« in Jahilia, einer Stadt aus Sand. Der Name des Geschäftsmannes: Mahound. Trotz dieser Verfremdungen der Namen merkt der Leser sehr bald, welche Wirklichkeit hinter diesen Traumgestalten steht: Jahilia ist Mekka, Mahound ist Mohammed. Und dann gibt es da das Heiligtum mit

dem schwarzen Stein, Ziel regelmäßiger Pilgerfahrten, wo
360 Götter verehrt werden, von denen drei weibliche Göttinnen zu den beliebtesten zählen: Al-Lat, Uzza und Manat.
Und nicht zu vergessen: Allah, »ein Generalist in einem Zeitalter von Spezialistenstatuen« (105).[16] Mahound hat mit seiner neuen Verkündigung des einen Gottes Allah keinen Erfolg. Man bietet ihm ein »Geschäft« an: Mahound erkennt die
drei weiblichen Göttinnen an, als Gegenleistung wird ihm die
offizielle Anerkennung seiner neuen Religion garantiert. Mahound gerät ins Wanken. Seine Freunde flehen ihn an, nicht
nachzugeben. Mahound geht ins Zelt des Dichtertreffens und
trägt als neue Offenbarung vor: »Hast du an Al-Lat und Uzza
und an Manat, die dritte, die andere, gedacht? Sie sind die
erhabenen Vögel und ihre Fürbitte ist wahrlich erwünscht.«
(120) Die drei Göttinnen sind von Mahound anerkannt. Doch
schon am nächsten Tag widerruft er: »Es war der Teufel«.
Mahound ist überzeugt, »daß er getäuscht wurde, daß der
Teufel als Erzengel verkleidet zu ihm gekommen war, so daß
die Verse … nicht das Wahre waren, sondern sein diaboli-
sches Gegenteil, nicht göttlich, sondern satanisch.« (129) Mahound will die unreinen Verse ausmerzen, sie für alle Ewigkeit aus den Akten streichen, »so daß sie nur in ein oder zwei
unzuverlässigen Sammlungen alter Überlieferungen über-
dauern werden«.

In diesem Zusammenhang macht der Autor eine höchst bedeutsame Bemerkung: »… Gibril, der im höchsten Kamera-
winkel schwebt und von dort aus zusieht, weiß ein kleines
Detail, nur eine Winzigkeit, die etwas problematisch ist, nämlich daß es beide Male ich war, baba, das erste Mal ich und das
zweite Mal auch ich. Aus meinem Munde stammen Rede und
Widerrede, Verse und Anti-Verse, Welten und Gegenwelten,
alles, und wir alle wissen, wer sich an meinem Mund zu schaffen gemacht hat.« (129) Hier ist das innerste Heiligtum der
islamischen Religion tangiert: Die Wahrheitsfrage schlechthin
steht zur Debatte, insofern hier eine Beliebigkeit unterstellt

wird, für die es gleichgültig ist, ob Gott, ob der Satan, ob das Ich Mahound Urheber der Offenbarung ist. Der Islam als Offenbarungsreligion ist hier in seinen Grundfesten erschüttert und angezweifelt. Rushdie läßt Mahound in der Traumesschilderung widerrufen: »Soll er Töchter haben und ihr Söhne? Das wäre eine schöne Einteilung! Dies sind nichts als Namen, von denen ihr geträumt habt, ihr und eure Väter. Allah mißt ihnen kein Gewicht bei.« (130)

Dasselbe Ineinander oder auch Durcheinander der am Offenbarungsvorgang Beteiligten wird an anderer Stelle so zum Ausdruck gebracht: »Das Ziehen, wieder das Ziehen, und jetzt beginnt das Wunder in seinen, meinen, unseren Eingeweiden, er preßt mit aller Macht etwas heraus, erzwingt etwas, und Gibril beginnt diese Stärke, diese Kraft zu spüren, hier müht sie sich ab mit *meinem eigenen Mund*, öffnet, schließt ihn; und die Kraft, die von Mahound ausgeht, steigt auf zu *meinen Stimmbändern*, und die Stimme kommt. *Nicht meine Stimme* ich hätte nie solche Worte gewußt ich bin kein großer Redner, war nie einer, werde nie einer sein, aber das ist nicht meine Stimme, es ist die Stimme. Mahounds Augen öffnen sich weit, er sieht eine Art Vision, starrt sie an, ach, stimmt ja, erinnert sich Gibril, mich. Er sieht mich. Meine Lippen, die sich bewegen, die bewegt werden von. Was, wem? Weiß ich nicht, kann ich nicht sagen. Trotzdem, hier ist es, kommt aus meinem Mund, durch meine Kehle, an meinen Zähnen vorbei; das *Wort Gottes*.« (117 f.) Wer ist hier Gibril, der Schauspieler, wer ist hier Gibril, der Engel? Welche Funktion hat der eine, welche der andere? Sind es überhaupt zwei, einer, der die Offenbarung übermittelt, ein anderer, der sie empfängt?

Und dann ist da auch der Traum betreffend Salman, den Perser, den offiziellen Schreiber Mahounds. Dem fiel auf, »wie nützlich und zeitlich klug die Offenbarungen des Engels zumeist waren« (366).

Mahound »stellte die Vorschriften auf, und der Engel Gibril bestätigte sie im nachhinein« (366). Salman beschließt,

Mahound auf die Probe zu stellen. Er hat eine diabolische Idee. Jedesmal, wenn er Vorschriften Mahounds notierte, veränderte er heimlich das eine oder andere. »Und jetzt paß auf: Mahound bemerkte die Veränderungen nicht. Da habe ich doch tatsächlich Das Buch geschrieben oder umgeschrieben, wie auch immer, jedenfalls das Wort Gottes mit meiner eigenen profanen Sprache verunreinigt. Aber wenn nicht einmal der Prophet Gottes meine armseligen Worte von der Offenbarung unterscheiden konnte, was hatte das eigentlich zu bedeuten? Was besagte das über die Qualität der göttlichen Verse?« (369) Die Veränderungen werden immer größer und wichtiger, Mahound merkt nichts. Mahound kehrt von Yathrib aus in seine Heimatstadt Jahilia zurück und räumt dort auf mit der Götzendienerei und Unmoral. Er nimmt die Stadt in Besitz »im Namen des Allerhöchsten, des Menschenvernichters« (374).

In diesem Zusammenhang träumt Gibril von dem Dichter und Satiriker Baal, berühmt wegen seiner Spottverse auf den Propheten, der sich nach Mahounds siegreicher Rückkehr im beliebtesten Bordell Jahilias versteckt, genannt »Vorhang«. Als er eines Tages einen Kunden murrend von den zwölf Frauen des Propheten sprechen hört, »ein Gesetz für ihn, ein anderes für uns«, überlegt er, »welche Form seine endgültige Konfrontation mit der UNTERWERFUNG würde annehmen müssen« (380). Als eines Tages nach getaner Arbeit die Mädchen mit Baal zusammensitzen und über ihre Kunden erzählen, berichtet die jüngste unter ihnen von einem ihrer Gäste, der dauernd über die Frauen des Propheten geredet habe, und der so fuchsteufelswild sei, daß er schon geil werde, wenn er nur ihre Namen ausspricht. Außerdem meine er, daß sie der Lieblingsfrau Mahounds, Aischa, wie aus dem Gesicht geschnitten sei. Da kommt Baal auf die Idee, die zwölf Mädchen des Bordells jeweils die Rolle der zwölf Frauen Mahounds spielen zu lassen. Das könne nur gut fürs Geschäft sein. Dieser neuartige Service, daß die Huren jeweils die Identität einer der Frauen Mahounds angenommen hatten, brachte im Nu eine Umsatzsteigerung von 300%. Gibril träumt weiter: »Da es, aus begreiflichen Gründen, unklug war, auf der Straße Schlange zu stehen, zog sich an vielen Tagen eine lange Reihe von Männern durch den Innenhof des Bordells und rings um den in der Mitte befindlichen ›Brunnen der Liebe‹, ähnlich jenen Pilgern, die, wenn auch aus anderen Gründen, um den alten Schwarzen Stein gewandert waren.« (382) Die Lasterhöhle ist die »Antimoschee« (384). Gibril träumt weiter: »Die zusätzliche Würze, das Eheleben des Propheten nachzuspielen, hatte sie allesamt in einen Zustand höchster Erregung versetzt.« (385) Und was hatte Mahounds Schreiber Salman, der Perser, noch im Traum zu Baal erzählt über seinen Herrn, den Propheten? »Gott höchstpersönlich erlaubte ihm, so viele Frauen zu fikken, wie er wollte.« (387)

Traum hin, Meinungsfreiheit her; der christliche Leser dieser Zitate aus Rushdies Roman wird kaum ermessen können, welche Wirkung sie auf einen gläubigen Moslem haben müsse. Das innerste Heiligtum seiner religiösen Überzeugung wird hier in den Dreck gezogen, phantasievoll und »künstlerisch«! Die Traumszene, in der die Männer im Innenhof des Bordells wegen des großen Andrangs warten müssen und um diesen Liebesquell herumwandern wie die Pilger um den Schwarzen Stein von Mekka, gehört dabei wohl zu den schmerzhaftesten Passagen des Buches. Selbst für gemäßigtere und tolerantere Moslems muß diese symbolische Vermischung des Allerheiligsten mit der profanierten Sphäre einer Vulgärsexualität als unannehmbar gelten.

Im Westen ist der »Fall Rushdie« fast ausschließlich als »Fall Chomeini« behandelt bzw. dahin umgedeutet worden. Das bedeutet: Gegenstand der heftigen Auseinandersetzungen und Attacken war hier die Strafandrohung in Form des Rechtsgutachtens (fetwa), das das Todesurteil zum Inhalt hatte. Dieses ist auch von den Nachfolgern Chomeinis bis heute aufrechterhalten worden. Im Gegensatz zu Chomeini bestanden die Rechtsgelehrten der berühmten Al-Azhar-Universität in Kairo auf einem Prozeß, in dessen Verlauf Rushdie die Gelegenheit zur Rücknahme seines Abfalls vom Islam und zur Reue gewährt werden sollte. Auch eine im islamischen Recht vorgesehene dreitägige Bedenkzeit wurde von Chomeini nicht gewährt. Die Anklage des Westens lautet: eklatante Verletzung der Menschenrechte und der Souveränität eines Staates (England).

Wenig – und *darum* stellen wir dies besonders heraus – hört man im Westen von einer anderen Verletzung, die durch das Buch Rushdies bewirkt wurde: der »tödlichen« Verletzung der heiligsten religiösen Gefühle gläubiger Moslems in aller Welt. Sakrale Institutionen und Riten, soziale und kulturelle Eigenarten, werden hier in den Dreck gezogen. Wir haben dafür nur einige wenige Beispiele präsentiert; das Buch Rushdies umfaßt in der deutschen Übersetzung 535 Seiten. Diese Verletzungen werden auch nicht dadurch aus der Welt geschafft, daß man ständig darauf hinweist, daß es sich erstens um Traumvisionen handelt, und daß zweitens die Meinungsfreiheit des Schriftstellers absolut schrankenlos ist. Vergleichbar ist Rushdies Opus nur noch mit der »Bloßstellung« der katholischen Kirche durch Oskar Panizzas »Liebeskonzil«. Auf keinen Fall aber trägt die Veröffentlichung eines Werkes wie des der »Satanischen Verse« bei zur Annährung von kollidierenden Kulturen und Religionen (womit wir nicht behaupten, daß Literatur der Förderung religiöser Phänomene dienen muß!).

Aus den Stellungnahmen von *islamischen* Autoren zu den »Satanischen Versen« geht hervor, daß es ihnen nicht so sehr um die Person Rushdies geht als vielmehr um eine westliche Kampagne großen Stils gegen den Islam. Man ordnet diese Affäre ein in den Kontext einer historischen Auseinandersetzung zwischen dem Westen und dem Islam. Salman Rushdie ist nur ein Glied in der Kette westlicher Versuche zur *Verfäl-*

schung des Islam. Schon seit den Kreuzzügen, so sehen es Moslems, haben sie solche Kampagnen der kulturellen und auch religiösen Missionierung und Verwestlichung kämpferisch abwehren müssen. Ächtung Rushdies bedeutet also Widerstand gegen den Westen. In einem solchen vergifteten Klima ist jeglicher Versuch eines Dialogs von vornherein zum Scheitern verurteilt. Diesem Phänomen »Verfälschung« begegnen wir heute auf Schritt und Tritt. Zaghafte, gegensteuernde Aufklärungsversuche sind bislang ohne Breiten- und Tiefenwirkung. Auch Bestseller-Bücher können ein beschämendes Beispiel dafür sein, wie man (aus welchen Motiven heraus eigentlich?) vorurteilsfreies Kennenlernen des Islam auf jeden Fall verhindern kann. Wer aus solchen »Quellen« seine Informationen über eine fremde Religion und Kultur bezieht, verbaut sich von vornherein ein einfühlsames Verstehen und macht sich dadurch dialogunfähig.

Aber kommen wir noch einmal auf den vorherrschenden Aspekt der Verletzung der Menschenrechte zurück. Wir halten es zur eigenen Urteilsbildung für wichtig, auch die Argumente der islamischen Seite kurz zu Wort kommen zu lassen. Da gibt es einerseits z. B. den ägyptischen Nobelpreisträger Nagib Mahfuz, der im Namen der Menschenrechte die Verfolgung und Ächtung Rushdies beanstandet. Da gibt es andererseits viele Moslems, die seine Verfolgung rechtfertigen, indem sie so argumentieren: Rushdie ist ein Moslem. Der Inhalt seines Buches ist »wirklicher Unglaube« (kufr sahih). Der Westen verteidigt die schrankenlose öffentliche Meinungsfreiheit. Nach islamischem Verständnis aber gibt es ein bestimmtes Ordnungsdenken, für das die religiösen Riten und Werte eine entscheidende Stütze sind. Diesem Ordnungsdenken muß unter Umständen gelegentlich die *absolute* Meinungsfreiheit untergeordnet werden.

Immer wieder begegnen wir hier diesem Aspekt der Verneinung der »Schrankenlosigkeit«, der »Absolutheit«, der Rechte des Einzelnen. Die »Relativität«, d. h. das »Bezogensein« des Menschen insgesamt auf eine höhere Ordnung, in der er steht, weil er letztlich aus ihr kommt (vgl. z. B. den Schöpfungsgedanken) und zu der »die Heimkehr« geht, steht unaufgebbar im Vordergrund des islamischen Bewußtseins. Mit einem Begriff aus der Sprache moderner christlicher Theologie müßte man von einer »relativen Autonomie« der irdischen Wirklichkeit und so auch des Menschen sprechen. Vielleicht hat der von Präsident Nasser 1966 hingerichtete »spiritus rector« des modernen islamischen »Fundamentalismus« – die undifferenzierte, simple und primitive Etikettierung mit diesem Schimpfwort erspart dem, der sie benutzt, offenbar die fundierte Auseinandersetzung damit –, Sayid Qutb doch nicht ganz Unrecht, wenn er in Anknüpfung an das so bezeichnete vorislamische Arabien von unserem Jahrhundert als von der »ǧahiliyya des zwanzigsten Jahrhunderts spricht«, also dem »Zeitalter der Ignoranz«, wenn er außerdem meint, daß die im Westen praktizierte absolute Autonomie (Selbst-Gesetzlichkeit) des Menschen letztlich zu seiner »Verlorenheit« (daya') führe, und vielleicht behält er auch Recht, wenn er prophezeit, daß aus diesen Gründen das Ende der Weltführung durch den westlichen Menschen bevorstehe. Leider geht es Qutb nicht nur um eine Infragestellung des universalen westlichen Kultur- und Sinnmonopols aus einem Kultur-Relativismus heraus, sondern er will im Grunde *einen* Totalitätsanspruch durch einen anderen, *eine* Universalität durch eine andere ersetzen. Auf diese Weise kommt es auch nicht im Ansatz zu einem offenen interkulturellen und interreligiösen Dialog.[17]

Der pakistanische islamische Theologe Ziauddin Sardar hat einmal die altgriechische Sage vom phrygischen König Midas bemüht, um die geistige Situation des Westens zu charakterisieren: Der Gott Dionysos erfüllte den Wunsch des geldgierigen Midas – alles, was dieser berührte, wurde zu Gold, auch Brot und Wasser. So hat auch die moderne Wissenschaft dem Westen einen ähnlichen »touch of Midas«, nämlich Herrschaft und Reichtum, gebracht, aber damit untrennbar verbunden auch den Verlust von Sinn. Bis dahin können wir Sardar zustimmen. Wir verweigern ihm aber die Zustimmung, wenn er daraus die Schlußfolgerung zieht, nur der Islam könne aus dieser Sinn-Krise einen Ausweg anbieten. Ein solcher Totalitätsanspruch führt nur wieder zu neuen Konflikten. Einen Ausweg gibt es unserer Meinung nach nur durch Konvergenz verschiedener, jetzt de facto noch konfligierender Sinn-Faktoren. In diesem Prozeß würden ein erneuertes Christentum und ein verinnerlichter, offener Islam eine entscheidende Rolle spielen (müssen). Inhaltlich ginge es dabei wesentlich auch um eine erneuerte, über das rein sinnlich Faßbare und Meßbare hinausgehende, erweiterte Erkenntnis, um eine »rationale Mystik«, um ein *spirituelles* Denken, das die Grenzen eines rein technokratisch-formalistischen »Könnensbewußtseins« überschreiten muß. Die Aufgabe, die in diesem Zusammenhang der eben zitierte Z. Sardar den Moslems zuweist, daß sie nämlich hierfür »alternative Erkenntnisparadigmen« (= Wissensmuster, Erkenntnismodelle) entwickeln müssen, gilt ebenso auch für die Christen.

Fundamentalismus, Messianismus, Modernismus und der traditionale Islam

Die Bezeichnung »*Fundamentalismus*«[18] für bestimmte Phänomene innerhalb des Islam ist eine unglückliche und sehr mißverständliche Bezeichnung, weil dieser Terminus aus dem christlichen Bereich genommen ist, wo er aber eine ganz unterschiedliche Bedeutung hat. Fundamentalismus im Bereich christlicher Religion, ursprünglich in den Vereinigten Staaten entstanden, bezieht sich auf bestimmte konservative Erscheinungsformen des Protestantismus, gewöhnlich anti-modernistische, mit einer ziemlich engen und buchstäblichen Interpretation der Bibel und mit starker Betonung traditioneller christlicher Ethik. Diese Charakteristika haben aber nichts zu tun mit dem, was heute unter dem Namen »Fundamentalismus« im Islam bezeichnet wird. Das starre, ungeschichtliche Festhalten am Buchstaben der Heiligen Schrift z.B. steht in krassem Gegensatz zum geistigen, verinnerlichten Koranverständnis innerhalb der Schia. In *dieser* Hinsicht ist die Schia geradezu das Gegenteil von Fundamentalismus! Besser paßt hier schon der aus dem französischen Sprachbereich kommende Begriff »Integrismus« oder »Integralismus«, der aus dem traditionellen katholischen Bereich stammt, wo es darum geht, das ganze Leben in die Religion und, umgekehrt, die Religion in alle Aspekte des Lebens zu integrieren. Unter die Kategorie »Fundamentalisten« fallen sowohl solche Gruppen, die hoffen, durch die volle und radikale Anwendung der šarī'a die Gesellschaft zu islamisieren, aber auf friedliche Weise, als auch solche Gruppen, die offen von »Revolution« sprechen und sich dabei aller Ideologien und Methoden bedienen, deren sich schon die revolutionären Bewegungen der modernen europäischen Geschichte bedient hatten, aber jetzt mit islamischem Kolorit.

Gerade heute ist es für eine Unterscheidung der Geister besonders wichtig, und zwar für alle Religionen und Kulturen, nicht nur zwischen dem Traditionellen und dem Modernen, sondern auch zwischen *echter*, authentischer Tradition und Pseudotradition bzw. Antitradition zu unterscheiden. Die Pseudo-Tradition hat dabei nach außen durchaus Eigenschaften, die auf den ersten Blick der echten Tradition zum Verwechseln ähnlich sehen. Auf den Islam bezogen bedeutet das: Man muß klar unterscheiden zwischen der traditionalen Perspektive (siehe unten) und der pseudo-traditionalen Perspektive, die de facto identisch ist bzw. identifiziert wird mit der einen oder anderen Form des Fundamentalismus. Dieser beansprucht zwar, den Islam in seiner ursprünglichen Reinheit wiederherzustellen, schafft dabei aber tatsächlich etwas im Vergleich zu dem vom Propheten Gebrachten und über die Jahrhunderte hin treu Bewahrten sehr Verschiedenes.

Neben dem Fundamentalismus gehört auch ein gewisser sogenannter »*Messianismus*« oder »Mahdismus« zu den heute im Islam wirksamen Kräften. Es seien hier einige Fakten aufgezählt, die zu einem Wiedererstehen dieses Messianismus heute geführt haben. Die Tatsache, daß ein großer Teil der islamischen Welt unter der kulturellen und ökonomischen Herrschaft nicht-islamischer Kräfte steht, daß aber der Versuch, sich von dieser Herrschaft durch eigene Industrialisierung und andere entsprechende Prozesse zu befreien, eine noch größere Zerstörung islamischer Werte mit sich bringt, die Tatsache auch, daß die Welt insgesamt mit so vielen schier unlösbaren Problemen konfrontiert ist (z. B. mit der ökologischen Krise), daß die Zerstörungskräfte so gewaltig gewachsen sind, daß die Menschheit insgesamt von der Auslöschung bedroht ist, alle diese Tatsachen haben dazu geführt, ein Gefühl für das unmittelbar bevorstehende Erscheinen des »Mahdi«, des großen endzeitlichen »Führers«, zu erwecken, des Mahdi, der alles Böse in der Welt vernichten und die Herrschaft Gottes auf Erden wiederherstellen wird. Die Tatsache, daß der Prophet selber versprochen hatte, daß am Beginn jedes Jahrhunderts ein »Erneuerer« (muğaddid) kommen würde, um den Islam von innen heraus neu zu beleben, hat dieses Gefühl der Erwartung des Mahdi nur gestärkt. Als im Jahre 1979 das größte Heiligtum des Islam, die Kaaba in Mekka, mit Gewalt besetzt wurde, geschah dies im Namen des Mahdi, obwohl die Kräfte, die dort am Werke waren, weit davon entfernt waren, als fromme Moslims die Wiederkunft des Mahdi herbeiführen zu helfen. Auch während der iranischen Revolution glaubten viele Menschen, daß das Kommen des Mahdi unmittelbar bevorstünde (vgl. dazu das Kapitel über die Schia). In dem Maße, wie die Zerstörungskräfte in dieser Welt wachsen, wie die Natur durch Technik und Technologie zerstört wird, wie Bewegungen, die sich islamisch nennen, letztlich zutiefst gegen die islamische Ordnung gerichtet sind, deren Erneuerung sie versprechen, wird diese messianische Erwartungshaltung stärker werden und in Zukunft eine ernstzunehmende Kraft darstellen.

Neben dem Messianismus und Fundamentalismus gibt es eine Gruppe im zeitgenössischen Islam, die im Westen leider noch zu wenig Aufmerksamkeit auf sich zieht und die man den »*traditionalen Islam*« nennt, wobei der Begriff »Tradition« bzw. »traditional« (im Gegensatz zu »traditionell«) mehr bedeutet als nostalgisches Festhalten an alten Zöpfen, mehr als Pflege von Brauchtum »von früher«. Dieser traditionalen Kraft geht es um eine *Erneuerung* der islamischen Tradition *von innen;* es handelt sich bei diesen Reformern meist um Menschen, die die »moderne« Welt zutiefst erfahren und durchlitten haben, und die, bei voller Kenntnis von deren Fragen und Problemen, in das Herz der islamischen Tradition zurückgekehrt sind, um *hier* Antworten zu finden und die islamische Welt als spirituelle Realität inmitten des Chaos und der Dekadenz der vom Modernismus geprägten Welt neu zu beleben. Sie lehnen nichts von der islamischen Tradition ab, weder Kunst noch Wissenschaft, noch Philosophie, schon gar nicht den Sufismus, der für sie das Herz des Islam ist. Für sie hält die islamische Metaphysik (Theologie, Philosophie, Gnosis) die Antworten bereit auf die von den vielen modernen »-ismen« gestellten Fragen (Rationalismus, Materialismus, Psychologismus, Evolutionismus usw.). Die Erneuerung des Islam muß für sie aus der Erneuerung der Moslems selbst kommen. Ihr Reformgedanke beginnt nicht, wie bei den Modernisten, außen; nicht die Welt, sondern jeder einzelne muß sich reformieren. Sie stehen der Welt der Moderne nicht passiv gegenüber, sondern messen sie sehr kritisch an ihren eigenen Maßstäben, an ewig gültigen und insofern unveränderlichen Prinzipien.

»Innere Erneuerung« (taǧdīd) heißt ihr Programm (das ist ein traditioneller islamischer Begriff) und nicht »äußere Reform« (iṣlāḥ), was ein moderner Gedanke ist. Diese »traditionale« Gruppe fällt nicht auf durch spektakuläre Aktionen, nicht durch blinden, fanatischen Glauben, nicht durch billige Schlagworte, sondern durch Intellektualität im höheren und besten Sinne, durch Wissen, durch Gegenwärtigsein. Sie ist weder modernistisch noch fundamentalistisch: Nur der spirituelle, innere, esoterische Aspekt von Religion ist in der Lage, das Gegengift zu liefern gegen die Bedrohung durch die säkularisierte, entheiligte Welt, deren Probleme und Nöte man zuinnerst und zutiefst erkannt hat.

Der Begriff »Tradition« bzw. »traditional« impliziert: 1. das den Menschen durch Offenbarung eröffnete Heilige und 2. die Entfaltung dieser heiligen Botschaft in der Geschichte eines bestimmten Teiles der Menschheit, für die es gedacht war.

Der entsprechende Begriff des arabischen Koran wäre al-dīn im weitesten Sinne des Wortes, das »religiöse Universum«, das alle Aspekte von Religion umfaßt. Tradition meint Wahrheiten göttlichen Ursprungs, die der Menschheit durch Propheten, Engel oder andere vermittelnde Wesenheiten geoffenbart werden; Tradition meint gleichzeitig aber auch die Anwendung solcher göttlichen Prinzipien in den verschiedenen Bereichen wie Recht, Sozialstruktur, Kunst, Wissenschaften usw. »Tradition ist untrennbar mit Offenbarung und Religion verbunden, mit dem Heiligen, dem Begriff der Orthodoxie, der Autorität, der Kontinuität und Regularität, der Weitergabe der Wahrheit, dem Exoterischen und dem Esoterischen sowie auch dem spirituellen Leben, der Wissenschaft und den Künsten.«[19] Traditionaler Islam in diesem Sinne anerkennt den Heiligen Koran als Wort Gottes in Inhalt und Form: als die irdische Verleiblichung von Gottes ewigem Wort, unerschaffen und ohne zeitlichen Ursprung. Er anerkennt die Hadithe, die schriftliche Sammlung der mündlichen Überlieferung sowohl von Seiten der Sunna wie der Schia. Der traditionale Islam verteidigt die Scharia als göttliches Gesetz. Der Sufismus ist für ihn das Herz, die innere Dimension des Islam. Er läßt auch die Verschiedenartigkeit unterschiedlicher theologischer Schulen zu. Was die Kunst betrifft, so wünscht der traditionale Islam eine aus den spirituellen Ursprüngen des Koran gespeiste Kunst, was auch immer das im Einzelnen und im Konkreten heißen mag.

Von besonderem Interesse für uns ist die Frage, wie das Menschenbild eines solchen von innen erneuerten Islam aussieht, und welche Möglichkeiten von Erkenntnis es aus sich heraussetzt.

Homo islamicus – das Menschenbild des Islam

Der Mensch im Sinne des Islam, der homo islamicus, ist, so paradox das zunächst klingen mag, sowohl »Diener Gottes« (al'abd) als auch sein Statthalter bzw. Stellvertreter auf Erden (ḫalīfatallāh fi'l-arḍ). Er ist tatsächlich die Krone der Schöpfung, der die Natur des Mineralischen, Pflanzlichen und Tierischen in sich enthält, aber der sich nicht in langen Evolutionsstufen aus den niederen Lebensformen entwickelt hat. Der Mensch ist immer Mensch gewesen. Zwar lebt der Mensch auf Erden und hat irdische Bedürfnisse; aber er ist nicht von dieser Erde. Er hat einen Herrschaftsauftrag über diese Erde, aber diese Herrschaft ist nur geliehen, sie ist nicht eigenen Rechts. Der islamische Mensch besitzt die Fähigkeiten des Verstandes, des abstrakten, analytischen Denkens, aber seine Erkenntnismöglichkeiten sind nicht darauf beschränkt. Der homo islamicus besitzt die Möglichkeit zu innerem, esoterischem Wissen: das Wissen um sein eigenes innerstes Sein, das de facto aber auch der Schlüssel ist zum Wissen von Gott im Sinne des berühmten Prophetenausspruches: »Wer sich selbst erkennt, erkennt seinen Herrn.« Der islamische Mensch bleibt sich immer seiner vor-läufigen, eschatologischen Dimension bewußt, der Tatsache, daß, obwohl er auf dieser Erde lebt, er hier nur ein »Fremder« und Pilger ist, der weit von seiner Ursprungsheimat entfernt ist. Der islamische

Mensch ist sich dessen bewußt, daß seine Erkenntnismöglichkeiten nicht auf die sinnliche Wahrnehmung und auf den analytischen Verstand beschränkt und begrenzt sind, sondern
daß sein Verstand durch das Licht der geistigen Welt erleuch-
tet werden kann und er so in der Lage ist, unmittelbare Erkenntnis dieser geistig-geistlichen Welt zu erhalten, auf die
sich der Koran bezieht, wenn er vom Unsichtbaren, Übersinnlichen spricht ('ālam al-ġaib).

Dieses islamische Menschenbild steht offensichtlich in einem abgrundtiefen Gegensatz zum Menschenbild der »Moderne«, das den Menschen eben als rein irdische Kreatur
sieht, den Herrn der Welt, der niemandem als sich selbst verantwortlich ist: der Prometheus-Mensch, der die göttlichen
Kräfte an sich gerissen hat und mit diesen jetzt gegen den
Himmel revoltiert. Diese beiden Menschenbilder sind nicht
harmonisierbar. Auf der Grundlage des eben skizzierten Menschenbildes ist in der islamischen Welt eine Kultur und Zivilisation geschaffen worden, Kunst, Philosophie, eine Welt-Anschauung, die absolut und vollständig theo-zentrisch ist. Der
homo islamicus, der natürlich immer auch der homo sapiens
und der homo faber ist, ist dieses beide aber nur als »Diener
Gottes«. Nicht Selbstverherrlichung, sondern Gottesver-
herrlichung heißt die Devise. In diesem Sinne ist das Ziel des
Menschen sein »Ent-werden« (fanā'), das ihn in die Lage versetzt, ein »Spiegel« zu werden, in dem Gott die Abspiegelungen seiner eigenen Namen und Eigenschaften betrachten
kann, das ihn aber auch befähigt, Durchgangsstation zu sein,
durch die die göttlichen Erscheinungsformen, Theophanien,
in der Welt abgespiegelt, reflektiert werden. Das islamische
Menschenbild kurz zusammenfassend könnte man also sagen:
Der Mensch ist der Brückenbauer zwischen der göttlichen
und der untermenschlich-sinnlichen Welt, eben der »pontifikale Mensch«, im Gegensatz zum modernistischen Konzept
des »prometheischen Menschen«.[20]

Der pontifikale Mensch und der Zwiespalt der modernen Seele

R. Steiner hat in seiner Beschreibung der fünften nachatlantischen Kulturepoche (unserer gegenwärtigen, die nach seiner
Einteilung seit 1417 andauert) von einem »Seelenzwiespalt«
gesprochen, in dem sich die meisten Menschen befänden.[21]
Einerseits behielten sie von den alten Zeiten her den Zug zum
Geistigen nicht mehr so stark, daß sie den Zusammenhang
zwischen der geistigen und der sinnlichen Welt hätten festhalten können; sie behielten ihn nur als Gefühls- und Empfin-
dungszug, nicht aber als unmittelbares Schauen der übersinnlichen Welt. Andererseits aber wurde ihr Blick immer mehr
auf die sinnliche Welt und ihre Beherrschung hingelenkt; auch
die bereits erwachten Verstandeskräfte (mit ihrem Sitz im Gehirn) waren ganz darauf gerichtet. Einerseits also Hinwenden
zum Physischen, andererseits Empfänglichkeit für die Offenbarung des Geistigen, jedoch mit der Einschränkung, daß dieses nur mit Gefühl und Empfindung, aber nicht mit Anschauung (und auch nicht mit geistiger Erkenntnis) durchdrungen
werden konnte.

Auch die Christusbotschaft konnte nur in die Herzen, in
Empfindung und Gefühl, aufgenommen werden. Es fehlte
der *Brückenschlag* hin zu dem, »was der auf die Sinne gerichtete *Verstand* im physisch-sinnlichen Dasein erkundete«.[22]

Dieser Brückenschlag muß erst langsam gelernt, in Schulung erarbeitet werden. Allerdings zeigen sich schon erste Anzeichen für das Auffinden des Fadens, der die zwei Seiten in
der menschlichen Seele verbindet, die materielle Kultur und
das Leben in der geistigen Welt. Vollkommen und durchschla-
gend wird das erst in der kommenden (sechsten nachatlantischen) Kulturepoche gelingen, aber die Morgenröte dieser
Zeit kündigt sich, so R. Steiner, bereits gegenwärtig an. Für
die in Zukunft sich voll entwickeln werdende Harmonie zwischen Materie und Geist ist notwendig, »daß auf der einen
Seite die Ergebnisse des geistigen Schauens begriffen werden

und auf der andern in den Beobachtungen und Erlebnissen der Sinneswelt die Offenbarungen des Geistes erkannt werden.«[23]

Begriffliches Erfassen also des Imaginalen, Visionären, einerseits und Erkennen der Offenbarungen des Geistes *in* der Welt des Sinnlichen andererseits ist die fundamentale, entscheidende Zukunftsaufgabe dessen, der diesen »Brückenschlag« überhaupt nur vollziehen kann: des *pontifikalen Menschen!* Von der entscheidenden Bedeutung geistiger *Erkenntnis* in diesem Prozeß ist auch der Islam zutiefst überzeugt.

Die überragende Bedeutung von Erkenntnis

Schon die Frage des Koran: »Sind die Wissenden und die Unwissenden gleich?« weist programmatisch auf die überragende Bedeutung von Wissen und Erkennen im Islam hin. Alles kreist hier um das Zentrum »Erkenntnis«. Die Offenbarung des Höchsten selbst ruft den Menschen an als Erkennenden, der in der Tat auch fähig ist zu dieser Erkenntnis des Absoluten. Die menschliche Vernunft ist wie ein von der absoluten Wirklichkeit des Heiligen und Göttlichen ausgehender Strahl, der vom Menschen ergriffen wird und durch ihn hindurch wieder zu dieser Ursprungswirklichkeit zurückkehrt. Dieser Strahl des übersinnlichen Erkenntnislichtes vermag alle noch so verdichteten und verhärteten irdischen Manifestationen zu durchdringen, weil er letztendlich das göttliche Licht selbst *ist* (christlich das »Pneuma«, das sowohl Subjekt wie Objekt der Erkenntnis ist!), das sich im Makrokosmos und im menschlichen Mikrokosmos spiegelt. Das Göttliche selbst leuchtet in der Herzmitte des menschlichen Bewußtseins: Es ist im Verhältnis zur menschlichen Vernunft wie die Sonne zu ihren Strahlen. Wäre nicht das Auge selbst sonnenhaft, wie könnte es die Sonne erblicken? »Gott wird nur durch Gott erkannt«, so hatte es christliche Theologie formu-

liert. So ist und bleibt die Vernunft, auch nach dem » Sündenfall « des Essens vom Baum der Erkenntnis von Gut und Böse,
von dem ab der Mensch die Dinge nur noch in ihrer Dualität
und Getrenntheit, bruchstückhaft, und nicht mehr in ihrer
Einheit und Ursprungsbeziehung sah, der zentrale Zu-
gangsweg zur geistig-göttlichen Welt.

Hierin sind sich die heiligen Traditionen aller drei abrahamitischen Religionen *prinzipiell* einig. Wir haben bislang bewußt nur den Begriff » Vernunft « gebraucht für das höhere
Erkenntnisorgan des Menschen in bezug auf » heiliges Wissen « (lateinisch » scientia sacra «). Annähernd vergleichbare
Bezeichnungen in anderen Religionen bzw. Traditionen wären: logos und nous (griechisch), spiritus, buddhi, ʿaql (arabisch). » Verstand « (ratio) im Gegensatz zur Vernunft wäre
nur deren Abspiegelung im Menschen, eine analytisch-ab-
strahierende Fähigkeit, die, losgelöst von der Vernunft und
reduziert auf Gerissenheit und Gewitztheit, letztlich zu dem
führen muß, was wir » Arabismus « genannt haben.

Dieser Prozeß der Entheiligung der Erkenntnis und der Reduzierung der Intelligenz auf ein rein menschliches, diesseiti-
ges Wahrnehmungsorgan hat den Verstand zu einer luziferischen Kraft gemacht und den Menschen insgesamt zu einem
» vernünftigen Tier «. Insofern ist die Rückgewinnung der na-
türlich-übernatürlichen Rolle des Denkens, die Wiederver-
mählung von Vernunft und Verstand, das Festhalten an der
*Weisheits*dimension menschlichen Wissens, eine zentrale Aufgabe heute. Zwei Faktoren müssen hier unbedingt zusammenkommen: Offenbarung und Geist. Einerseits muß der
Mensch selbst seine Erkenntnismöglichkeiten in mühevoller
Denkschulung erweitern und sich so empfangsbereit machen;
andererseits bedarf es auch immer noch und wieder der Offenbarung als des Stimulans, das die stark geschwächte, potentielle Erkenntnisfähigkeit jeweils aktualisiert; es bedarf des
Logos und seiner Logos-Manifestationen, welche die verschiedenen Religionsformen sind.

Wer sich in prometheischer Arroganz anmaßt, heute schon selbst und ganz ohne eine lebendige religiöse Tradition (im weitesten Sinne) eine solche heilige Erkenntnis realisieren zu können, hält sich selbst für den Logos oder für eine Logos-Manifestation (vgl. den okkultistischen Wildwuchs unserer Tage!). Der Mensch braucht, um das göttliche Geschenk der Vernunft voll nützen zu können, die Offenbarung, denn die Zeiten, in denen er selbst auch ein »Prophet« war und in denen seine Vernunft »natürlich« funktionierte, so daß er in direkter Erkenntnisschau alles im göttlichen Ursprung sah, sind lange vorbei. Es gibt für diese Regel allerdings Ausnahmen, da letztlich der Geist dort weht, wo er will!

Diese heute in der Religionswissenschaft oft »traditional« genannte Perspektive ist auch die Perspektive des Islam. Auch für ihn hat die Vernunfterkenntnis zentrale Bedeutung. Darauf weist schon die Terminologie hin. Wichtige koranische Begriffe haben alle irgendwie einen Bezug zur Erkenntnis, zum Wissen. Schon in den zu allererst geoffenbarten koranischen Versen (Sure 96) geht es um Erkennen, um Lernen, um Lesen, um Einsicht. »Lies! Dein höchst edelmütiger Herr ist es ja, der den Gebrauch des Schreibrohrs gelehrt hat, den Menschen gelehrt hat, was er nicht wußte.« Fast in jeder Sure wird auf die Bedeutung von klarer Einsicht, deutlicher Erkenntnis, hingewiesen. Das zentrale Glaubensbekenntnis »Es gibt keinen Gott als den Gott« wendet sich *primär* an das Erkennen, nicht an Gefühl oder Willen, weil es eben die Summe geistig-geistlicher Erkenntnis im Hinblick auf das Göttliche (erster Teil) und seine Manifestationen (zweiter Teil) enthält. Mit dem überlieferten Prophetenwort »Sprich: ›Es gibt keinen Gott außer dem Gott und werde erlöst!‹« wird sogar der »sakramentale«, heilsvermittelnde Charakter dieser zentralen Einsicht betont. Selbst die Herkunft des Wortes für »Rechtsgelehrsamkeit« (fiqh) hängt etymologisch mit Erkennen zusammen. Der Islam pflegt geradezu einen Kult der Erkenntnis, die von der analytischen, empirischen Verstandeser-

kenntnis (vgl. »Arabismus«) bis hin zu jener höchsten Er-
kenntnisform (irfān) reicht, in der das erkennende Subjekt
und das erkannte Objekt nicht mehr zwei getrennte Elemente
sind, sondern wo durch dieses *göttliche* Zentrum der *menschlichen* Erkenntniskraft Gott erkannt wird. Diese Erkenntnis-
weise ist Gnosis. Der Gnostiker wird darum auch »der durch
Gott erkennende« (al-ʿarif biʾ llāh) genannt. Das entsprechende Wort im Arabischen für »Vernunft«, al-ʿaql, hat die
Grundbedeutung »binden«, womit die Beziehung zur »Religion«, dem an den Ursprung »Zurückbindenden«, unmittelbar hergestellt ist. Im Gegensatz zur griechischen »Poetik«
(poiein = machen, anfertigen) ist die islamisch-arabische Bezeichnung für Dichtkunst mit einem Wort verbunden (al-šiʿr),
das mit dem Bedeutungsfeld von Erkenntnis und Bewußtsein
zusammenhängt.

Zusammenfassend kann man sagen: »Die islamische Tradition läßt keinen Zweifel an dem letztlich heiligen Charakter
der Erkenntnis und der zentralen Stellung der Weisheitsper-
spektive im spirituellen Leben, einer Perspektive, die der
Heilsfunktion der Erkenntnis und der Tatsache verpflichtet
ist, daß der Intellekt seiner Natur nach ein Geschenk Gottes
ist, das, sobald es durch die Offenbarung aktualisiert ist, zum
wichtigsten Zugangsmittel zum Heiligen wird, wobei der Intellekt letztlich selbst heiligen Charakter hat.« Diese Feststellung des Primats der Erkenntnis im Islam wird auch *prinzipiell*
nicht widerlegt durch den Hinweis darauf, daß das irdische
Gefäß dieser Botschaft, nämlich die arabische Seelenkonfigu-
ration, bestimmten Erscheinungsformen dieser Religion ein
Element hitziger Emotion, gefühlsmäßiger Glut, eingeprägt
hat, das sich dann auf der Ebene des Religiösen und der Theologie, z. B. bei den Asʿarīten, als übersteigerte anti-intellektu-
elle Willensbetonung ausdrückt.[24]

Wir beschließen unsere Darstellung des Islam (in seiner
sunnitischen Form) mit dem Thema »religiöse Toleranz« und
weisen noch auf eine »revolutionäre« Stelle im Koran hin.

Kein Zwang in der Religion?

Für die Frage nach der Möglichkeit oder Unmöglichkeit von
Religionsfreiheit innerhalb des Islam wird immer wieder die
berühmte Koranstelle Sure 2, 256 zitiert, wo es kurz und bündig, und darum auch mißverständlich bzw. stark erläute-
rungsbedürftig, heißt: »Kein Zwang in der Religion« (lā
ikrāha fi d-dīni). Ganz wörtlich übersetzt lautet dieser Vers:
»Nicht einen Zwang in der Religion.« Im arabischen Text
fehlt das Verbum. Es muß also ergänzt werden, und je nachdem, welches Verbum man ergänzt, ist bereits eine Vorent-
scheidung für die Interpretation gefallen. Theoretisch gibt es
drei Möglichkeiten der Ergänzung: 1. Es gibt in der Religion
keinen Zwang; 2. es darf in der Religion keinen Zwang geben; 3. es kann in der Religion keinen Zwang geben. Bei der
ersten Ergänzung wird einfach das Nichtbestehen des Zwan-
ges konstatiert. In der zweiten Ergänzung wird das grundsätzliche Verbot von Zwang im Bereich der Religion durch einen
verneinenden Imperativ ausgedrückt. Bei der dritten Ergänzung wird davon ausgegangen, daß (leider) im religiösen Bereich ein Bekehrungseifer oder Druck bis hin zum Zwang aufgrund allgemeiner menschlicher Verstocktheit von vornherein zur Erfolglosigkeit verurteilt ist. Der Einzelne kann überhaupt nicht zur Einsicht gezwungen werden: Er muß *von sich
aus* den Weg dazu finden. In dieser letzten Interpretation wäre
dann mit diesem bedeutsamen Koranvers nicht Toleranz im
Bereich der Religion zum Ausdruck gebracht, sondern Resi-
gnation aufgrund fehlender Möglichkeiten und Vorausset zungen. Im Laufe der politischen und religiösen Geschichte des
Islam ist denn auch dieser Vers verschieden interpretiert worden, und zwar je nach aktuellem Bedürfnis.

Der Vertrag von Naǧran als Modell für Toleranz

Der erste Vertrag, den die islamische Gemeinde mit einer christlichen Gruppe (Nestorianer) geschlossen hat, ist der auch in der späteren islamischen Geschichte immer wieder zitierte und gerühmte Vertrag von Naǧran, einer bedeutenden Stadt im südlichen Jemen. Als sich Mohammeds Herrschaft im Jahre 632 gefährlich nahe bis zum Jemen hin ausgedehnt hatte, schickten die Christen von Naǧran eine Delegation mit ihrem Bischof an der Spitze nach Medina. Es wird ihnen erlaubt, in der Moschee zu beten, doch Mohammed wirft ihnen vor, daß sie Jesus als Gott anbeten, und rät ihnen, zum Islam zu konvertieren. Es kommt zu einem erbitterten Streitgespräch. Doch am Ende verhandeln die Christen über einen Vertrag, der sie unter die Schutzherrschaft Mohammeds stellt.

Der ausgehandelte Schutzvertrag sicherte den Christen freie Ausübung ihrer Religion zu. Die Muslime verbürgten sich für die Unversehrtheit und den Schutz von Personen und Eigentum. Glaubensfreiheit und Kultfreiheit wurde zugesichert. Die Christen ihrerseits mußten die Oberhoheit des islamischen Staates anerkennen, bestimmte Abgaben zahlen sowie leihweise Kriegsgerät, Kamele und Pferde bereitstellen, falls muslimische Truppen militärische Unternehmungen in der Region unternehmen sollten. Die Bevölkerung von Naǧran verlor, mit Ausnahme des Zinswucherverbotes, keines ihrer Rechte. Moslems durften sich nicht in die kirchlichen Belange der Christen einmischen. Eine Demütigung der Christen wird ausdrücklich ausgeschlossen. Dieses Toleranzedikt von Naǧran ist dann später zur wichtigsten Rechtsquelle hinsichtlich der Stellung der Nichtmuslime in islamischen Herrschaftsgebieten geworden und bekam Modellcharakter für spätere Abkommen zwischen Christen und Moslems.

Gott und der Mensch als Partner –
Revolutionäres im Koran?

Das vielleicht beste Beispiel dafür, daß der Koran kein systematisches Lehrbuch islamischer Theologie ist, ist die Tatsache, daß hier gelegentlich sich auf den ersten Blick widersprechende Elemente zusammenkommen. Die Gedankengänge sind oft assoziativ nebeneinandergestellt, die Sprache ist oft imaginativ inspiriert. Denn wenn man alle gängigen koranischen theologischen und anthropologischen Klischees im Bewußtsein hat und dann einen Vers wie den folgenden liest, muß man zunächst mindestens überrascht sein, daß »so etwas« *auch* im Koran steht: »Allah verändert nichts an einem Volk, solange dessen Angehörige nicht verändern, was sie an sich haben« (Sure 13, 11, vgl. auch 8, 53; arab.: inna llāha lā yuǵaiyiru mā bi-qaumin ḥattā yuǵaiyiru mā bi-anfusihim). Inhaltlich und sprachlich-grammatisch herrscht hier völlige Klarheit in der Bedeutung: durch das »nicht . . . bis daß (bzw. solange)« wird eine *absolute Bedingung* aufgestellt: das (dann ja frei und selbstbestimmt sein müssende) Handeln des Menschen ist unabdingbare Voraussetzung für das (reagierende) Handeln Gottes. Der Gedanke der »Abhängigkeit« Gottes vom Menschen, der ja sein »Statthalter« ist, wird hier zum Ausdruck gebracht (»nicht . . . bis daß« ist gleichbedeutend mit »nur . . . wenn«!).

Wo ist hier die absolute Vorherbestimmung des nur unterwürfigen Menschen durch den souveränen Willen Allahs geblieben? Wo ist hier die »Unwandelbarkeit«, »Unveränderlichkeit« eines Gottes und seines unwandelbaren Gesetzes geblieben?

Der ichdurchdrungene, selbstverantwortliche, freie Mensch steht erhobenen Hauptes hier seinem freien Bundespartner Gott gegenüber! Nirgendwo sonst im Koran ist so prinzipiell und klar die Weltgeschichte als das große Wechselspiel zweier Freiheiten angeschaut.

In der Geschichte der islamischen Theologie ist dieser Vers
unserer Kenntnis nach wenig beachtet worden. Vielleicht
liegt das auch daran, daß es erst des »passenden« Fragehori-
zontes und Problembewußtseins des modernen, ichbewußten, im positiven Sinne emanzipatorischen Koranlesers bedurfte, um diese hochbrisante, folgenschwere Stelle zu »entdecken«. Jedenfalls müßte, nimmt man sie wörtlich und
ernst, ein theologisches und anthropologisches Bemühen
hierum in Gang kommen, das dann mit Sicherheit auch für
ein zukünftiges fruchtbares Gespräch mit christlicher Theologie und Anthropologie von größter Bedeutung sein könnte.
Vielleicht hatte Muḥammad Iqbal diese Koranstelle im Kopf,
als er im Jahre 1937 in seinem Buch »Der Schlag Mosis«[25]
diese kühnen Verse schrieb:

Schreib dein Geschick mit deiner eig'nen Feder –
Frei ließ die Feder Gottes deine Stirn!

II DIE SCHIA – DER ESOTERISCHE ISLAM

Keine heterodoxe Häresie

Um es gleich vorweg zu sagen: Die Schia ist keine »Nebenform«, schon gar nicht eine Häresie, nichts Unorthodoxes gegenüber der »orthodoxen Sunna« innerhalb des Gesamtphänomens Islam. Es gibt nämlich kein unfehlbares Lehramt, keine päpstliche Autorität, kein Konzil im Islam, das verbindliche Maßstäbe aufstellen könnte zur Beurteilung der Rechtgläubigkeit. Statistische Mehrheit ist nicht gleichbedeutend mit Ketzerei. Vielmehr muß man sagen: die Schia stellt eine ganz bestimmte Verstehensart und Lebensweise des Islam dar, die bis auf dessen Ursprünge, bis auf den Propheten Mohammed selbst, zurückgehen. Das Wort šīʿa bedeutet im Hocharabischen so viel wie Gruppe, Partei, Schule, Anhängerschaft. Gemeint ist hier die Anhängerschaft Alīs, des vierten Kalifen. Die geschichtlichen Zusammenhänge stellen wir später dar.[26]

Im engsten Sinne bezieht sich die Bezeichnung Schia auf die Moslems, die den Glauben an die Sendung der Zwölf Imame anerkennen, also auf die »Zwölfer-Schia« (das Wort Imam bedeutet Führer, besonders im geistlichen Sinne). In einem weiteren Sinne kann das Wort Schia die große Familie derer bedeuten, die eine Abstammung von Alī für sich reklamieren. Dazu gehören dann auch die Ismaeliten (die sog. Siebener-Schia), die Drusen und die Nuṣairiten.

Exoterik und Esoterik im Koran

Ein Phänomen wie die Schia konnte überhaupt nur hervorgehen aus dem Schoß einer »Gemeinde des Buches«, die sich
um ein durch einen Propheten geoffenbartes, heiliges Buch
versammelt. Die Schia ist letztlich und zutiefst in der Tatsache begründet, daß die erste und drängendste Frage, vor die
das Offenbarungsbuch das »Volk des Buches« stellt, diese ist:
Was ist die *richtige* Bedeutung dieses Buches? Ist der wahre
und eigentliche Sinn das, was die literarisch-buchstäbliche,
äußere oder exoterische Gestalt zum Ausdruck bringt? Oder
ist diese äußere Gestalt nur die Metapher, das Kleid, eines
verborgenen inneren oder esoterischen Sinnes? Dieses Problem haben übrigens diejenigen, die sich um das Verständnis
des Koran bemühen, mit denen gemeinsam, die sich um ein
Verständnis der Bibel des Alten und Neuen Testamentes bemühen.

Zu dem der gesamten Schia gemeinsamen Glaubensbekenntnis gehört, daß jede äußere Bedeutung einen inneren
Sinn in sich trägt, wie dies ein berühmtes Hadith des Propheten so ausdrückt: »Der Koran hat ein Äußeres und ein Inneres; dieses hat auf seine Weise wiederum ein Inneres, bis hin
zu sieben inneren Tiefenbedeutungen.« Wenn das so ist, können die Aufgaben der Offenbarung des Äußeren/Exoteri-
schen einerseits und der Einführung (Einweihung) in das In-
nere/Esoterische nicht ein und derselben Person anvertraut
werden. Dem *Propheten* obliegt die Sendung der »Offenbarung« des religiösen Gesetzes, der äußeren Erscheinungsge-
stalt, die Gott mittels des Engels auf ihn »herabsteigen« läßt.
Dem *Imam* fällt es zu, diese äußere Gestalt auf seine Quelle,
seinen Ursprung, sein Urbild/Archetyp oder seine Idee »zurückzuführen«.

Die Funktion von Prophet und Imam

Die Gestalten des Propheten und des Imam sind daher so untrennbar wie das Äußere und das Innere untrennbar sind. Aus
diesem Grund muß nach schiitischem Verständnis, damit der
Gläubige nicht nur ein »muslim«, sondern ein echter Glau-
bender, ein »mu'min«, ist, sein Glaubensbekenntnis sich in
einem Drei-Schritt entfalten: 1. Bekenntnis der Einheit des
Einzigen; 2. Bekenntnis zur äußeren Sendung des Propheten;
3. Bekenntnis zur inneren Sendung der Imame. Imam und
Prophet bilden also eine Zwei-Einheit, deren beide Glieder
unzertrennlich sind. Sie sind ein einziges Licht, das sich in
zwei Personen offenbart. Der Prophet Mohammed hat dies
dem ersten Imam Alī auf feierliche Weise kundgetan in dem
großen Hadith der Amtseinführung: »Du bist im Verhältnis
zu mir wie Aaron im Verhältnis zu Moses war.« Diese Beziehung wird bestätigt durch die Hadithe, in denen der Imam Alī
bezeugt, daß nicht ein einziges Wort des Koran dem Propheten geoffenbart worden sei, ohne daß dieser ihn persönlich
über die echte Form des Textes und über alle in ihm enthalte-
nen verborgenen Bedeutungen belehrt hätte. Der Begriff Prophet setzt immer den ganz zentralen schiitischen Begriff walāyat voraus: göttliche Liebe, Vor-Liebe, durch die Gott seine
»Freunde« heiligt, und zwar von Ewigkeit her. Jeder Prophet
muß zunächst ein walī sein, ein Freund; aber jeder Freund
muß nicht zwangsweise ein Prophet sein: Das Prophetentum
kommt zur walāyat nur hinzu. Insofern gibt es eine Überlegenheit der letzteren. Walāyat ist ewig und dauerhaft. Prophetentum hat zeitlichen Charakter. In der Siebener-Schia,
bei den Ismaeliten, hat dies zur These von der absoluten, radikalen Überlegenheit des Imam über den Propheten, des Inneren über das Äußere, geführt. Die Zwölfer-Schia hat dagegen
versucht, das Gleichgewicht zwischen beiden zu wahren.

Ebenso gibt es einen Gegensatz zwischen dem sunnitischen
Konzept des Kalifats und dem schiitischen des Imamats. Vom

zeitlichen und spirituellen Erbe des Propheten hat die Sunna
nur das zeitliche, weltliche im Blick, bzw. dessen Verwirklichung in der Person des Kalifen. Innere Qualitäten in der Person des Imam sind dann überflüssig. Dagegen ist die schiitische Konzeption des Imam als »Freund Gottes« eine Konzeption, die den Imam mit einer kosmisch-priesterlichen Funktion bekleidet und aus ihm als einem »vollkommenen Menschen« den »mystischen Pol« macht, mit dessen Hilfe die
Menschenwelt im Sein beharrt. Walāyat als spezifisches Cha-
risma des Imam ist das Esoterische der Prophetie. Das Ganze
beruht auf der »ewigen Wirklichkeit Mohammeds«, von der
gleich die Rede sein wird. [27]

Die Gottesmanifestationen
und die »Fülle der vierzehn Reinen«

Die Schia lehrt eine rigorose negative Theologie: Das Göttliche ist in sich selbst unerkennbar, unergründlich, unaus-
sprechlich; es ist das Verborgene, der Abgrund des Schwei-
gens. Erkennbar wird dieses Verborgene nur durch die Gestalten, die seine Erscheinungen, seine Offenbarungen, seine
Theophanien, sind. Die erstrangige Theophanie stellt die
eben genannte »überirdische Realität Mohammeds« dar. Sie
ist in bestimmter Hinsicht dem Logos im Christentum und in
der Theologie des Neuplatonismus vergleichbar. Der mohammedanische Logos umfaßt 14 Wesenheiten oder Licht-Äonen:
den Propheten, seine Tochter Fāṭima und die 12 Imame. Sie
alle zusammen genommen werden bezeichnet als das Pleroma, die Fülle, der »Vierzehn Reinen«. Sie sind ohne Fehler,
ohne Makel. Unter ihnen repräsentiert der Prophet das Exoterische, das Pleroma der Zwölf Imame das Esoterische. In Fāṭima fließen die beiden Lichter, Prophetie und Imamat, zusammen, die in ihrem Wesen ein einziges und selbes Licht
sind. Allerdings werden die Gestalten der zwölf Imame nicht

so sehr in ihrer flüchtigen historischen Erscheinung als vielmehr in ihrer geistigen, übersinnlichen Licht-Wirklichkeit betrachtet.

Weil nun die Gottheit *in sich* unerkennbar ist, also auch keine Namen oder Eigenschaften annehmen kann, ohne daß ihre Transzendenz verletzt würde, haben die Imame in zahlreichen Hadithen wiederholt festgestellt: »*Wir* sind die Namen, die Eigenschaften, das Angesicht Gottes, die Hand Gottes usw.« Diese Namen und Attribute auf die Gottheit in sich selbst zu beziehen, hieße Anthropomorphismus betreiben. Auf der anderen Seite: sich damit zufrieden zu geben, sie für die Gottheit zu verneinen, hieße: in einen Agnostizismus zu verfallen. Die Lehre von den Imamen, die Imamologie, ist der Königsweg, der vor dem einen wie vor dem anderen Abgrund bewahrt und der die so oft gestellte Frage nach den angeblichen Anthropomorphismen des Koran löst. Diese theo-phane Funktion der Imamologie läßt diese in der schiitischen Theologie eine ähnliche Rolle spielen wie die der Christologie in der christlichen Theologie.[28]

Die übersinnliche, heilige Geschichte: Abstieg und Wiederaufstieg

Die beiden Dimensionen der »ewigen Wirklichkeit Mohammeds«, die exoterische und die esoterische, entsprechen den beiden Bewegungen des »mohammedanischen Lichtes«: Abstieg und Wiederaufstieg. Der Abstieg dieses Lichtes in diese Welt, das ist im wesentlichen die exoterische Sendung von Propheten, die dann zu der endgültigen und alles zusammenfassenden Sendung Mohammeds führt, dem »Siegel der Propheten«. Die Bewegung des (Wieder)-Aufstiegs wird im wesentlichen bewirkt durch den ta'wīl, das Verständnis (= Hermeneutik) von prophetischen Texten, deren Durchführung den Imamen obliegt (das Wort ta'wīl bedeutet: »jemanden

oder etwas auf seinen Ursprung zurückführen«). Die ewige,
übersinnliche Lichtwirklichkeit Mohammeds steigt herab in
diese Welt (und zwar durch eine Epiphanie, nicht durch eine
Inkarnation) und wird von Prophet zu Prophet weitergege-
ben. Schließlich bewirkt sie selbst ihren Wiederaufstieg von
Imam zu Imam. Schon von hier aus wird deutlich, daß die
Schia eine wesentlich eschatologische Dimension, eine Offenheit und Zukunftsgerichtetheit in sich trägt.

Von da aus versteht man auch die nicht zu überschätzende
Bedeutung der Gestalt des zwölften Imam. Den beiden Bewegungen von Abstieg und Wiederaufstieg des »mohammedanischen Lichtes« entsprechen nun jeweils der »Zyklus der Propheten« und der »Zyklus der Imame«; letzterer hat zum wesentlichen Inhalt die geistliche »Einweihung«, Einführung,
der »Freunde Gottes«. Während aber der Zyklus der Propheten (Adam, Noah, Abraham, Moses, Jesus, Mohammed) endgültig und für immer geschlossen ist, hält der Zyklus der
Imame die Zukunft der Geschichte noch offen. Sein eschato-
logischer Horizont garantiert der Menschheit, daß es in der
Geschichte noch etwas zu erhoffen und zu erwarten gibt.
Diese Garantie in Person ist jener zwölfte Imam, der nach
schiitischer Lehre nicht gestorben, sondern im Jahre 940 in die
»Große Verborgenheit« eingegangen ist. Von da an bleibt er
unsichtbar, aber um so mehr gegenwärtig im Inneren, im
Herzen seiner Gläubigen. Der zwölfte Imam bringt kein
neues Gesetz, sondern die Offenbarung des eigentlichen,
tieferen, esoterischen Sinnes aller vorangegangenen Offenbarungen. Er wird der Imam der Auferstehung sein. Schiitische
Theologen haben immer wieder auf die tiefe Entsprechung
und Ähnlichkeit dieser Gestalt mit dem im Johannes-Evange-
lium angekündigten Parakleten hingewiesen, dem Beistand,
dem Tröster, dem Heiligen Geist, der uns (erst noch) in alle
Wahrheit einführen wird (vgl. unten S. 117 ff.).

Die Erweiterung des Glaubensbekenntnisses

Die Schia fügt den drei Punkten der allgemeinen bzw. sunnitischen Glaubenslehre (Einheit und Einzigkeit Gottes, Prophetentum Mohammeds, allgemeines Gericht mit Paradies bzw. Hölle) in Konsequenz der eben dargestellten Anschauungen noch zwei weitere Punkte hinzu: Einmal den Glauben an die Gerechtigkeit Gottes als einer seiner Wesenseigenschaften neben seiner Allmacht. Wäre Gott nicht gerecht, wäre das Jüngste Gericht ohne Zweck und Sinn, in dem die Menschen je nach ihren Taten belohnt oder bestraft werden. Diese Gerechtigkeit Gottes läßt es aber nun nicht zu, daß seine Geschöpfe in Irrtum und Verderben sich selbst überlassen bleiben. Eben dies führt zu dem zweiten hinzugefügten Punkt, nämlich dem Glauben an den Imamat. Damit die Menschen sich nicht selbst überlassen bleiben müssen, gibt es die Imame, unfehlbar, ausgestattet mit göttlichem Licht, über das volle Verständnis des Koran verfügend. Ihre Aussagen gelten neben Koran und Hadith als dritte Quelle der Scharia, des Gesetzes.

Der verborgene zwölfte Imam wird am Ende der Zeiten hervortreten, um das Gottesreich auf Erden in Glauben und Gerechtigkeit zu gründen. Niemand weiß, wann. Er ist, wenn auch verborgen, der eigentliche Herr der Welt. Außer seiner Herrschaft gibt es während der Zeit seiner Verborgenheit keine irdische Legitimität zu Herrschaft und Gewalt. Es gibt bestenfalls das Provisorium einer geliehenen, in seinem Auftrag verwalteten Herrschaft, die von den theologisch besonders qualifizierten Rechtsgelehrten und den schiitischen »Geistlichen«, den Mullahs, ausgeübt wird. Eigentlich darf die Gerechtigkeit Gottes jetzt noch nicht mit Gewalt durchgesetzt werden. Aber im heutigen Iran gibt es Tendenzen, die in Nichtbeachtung dieses Prinzips die Gerechtigkeit Gottes nicht mehr länger vertagt sein lassen, sondern sie hier und heute durchsetzen wollen. Wir werden gleich noch ausführlicher auf die Geschichte des zwölften Imam und seine Verborgenheit zu sprechen kommen.

» Unsere Sache ist schwer zu begreifen «

Die Welt hat es schwer mit der Schia. Was schon im 8. Jahrhundert der VI. Imam Ǧaʿfar al-Ṣādiq[29] in einem seiner berühmt gewordenen Aussprüche feststellte, das ist auch heute noch gültig: » Unsere Sache ist schwer zu begreifen.« Hat dies auch vielleicht damit etwas zu tun, daß aufgrund der bitteren Erfahrungen in der Vergangenheit viele Schiiten bis heute das Verhalten zeigen, das sie taqīya nennen, d. h. Verschwiegenheit und, falls nötig, Verstellung? Das kann natürlich sehr schnell zu Mißverständnissen und Vorurteilen führen. Zeigte sich die Schia früher im wesentlichen als eine Religion des Klagens, Trauerns, Opferns und des Martyriums, so ist das Erscheinungsbild in neuester Zeit geprägt von Revolution, Kampf, Schleier der Frauen, anti-westlichen Parolen, ja, es war auch geprägt von Botschaftsbesetzung und Jugendlichen, die mit Koranworten auf den Lippen in den Krieg zogen. Wenn dies nur ein politisch bedingtes, vorübergehendes Erscheinungsbild der Schia ist, wie viele urteilen, wie sieht dann das wahre Antlitz der Schia aus?

Bevor wir auf diese Frage zu antworten versuchen, legen wir zunächst einige statistische Daten vor und betrachten ihre Geschichte.

Von den ungefähr eine Milliarde Moslems gehören knapp 20 % zur Schia. Die meisten von ihnen leben im Iran, wo die Schia Staatsreligion ist. Größenmäßig folgen Indien, Pakistan, Afghanistan, Libanon, nicht zu vergessen die Sowjetunion mit über 2 Millionen Schiiten. Der Einfluß der Schia innerhalb des Gesamtislam ist im Wachsen begriffen, quantitativ und qualitativ. Nachdem sie jahrhundertelang Verfolgung und Unterdrückung auf sich nehmen mußten, zeigen sich jetzt schon Anzeichen dafür, daß die Schiiten dabei sind, die religiösen und politischen Geschicke der Welt des Islam tatkräftig und selbstbewußt in die Hand zu nehmen.

Die Entstehungsgeschichte

Wenn man die heutige Schia verstehen will, muß man sich auch mit ihrer Geschichte befassen. Anlaß des Streites mit der Sunna, der dann auch zur Spaltung führte, war die Frage, welche Richtlinien für die Regelung der Nachfolge Mohammeds anzuwenden seien. Daß dies eine theologische und politische Frage zugleich war, wird sich im folgenden noch zeigen. Der Islam kennt ja überhaupt nicht die Trennung von Politik und Religion, von dem, was Gottes, und dem, was des Kaisers ist. Der Prophet selbst hatte bei seinem Tode im Jahre 632 keine Regelung der Nachfolgefrage hinterlassen. Wer sollte »Kalif«, d. h. Nachfolger, Stellvertreter, Mohammeds werden als Leiter der islamischen Gemeinde bzw. des islamischen Reiches? Sollte der Nachfolger jeweils durch eine Wahl bestimmt werden oder sollte das Kalifat erblich sein, und zwar privilegiert innerhalb der direkten Nachkommenschaft und Familie Mohammeds? Hätte sich das letztere Kriterium durchgesetzt, so hätte der Vetter und Schwiegersohn Mohammeds, Alī, der Ehemann seiner Tochter Fāṭima, die Nachfolge antreten müssen. Eine Minderheitengruppe befürwortete denn auch diese Lösung. Sie argumentierten damit, daß Alī immer in besonderer Nähe zum Propheten gestanden habe. Doch ihre Enttäuschung war groß, als Alī bei der Wahl des Kalifen übergangen wurde. Erst 651, nach drei anderen Kalifen, kam Alī an die Macht, allerdings nur für fünf Jahre. Als dann durch Muʿāwiya das erbliche Kalifat der Omayyaden eingeführt wurde, leisteten Alī-Anhänger Widerstand und setzten sich für Alīs Söhne, Hassan und Hussein, als Kalifen ein. Hassan allerdings verzichtete bald, und Hussein fand 680 in der Schlacht von Kerbela gegen den Omayyaden-Kalifen Yazīd den Tod.

Dieses Drama von Kerbela, im heutigen Irak gelegen, am ʿĀšūrā, dem zehnten Tag des Monats Muḥarram, ist der eigentliche Bezugspunkt schiitischer Identität und die Quelle dessen, was man die schiitische Leidens- und Opferideologie nennt. In den jährlich wiederkehrenden Prozessionen und Passionsspielen wird der Tod Husseins beklagt und beweint. Selbstgeißelungen begleiten dabei den immer wiederkehrenden Ruf: »Jeder Ort ist Kerbela! Jeder Tag Aschura!« (Der Schah von Persien ist übrigens im Zusammenhang solcher Massendemonstrationen entmachtet worden.) Liebe und Verehrung Husseins sind in der Schia unvorstellbar groß. Gott liebt ihn wie keinen anderen; am Tage des Gerichts steht er auf als Vermittler zwischen dem Schöpfer und den Geschöpfen; auf seine Fürsprache hin werden Sünden vergeben. Und nur nicht-orientalische, nicht-schiitische Menschen empfinden es wohl als Übertreibung, wenn nach einer Tradition des 16. Jahrhunderts gesagt wird, daß 4000 Engel Husseins Grab umgeben, die Tag und Nacht um ihn weinen; daß der Besucher von Husseins Grab in Kerbela folgende Gewinne davon hat: das Dach seines Hauses wird nie über ihm zusammenstürzen, er wird nicht im Feuer umkommen noch jemals ertrinken, er hat das Verdienst von tausend Pilgerfahrten nach Mekka, tausend Martyrertoden, tausend Fasttagen.

In neuester Zeit, im Zuge der islamischen Revolution, wurde dann der alte schiitische Martyrerkult um den Imam Hussein neu gedeutet und jetzt als Programm des Widerstandes mit Erfolg eingesetzt. Hussein sah man jetzt nicht mehr an als das zu beklagende und zu beweinende Opfer, sondern als den vorbildlichen Revolutionär, in dessen Nachfolge man notfalls für seine Überzeugung sterben muß. Vor allen Dingen durch die Schriften des Soziologen Ali Schariati sind die Namen und Begriffe wie Hussein, Yazīd, Kerbela, Aschura, zu

den großen Symbolen des islamischen Widerstandes geworden. Und die Ausrufung der Islamischen Republik Iran durch
den Ayatollah Chomeini 1979 war der vorläufige Höhepunkt
dieser Entwicklung.

Sondergruppen

Der Titel Imam zeichnet alle zwölf Führer der Schiiten aus,
von Alī angefangen bis zum XII. Imam und dessen Eingang in
die »große Verborgenheit«. Während die Zwölfer-Schia im
Iran an zwölf Imamen festhält, gilt für die Ismaeliten, die sich
abspalteten, nur die Zahl von sieben Imamen als wichtig und
legitim (die Siebener-Schia). Wir werden am Ende noch im
einzelnen auf diese Sondergruppe eingehen. Ein besonderes
Anliegen dieser Ismaeliten ist es, Rassenunterschiede, Diskri-
minierungen, wegen anderer Hautfarbe auf jeden Fall zu ver-
urteilen, statt dessen die Ideale von Einheit und Brüderlich-
keit innerhalb des Islam zu fördern, allerdings nicht im Sinne
einer Gleichmacherei, sondern unter Wahrung des besonderen Charakters einer jeden Gruppierung. Eine Sondergruppe
innerhalb der Siebener-Schia sind wiederum die Drusen, die
heute vor allem noch im Libanon, in Jordanien, in Syrien und
auch in Israel anzutreffen sind. Trotz ihres geheimen Charakters und ihrer Arkan-Disziplin ist bekannt, daß sie vor allem
an die Gottmenschlichkeit des ägyptischen, fatimidischen
Imam-Kalifen al-Ḥākim (gest. 1021) glauben. Es gibt bei ihnen so etwas wie eine Religion innerhalb der Religion, nämlich eine Zweiteilung in »Wissende« und »Unwissende«. Die
Wissenden bilden die elitäre Führungsschicht.

Aus der Zwölfer-Schia hervorgegangen ist die Gruppe der
Nuṣairier, auch Alawiten genannt, die heute besonders in
West-Syrien beheimatet sind. Die gesamte Führung der syrischen Baath-Partei, einschließlich ihres Präsidenten Assad,
gehört zu ihnen. Auch hier gibt es eine Art Geheimlehre, so

daß klare Aussagen über ihr Islamverständnis nicht gemacht werden können. Sie glauben aber an die Reinkarnation, und ihre Lehre, daß das große Licht verschiedene Emanationen hat und in jedem Menschen ein Fünkchen davon enthalten ist und wieder seinem Ursprung zugeführt werden kann, erinnert an gnostische Vorstellungen, wie wir sie kennen etwa aus dem Lied von der Perle in den Thomas-Akten. Diese Sehnsucht nach der Befreiung des eigentlichen, wahren Kerns im Menschen hat insofern auch eine politische Sprengkraft, weil sie sich nicht mit Warten begnügen will, sondern die Besserung irdischer Zustände *jetzt* erreichen will.

Eine Sondergruppe wiederum innerhalb der ismaelitischen Schia sind die Assassinen. Aus ihrer Geschichte ist am bekanntesten der »Alte vom Berge« (12. Jahrhundert). Inwieweit der Genuß von Haschisch, der sich möglicherweise in der Bezeichnung Assassinen (von arab. Ḥaššāšīyūn = Haschischraucher) ausdrückt, bei ihnen tatsächlich eine Rolle spielte, um ihre kriegerische Kampfkraft zu stärken, ist ungeklärt. Ihre Politik war gekennzeichnet durch wechselndes Paktieren mit Kreuzfahrerstaaten, Ritterorden und dem sagenumwobenen Saladin. Wichtiges Instrument dabei war der organisierte Mord von politischen und religiösen Gegnern, ausgeführt durch besonders fanatisierte Elitegruppen (das französische Wort für »Mörder«, assassin, kommt daher). Reste dieser Gemeinde haben sich als friedliche Bauern und Hirten bis heute in Syrien gehalten.

Sozialkritische Tendenzen

Nach dem Drama von Kerbela sammelten sich die Anhänger Alīs in Kufa am Euphrat südlich von Bagdad, wo sich ein Kreis von Menschen bildete, die im Bewußtsein ihrer Mitschuld am Tode Husseins »Rache für Hussein« geschworen hatten und mit dem Schwert diese Untat sühnen wollten.

Entgegen anderen Behauptungen ist so festzuhalten, daß die Schia in ihrem Ursprung nicht ein typischer Ausdruck iranischer Mentalität gewesen ist, schon gar nicht die Rache des arischen Persertums an Arabern und »ihrem« Islam, sondern daß die Schia, im arabischen Milieu von Kufa entstanden, in ihren Wurzeln ebenso arabisch wie der Islam selbst ist. Sehr früh werden aber auch schon nicht-arabische, zum Islam bekehrte »Klienten« (mawāli) in den Reihen der Schiiten erwähnt. Sie hatten sich offenbar von einer schiitischen Machtergreifung die Erfüllung ihrer Hoffnung auf Anerkennung als sozial gleichgestellte Moslems, einschließlich auch des jeweiligen Anteils an Beute und Tribut, erhofft.

Auch heute noch liegt die politische Sprengkraft der Schia besonders in diesem ihrem Selbstverständnis als Vorkämpfer für die Sache der Armen, der Erniedrigten, gegen die Unterdrücker, Diktatoren und Ausbeuter in aller Welt. Für diesen revolutionären Kampf hat die Schia eine Reihe von Vorbildern und Beispielen bereit gestellt, vor allem das Leiden Husseins. Sie hat dafür aber auch die Hoffnung auf die am Ende der Geschichte einbrechende gerechte Herrschaft des erwarteten Verborgenen Imam bereitgestellt, der die Erde mit Gerechtigkeit und Billigkeit erfüllen wird, wie sie zuvor voll Bedrückung und Tyrannei war (so eine von der Schia überlieferte Weissagung des Propheten Mohammed). Nachdem sowohl der Kapitalismus wie der Sozialismus als den islamischen Völkern von außen aufgezwungene Mittel zur Lösung ihrer ökonomischen und sozialen Probleme versagt und ihre Anziehungskraft verloren haben, bietet die Schia heute ihre eigene jahrtausendalte religiöse Tradition zum Verständnis und zur Beilegung der gegenwärtigen sozialen Konflikte an. Nach Kufa faßt die Schia dann langsam auch in Bagdad und sogar im Osten Irans Fuß. Älteste schiitische Hochburg im Iran ist Qom (Ghom), südlich von Teheran, das heute als Ausbildungszentrum für schiitische Theologie die entscheidende Rolle spielt.

Die Betonung der Vernunft – das muʿtazilitische Erbe

Was die spezifisch schiitische Herausstellung der Bedeutung der vernunftgemäß argumentierenden Theologie (kalām) und der entsprechenden Rechtsprinzipien (usūl al-fiqh) betrifft, so sind dafür die Weichen gestellt worden in der die schiitische Lehre grundlegenden und sie von nicht-schiitischen Bekenntnissen abgrenzenden kanonischen Literatur des 10. und 11. Jahrhunderts (die Sammlungen bzw. Kommentare von Kulainī, Ibn Bābōye und al-Mufīd). Man bekannte sich hier mit Nachdruck zur Methode der Dialektik (kalām, wörtlich: Rede), d. h. zum Gebrauch des argumentierenden Verstandes und Denkens auch in Sachen des Glaubens und der Theologie. Diese Methode war innerhalb des Islam zum ersten Mal entwickelt worden von der Schule der Muʿtaziliten[30] im Bagdad des 9. Jahrhunderts, war eine zeitlang so etwas wie das Staatsdogma der Abbassiden, später jedoch wieder der Ächtung und grausamen Verfolgung verfallen. Die beiden wichtigsten Grundsätze waren: die Willensfreiheit und Eigenverantwortlichkeit des Menschen bei Leugnung der Prädestination als wesentliche Voraussetzungen für Gottes Gerechtigkeit am Tage des Gerichts und das zeitliche Geschaffensein des Koran. Die Schia wurde Erbe dieses muʿtazilitischen kalām und ist in ihrer spezifischen Eigenart wesentlich von ihm geprägt worden. Nur unter dieser Voraussetzung kann man die Erfolge der iranischen Schia in der Neuzeit und in der Gegenwart verstehen.

Gelegentlich wird der Vernunft sogar das Übergewicht über die Tradition eingeräumt: die Überlieferungen des Propheten oder auch der Imame müssen sich messen lassen mit dem Maß der Vernunft; wenn sie dieser widersprechen, so ist dies ein Beweis ihrer Unechtheit. Sich nur auf die Autorität anderer zu verlassen und auf den Gebrauch der eigenen Vernunft zu verzichten, führt notwendig zum Unglauben. Allerdings muß sich auch der Verstand innerhalb der durch die

Tradition gesetzten Grenzen bewegen; die verbindlichen Normen werden von den Überlieferungen gesetzt, die der Vernunft nicht widersprechen. Ein interessantes Beispiel für die rationale Beweisführung innerhalb der Theologie ist der Versuch z. B. al-Mufīds, die »große Verborgenheit« des XII. Imam zu begründen. Ausgangspunkt ist der alte muʿtazilitische Grundsatz, daß Gott gerecht und der Mensch für sein Tun selbst verantwortlich ist. Weil nun aber der Mensch zur Sünde neigt, fehlbar und darum der Rechtleitung bedürftig ist, kann die Barmherzigkeit Gottes gar nicht anders, als den Menschen die Wohltat der Rechtleitung durch einen sündelosen, unfehlbaren, gegen Irrtum geschützten Imam immerfort zu gewähren. Die regierenden Kalifen aber sind offenkundig sündig und fehlbar und handeln de facto wie Tyrannen; darum *muß* es einen verborgenen Imam geben; denn ohne ihn wären die Menschen von Gott verlassen, müßten zwangsläufig irregehen und könnten gar nicht von einem gerechten Gott zur Verantwortung gezogen werden.

Die Pforte der eigenen Wahrheitsfindung bleibt geöffnet

Nach Kufa, Bagdad und Qom wurde während der Mongolenzeit im 13. Jahrhundert die Stadt Ḥilla am Euphrat zum Zentrum imamitischer Rechtsgelehrsamkeit und Theologie. In dieser Schule von Ḥilla wird das Prinzip der Wahrheitsfindung, Rechtsfindung, aufgrund eigener intellektueller »Anstrengung« (iğtihād) endgültig zur Geltung gebracht. Mit der Durchsetzung dieses Grundsatzes, der dem verstandesmäßigen Argumentieren (ʿaql) des Juristen das Erreichen wahrer Erkenntnis auch in theologischen Fragen zubilligt, sind auch die Voraussetzungen geschaffen für die spätere Rolle der schiitischen Gelehrten, der Mullas und Ayatollahs. Das arabische Verb iğtahada bedeutet »sich mühen, sich anstrengen«, das davon abgeleitete Partizip muğtahid bedeutet also

wörtlich: »der sich abmüht, der sich anstrengt«. (Auch das
Substantiv ğihād bedeutet ja zunächst nur »besondere Anstrengung« und hat mit »Heiligem Krieg« zunächst nichts zu
tun.) Im sunnitischen Islam ist dieses Prinzip des iğtihād, d. h.
der Wahrheits- und Rechtsfindung durch verstandesmäßige
Überlegung, nach der »Exkommunikation« der Muʿtaziliten
849 verdrängt worden durch einen stärker an der Offenbarung und Überlieferung orientierten Traditionalismus. Für
die Sunna gilt »die Pforte des iğtihād« seitdem als geschlossen. Zum Mittel des iğtihād darf man im übrigen nur dann
seine Zuflucht nehmen, wenn das göttliche Gesetz selbst für
einen konkreten Fall keine eindeutige und endgültige Vor-
schrift enthält.

Im Gegensatz zur Unfehlbarkeit der Propheten und Imame
bleibt der iğtihād der Gelehrten immer fehlbar, darum auch
revidierbar. Der Laie ist immer auf den Sachverstand der Ex-
perten angewiesen und verpflichtet, sich dieser Autorität zu
unterwerfen. Die große Masse der Ungelehrten muß also jeweils die Fachleute »bevollmächtigen« (taqlīd). Der iğtihād
als Instrument der Wahrheits- und Rechtsfindung ist in sich
flexibel und dynamisch. Unfehlbarkeit blieb dem Verborgenen Imam reserviert und damit in eine ferne Zukunft gerückt.
Dessen fehlbare Stellvertreter, die Rechtsgelehrten, konnten
sich nun der praktischen Bewältigung der Gegenwartsfragen
widmen, ohne daß sie damit zu stark an die Autorität des geschriebenen Wortes gefesselt gewesen wären. In diesem Sinne
sind die schiitischen muğtahid, die Mullahs und Ayatollahs
unserer Tage, alles andere als Fundamentalisten, sondern das
genaue Gegenteil davon.

In der von Mīr Dāmād begründeten Theosophenschule von
Iṣfahān im 17. Jahrhundert gelten dann die göttliche Offenbarung, der menschliche Intellekt und die mystische Enthüllung
in visionärer Schau *in gleicher Weise* als Erkenntniswege zur
einzigen Wahrheit: Verstandesmäßige Argumente bestätigen
die geoffenbarten Glaubenswahrheiten, und die Ergebnisse

der philosophisch-metaphysischen Spekulation wiederum können auch unmittelbar in »hellsichtiger Vision« geschaut werden.

Dieser kurze Überblick über die Geschichte des Verhältnisses von Offenbarung, Autorität einerseits und Vernunftgebrauch, Ich-Erkenntnis andererseits hat gezeigt, daß die Vernunfterkenntnis als Quelle von zwar verbindlichen, aber revidierbaren Entscheidungen und die Verpflichtung der Gläubigen auf die Autorität fehlbarer Menschen der Zwölfer-Schia eine starke Dynamik, Flexibilität und Innovationskraft verliehen haben. Dieses Moment der Offenheit und Zukunftsgerichtetheit begegnet uns in der Schia auch in anderen Zusammenhängen. Vom Prinzip und von der Theorie her sind die Schiiten alles andere als Fundamentalisten.

Rechtliche und kultische Besonderheiten

Die Unterschiede im Kultusritual sind im Vergleich mit der Sunna unbedeutend: Fasten und Wallfahrt nach Mekka werden nach demselben Ritual praktiziert. Spezifisch schiitisch ist nur der Zusatz beim Gebetsruf: »Auf zum besten Tun!« Während innerhalb der Sunna bei der rituellen Waschung vor dem Gebet nur die Schuhe symbolisch gereinigt werden, bestehen die Schiiten auf dem Waschen der Füße.

Die schiitische Rechtsschule (die »ǧaʿfarītische«, so genannt nach dem VI. Imam) unterscheidet sich von den vier Rechtsschulen der Sunna nicht mehr als diese untereinander. Allerdings spielen in der Schia als Rechtsquellen neben dem Koran und den überlieferten Aussprüchen des Propheten (Hadīthe) die Aussprüche der Imame eine zentrale Rolle. Außerdem steht für die Schia das »Tor der selbstständigen Rechtsfindung« (bāb al-iǧtihād) weiterhin offen, während es nach Auffassung der Sunna seit der Einrichtung der Rechtsschulen im 9. Jahrhundert für immer geschlossen ist.

Eine berühmt-berüchtigte Besonderheit des schiitischen Rechts ist die Zeitehe, auch »Genußehe« genannt. Es handelt sich hier um eine durch einen Heiratsvertrag zeitlich befristete Ehe gegen ein genau festgelegtes Entgelt für die Frau. Diese Genußehe war wohl eine vorislamisch-altarabische Einrichtung, die ursprünglich noch von Mohammed selbst praktiziert, dann aber abgeschafft wurde. Die Schiiten berufen sich für ihre Praxis auf Sure 4, 24: »Wenn ihr dann welche von ihnen (im ehelichen Verkehr) genossen habt, dann gebt ihnen ihren Lohn als Pflichtteil.« Sunniten und andere islamische Gruppen verwerfen die Genußehe als kaum verhüllte Prostitution. Ihre tatsächliche Bedeutung heute ist sehr gering.

Geist und Geschichte – Koranexegese und »Zwischenwelt«

Die gegenseitige Durchdringung von Leiblichem und Geistig-Geistlichem führt in der Schia zum Begriff bzw. zur Wirklichkeit eines »spirituellen Leibes«, einer »Geistleiblichkeit« (so auch später z. B. bei Oetinger und Schelling). Aber dies kann nicht dasselbe bedeuten wie im Christentum das Dogma von der Inkarnation, insofern dieses nämlich in die Nähe der Bedeutung von Auslöschen und Entleerung (Kenose) des Göttlichen im Fleischlichen kommt. Es geht hier vielmehr um eine Umgestaltung, eine Transfiguration, eine Metamorphose, des Leibes. Das Ergebnis ist dann eine »Zwischenwelt« in einer eigenen Existenzform zwischen der geistig-spirituellen und der körperlichen Welt. Dafür wurde der Begriff »imaginale Welt« geprägt (mundus imaginalis, als Übersetzung des arabischen ʿalām al-miṯāl). In diesem Seinsbereich verleiblicht sich das Geistige und vergeistigt sich das Leibliche. Diese Welt ist den übersinnlich Schauenden zugänglich im Zustand des Traumes, der Ekstase oder des Wachseins, dann aber durch eine eigene übersinnlich-mystische Wahrnehmungsweise der Wirklichkeit. Diese bewirkt die Meta-

morphose, gibt dieser Wirklichkeit durch Transparenz den
Glanz und die Tiefe eines Spiegels. Der übersinnlich Schau-
ende nimmt sie wahr als Epiphanie, als Erscheinungsform,
des unsichtbaren Geistigen. Aber dieses ist nicht in die Substanz des sinnlich Wahrnehmbaren in-korporiert; es ist dort
gegenwärtig wie ein Bild in einem Spiegel.

Den Vertretern dieser Lehre macht man, vor allem von seiten der traditionellen großkirchlichen Theologie und Dogmatik, pauschal den Vorwurf des »Doketismus« (d. h. das Leibliche ist nur »Schein«), um ihre »Gnosis« lächerlich zu machen, als ob sie einem Phantasieprodukt nachliefen. Bei dieser
Kritik wird aber die Realität einer »imaginalen Welt« verwechselt mit Fiktion, Phantasie und Imaginärem! Durch die
Einsetzung der Sinneswelt in eine theo-phane, d. h. Gott erscheinen lassende Funktion und durch ihre »Beförderung«
zur Qualität eines Spiegels wird die Transparenz, das Durch-
Scheinende, durchaus nicht zum reinen Schein. In Wahrheit
ist diese Welt nicht »nichts mehr als«, sondern »nichts weniger als« Erscheinungsort (mazhar). Auch die Funktion und
Bedeutung des Buchstabens und des buchstäblich-wörtlichen
Sinnes in der schiitisch-esoterischen Hermeneutik kann nicht
anders verstanden werden denn als Erscheinungsort des Geistigen.[31] Bei aller Betonung der inneren, verborgenen, esoterischen Bedeutungen des Koran darf man die exoterische Basis,
die buchstäblich-äußere Bedeutung, aber nicht eliminieren.
(Hierin unterscheidet sich die symbolische Wirklichkeit von
der Allegorie.) Das Ideal ist, *alle* verschiedenen Bedeutungs-
ebenen immer zusammenzuhalten und zusammenzusehen.
Dazu finden sich klare Worte des schiitischen Mystikers und
Theologen Simnānī (gest. 1336): »Paß auf! Fliehe die teufli-
sche Einflüsterung, die Geschichten (nämlich des Koran)
seien unzusammenhängende Bezüge. Geh nicht in die Irre,
werde nicht ein Verdammter! Sei gewiß, daß derjenige, der
die Bedeutung des Exoterischen, Äußeren, des Koran in der
Welt der äußeren menschlichen Ereignisse zurückweist, ein

Innerlichkeits-Häretiker ist.³² Wer dagegen die Bedeutung
des Esoterischen des Koran in der innerlichen, himmlischen
Welt (malakūt) der Seele zurückweist, ist ein Neinsager, ein
Obskurantist und ein Schwachsinniger. Wer aber die exoterische *und* die esoterische Bedeutung miteinander verbindet,
der ist ein *wahrer Moslem*, ein Erwählter. Derjenige, der Erkenntnis hat von der »Grenze« oder Idee des Koran in der
Welt des ǧabarūt (= Welt der göttlichen Eigenschaften und
Engel-Intelligenzen), der ist ein *Mu'min*³³ (ein wahrhaft Gläubiger), ein Erkennender (Gnostiker, ʿārif), der dem rechten
Weg folgt. Derjenige schließlich, der den Gipfel des hinauf-
führenden Weges (muttala, anagogisch) des Koran in der Welt
des Göttlichen (lāhūt) erkennt, der ist ein Herausragender,
ein Vollkommener, ein Zeuge vor den Menschen, ein in die
Mysterien Eingeweihter, ein Edler, ein Ruhmvoller.«³⁴

Die esoterische Korandeutung und die übersinnlichen Wahrnehmungsorgane

Die anfangs bereits erwähnten sieben inneren Bedeutungs-
ebenen des Koran entsprechen einerseits jeweils bestimmten
Typen oder Stufen spiritueller Erfahrung und andererseits
bestimmten übersinnlichen Wahrnehmungsorganen des Menschen, denen wiederum Funktion und Rolle eines bestimmten
Propheten zugeordnet ist (darüber hinaus zeigt sich jede dieser Stufen zusätzlich durch eine bestimmte Licht-Farbe an,
aus der man ersehen kann, auf welcher spirituellen Ebene man
sich befindet). Hier seien die sieben übersinnlichen, »feinen«
(arab. laṭīfa) Organe oder Zentren oder Hüllen im Überblick
vorgestellt.³⁵

1. Das erste dieser »subtilen Organe« wird als »Feinkörper-
   Organ« bezeichnet, das sich erst nach abgeschlossener Bildung des physischen Leibes bilden kann und das den Keim,

die »Gieß-Form«, darstellt für den gesamten aufzubauenden neuen Leib. Darum wird dieses Organ als »Adam-deines-Wesens« bezeichnet (Farbe: schwarz oder rauchgrau). Wer auf dieser Stufe stehen bleibt, ist ein »Primitiver«, noch kein ganzer Mensch.

2. Das zweite Organ ist die »subtile Seele«, die niedere Seele in ihrer sensitiven und belebenden Funktion, der Ort der Triebe, Leidenschaften und Prüfungen, wo der Mensch, wie Noah gegen sein Volk, kämpfen muß: der »Noah-deines-Wesens« (Farbe: blau). Der Mensch hier besitzt schon Zivilisation, Kultur, anfängliche Religion: der vorislamische Mensch.

3. Das Herz ist das dritte Organ; in ihm bildet sich wie eine Perle in einer Muschel der Keim einer mystischen Nachkommenschaft, nämlich das wahre, höhere Ich (ausgereift später der »Mohammed-deines-Wesens«), insofern zu Recht der »Abraham-deines-Wesens« genannt (Farbe: rot). Der Mensch dieses Bereichs ist der fromme Moslem.

4. Die vierte Hülle ist bezogen auf das Zentrum des »Geheimnisses«, es ist die Schwelle zum Überbewußten, das Organ des intimen Gesprächs mit Gott, der »Moses-deines-Wesens« (Farbe: weiß). Der Mensch dieses Bereichs ist der Mu'min, also eine Steigerung des Muslim, der höhere Gläubige: das Bekenntnis zum Islam ist nur die erste Stufe, die »Muschel«; der Imān ist die Perle. In der Terminologie der Schia: es ist der Bereich der »Freunde Gottes«, der walāyat.

5. Das fünfte übersinnliche Organ oder Zentrum ist das Pneuma, der Geist (rūḥ); es ist ausgestattet mit der Qualität des »Kalifates«, der Statthalterschaft und Repräsentation Gottes (vgl. Sure 38, 25): der »David-deines-Wesens« (Farbe: gelb). Der Mensch dieses Bereichs hat die Tugenden des vollendeten »Freundes Gottes« (walī): Er ist der geistliche Führer.

6. Mit Hilfe des sechsten Organs, das bezogen ist auf den Be-

reich des » Mysterium« (arcanum), empfängt der Mensch
die Hilfe des » Heiligen Geistes« und der Inspiration: der
» Jesus-deines-Wesens« (Farbe: leuchtendes Schwarz,
» Mitternachtssonne«). Der Zugang zum Zustand des Propheten ist offen; die vorletzte Stufe zur Vollendung hin ist
erreicht. Nach Sure 61,6 war Jesus als der vorletzte im Prophetenzyklus der Ankündiger des letzten Propheten, d.h.
der Ankunft des Parakleten, des » Beistandes«.

7. Das siebente Organ schließlich bezieht sich auf das göttliche Zentrum deines Wesens, auf das ewige Siegel deiner
Person: Es ist der » Mohammed-deines-Wesens«. Dieses
Organ verbirgt die » seltene mohammedanische Perle«,
d.h. das übersinnliche Organ, welches das eigentliche,
wahre, höhere Ich ist, dessen Kern sich schon im Zentrum
des Herzens zu bilden begonnen hat, also im » Abraham-
deines-Wesens«. Hier haben wir im übrigen ein treffliches
Beispiel für die esoterische Hermeneutik, für die Verinnerlichung der Bedeutung von Koranversen. Ausgangspunkt
ist Sure 4,124: » Er folgt der Religion Abrahams wie ein
reiner Gläubiger«, gemeint ist der Prophet Mohammed.
» Die Abraham am nächsten stehenden Menschen sind die,
die seinem Glauben folgen; diese sind der Prophet und diejenigen, die glauben, und Gott ist der Freund derer, die
glauben« (Sure 3,61). Man kann diese Verse so betrachten,
als bezögen sie sich nur auf geschichtliche Gestalten. Der
esoterische Sinn aber wäre dieser: Das im göttlichen Zentrum deines Seins aufblühende wahre Ich ist das geistliche
Kind deines » Herzens«, d.h. der » Mohammed-deines-
Seins« ist die geistliche Nachkommenschaft des » Abraham-deines-Wesens«. So bewahrheitet sich im einzelnen
Menschen die exoterische Aussage, nach der die Religion
Mohammeds ihren Ursprung hat in der Religion Abrahams, denn » Abraham war weder Jude noch Christ, er war
ein reiner Gläubiger, Moslem« (Sure 3,60), d.h. daß der
» Abraham-deines-Wesens« durch die einzelnen übersinnli-

chen Organe des Überbewußten und des »Mysteriums«
(des Moses und des Jesus-deines-Wesens) so weit geführt
wird, daß er seine geistige Nachkommenschaft, sein eigentliches, wahres Ich, erreicht. In ähnlicher Weise vollzieht
sich das esoterische Verständnis des Koran insgesamt, so
daß man sagen kann: Alle an einen der sieben Propheten
gerichteten Worte bzw. von ihnen ausgesprochenen Worte
oder auch ihr Verhalten muß dahingehend verstanden werden, daß es sich vollzieht in den übersinnlichen Organen
des Menschen, deren spezieller Typus jeweils jeder von ihnen ist. Wenn also z. B. Noah in den Koranversen vorkommt, sind diese besonders zu verstehen durch das übersinnliche Organ der Lebensseele: Du darfst nicht mehr untergehen in den Wassern der Sintflut, nicht mehr Gefangener sein von Begierde und Gewalt, nicht mehr versinken in
den Abgründen illusionärer Sehnsüchte. In entsprechen-
der Weise ist bei der Nennung der anderen Propheten vor-
zugehen.

Für unsere Untersuchung des Verhältnisses von Islam und
Christentum ist in diesem Zusammenhang natürlich von besonderem Interesse, welche Funktion das sechste übersinnliche Organ, das pneumatische Inspirationszentrum des »Jesus-deines-Wesens«, hat. Wir hatten bereits gesehen, daß der
Durchgang durch das schwarze Licht, das den »Jesus-deines-
Wesens« darstellt, eine Phase von entscheidender Wichtigkeit
bezeichnet, aber doch nicht der allerletzte Standort ist. Die
höchste Stufe menschlicher, auch erkenntnismäßiger Vollendung vollzieht sich nur im Erreichen der siebenten Stufe,
durch die smaragdene Vision des Mysteriums der Mysterien.
Auf dieser Stufe kann man, sei es im Christentum oder im
Islam, einer gefährlichen Versuchung unterliegen. Gemäß
Sure 5,116 war Jesus gefragt worden, ob er den Menschen
jemals gesagt habe: Nehmt mich und meine Mutter als zwei
Götter neben Gott. Der Koran läßt Jesus antworten: »Wie

könnte ich etwas sagen, was meiner unwürdig wäre?« Es ist
also nicht Jesus, nicht der Sohn Marias, nicht der »Jesus-deines-Wesens«, die für das Fehlverhalten ihres Volkes verantwortlich sind.

Diese Kritik am Christentum von seiten des iranischen Sufismus, der schiitischen Theologie, ist höchst bemerkenswert,
weil sie aus einer inneren, geistlichen Tiefe herauskommt und
sich von jeder äußerlichen Polemik unterscheidet. Der Ver-
führung, der das christliche Dogma dadurch erlegen ist, daß
es den Christus, den Sohn der Maria, als Gott verkündet,
wird die mystische Trunkenheit an die Seite gestellt, in der ein
Ḥallāǧ ausrufen konnte: »Ich bin Gott!« Hier gibt es beider-
seits ähnliche Gefahren: Auf der einen Seite vollzieht der
Christ unter Umständen ein »Entwerden« (Fanā) Gottes in
der endlichen menschlichen Wirklichkeit, auf der anderen
Seite verwechselt der spirituell Suchende, der sich auf dem
geistlichen Schulungsweg befindet, die Erfahrung des Ent-
werdens in Gott mit einer realen, materiellen Auflösung der
menschlichen Wirklichkeit in der Gottheit.

Für den Sufi bedarf es in einer solchen gefährlichen Situation der Hilfe eines erfahrenen geistlichen Führers, der ihn
aus dem Abgrund wieder heraufholt, in dem sein Bewußtsein
zusammenzubrechen drohte, um ihn auf die nächste, höhere
Stufe zu führen, die erst das eigentlich göttliche Zentrum seines Wesens ist. Der Christ bedarf einer entsprechenden geistlichen Therapie. Es geht bei beiden um dieselbe Hybris: Es ist
eine vorzeitige, zu frühe Vollendung der Wanderung Abrahams, ein unzeitgemäß-frühreifes Aufblühen, ja geradezu
eine Fehlgeburt der geistlichen Nachkommenschaft, dessen
Keim im übersinnlichen Organ des Herzens, dem »Abraham
deines Wesens« ruht. In der Tat ist das sechste übersinnliche
Organ, das »übersinnliche Geheimnis«, auch wenn es die
vorhergehenden fünf anderen Organe miteinschließt (Geist,
Überbewußtsein, Herz, Lebensseele und -Leib), selbst eingeschlossen und umgeben vom Mysterium der Mysterien, d. h.

vom Geheimnis des wahren göttlichen Zentrums in dir. Was möglicherweise sowohl im Fall des christlichen Dogmas wie im Fall des »Ich bin Gott« des Sufi passiert, ist letzten Endes ein vorzeitiger Abbruch des Wachstums- und Reifungsprozesses, verursacht durch eine fehlende »Einweihung«. Diese hätte zur Geburt und zur Erkenntnis des wahren Ich, des Organs des Göttlichen, führen müssen.

Zu der angesprochenen Gefahr seien noch einige klärende Hinweise gegeben. Es gibt eine Offenbarung, ein Sich-Enthüllen des Ich, das den einzelnen übersinnlichen Organen entspricht, angefangen von dem »fleischlichen« Ich der ersten beiden Zentren bzw. Organen bis hin zum göttlichen Ich, dem »auferstandenen« Ich, dem »Mohammed deines Wesens«. Besagte Gefahr entsteht in dem Moment, in dem das Ich auf der sechsten Ebene, dem »Mysterium«, erscheint, oder anders ausgedrückt: in dem Moment, in dem das Geheimnis dieses Organs sich einem Ich enthüllt, das noch nicht gänzlich gereinigt ist vom Rausch des Unbewußten, das die Wahrnehmungen auf den beiden ersten Stufen verdunkelt und verfälscht. So haben Christen das Mysterium der Gotteserscheinung, der Offenbarung des Heiligen Geistes, in der sichtbaren Gestalt des der Maria erscheinenden Gabriel, seine »Einhauchung« in Maria, die aus Jesus den Geist Gottes macht, nicht begriffen auf der Ebene des »Mysteriums« (6. Stufe), sondern auf der des Materiellen, des Augenscheins (erste und zweite Stufe). Ihr Dogma läßt den einen und einzigen Gott auf Erden geboren werden, während doch der »Jesus deines Wesens« das Geheimnis *deiner spirituellen* Geburt ist. Hier in der Schia wird nicht inkarnatorisch, sondern theophanisch gedacht.

In diesem Zusammenhang bekommt Sure 4,156 besondere Bedeutung: »Sie haben ihn nicht getötet, nicht gekreuzigt, sie haben nur ein Scheinbild genommen, Gott hat ihn zu sich genommen.« Esoterisch gedeutet: So wie Jesus, darin Henoch ähnlich, zu Gott erhöht werden mußte und von dort aus zusammen mit dem verborgenen zwölften Imam zurückkommen muß, um sein Volk zum reinen Ein-Gott-Glauben einzuladen, so muß der »Jesus deines Wesens« durch die Anziehung der göttlichen Ekstase bis zur siebten Stufe, dem göttlichen Zentrum, erhöht werden. Die Wanderung Abrahams muß vollendet werden. Die Antwort des Menschen muß mit denselben Worten erfolgen, wie sie Jesus selbst nach dem Koran gesprochen hat: »Ich darf nichts sagen, wozu ich kein Recht habe ... Du (allein) bist es, der über die verborgenen Dinge Bescheid weiß« (Sure 5,116).

Im schiitischen Sufismus gibt es dann die letzte mögliche Steigerung der Verinnerlichung: Anstelle vom »Mohammed deines Wesens« wird gesprochen vom »Gabriel deines Wesens«, Gabriel im Sinne des Engels der Offenbarung und des Engels der Erkenntnis, der Hermeneutik des ta'wīl. Ist der Imam jetzt überflüssig geworden? Er ist verinnerlicht. Es ist jetzt die Rede vom persönlichen »übersinnlichen Meister« (ustad ġaibi), man könnte auch sagen: vom »Imam deines Wesens«. Der spirituell suchende Mystiker muß in sich selbst die Kraft des erwarteten Imam verwirklichen, er darf sich nicht zufrieden geben mit dem Warten auf dessen Ankunft, sondern muß diese mit herbeiführen, die Zukunft realisieren.

Nur derjenige, der mit der tiefsten Verinnerlichung zur höchsten Stufe mittels des höchsten übersinnlichen Organs vorgedrungen ist, nur wer die »smaragdene Vision« erreicht hat, nur der darf sich im wahren Sinne einen »Mohammedaner« nennen! Das belegt abschließend ein wörtliches Zitat von Simnāni: »Dieser subtile göttliche Sinn seines Wesens ist für jeden Spirituellen der höchste Horizont; für die Wirklichkeit unseres eigentlichen Ich ist es unmöglich, weiter zu gehen. Darum ist *derjenige*, der bis dahin gekommen ist, sei es durch Wandern, Marschieren, Fliegen oder Ekstase; *derjenige*, der die Kräfte *aller* seiner subtilen Organe außerhalb der Beeinträchtigungen der Illusion und des Relativen hat erblühen und sie sich so hat zeigen lassen, wie sie sich im reinen Zu-

stand zeigen müssen, darum, ja, ist der ein Mohammedaner
im wahren Sinne. Anderenfalls mach dir keine Illusionen!
Glaube nicht, daß allein das Faktum, daß du sprichst › Ich bezeuge, daß Mohammed der Gesandte Gottes ist ‹, genügt, aus
dir einen Mohammedaner zu machen.«[36]

Der Ur-Vertrag und die Präexistenz des Menschen

Die folgenden Gedanken gehören zu den schwierigsten, die
wir dem Leser zumuten. Der Wichtigkeit wegen verzichten
wir aber nicht auf sie.[37] Das entscheidende übersinnlich-über-
geschichtliche Ereignis ist im islamischen Bewußtsein das,
worauf sich Sure 7, 171 bezieht: Gott stellt dem präexistenten
Geist jedes Menschen vor seiner irdischen Existenz die Frage:
»Bin ich nicht euer Herr?« Die Antwort lautet einmütig: Ja.
Aber unter dieser Einmütigkeit verbergen sich in Wahrheit
abweichende Nuancen (vgl. unten). Dieser »Prolog im Himmel«, dieser Ur-Vertrag, ist vom Islam vielfältig gedeutet
worden. Für die Esoteriker im allgemeinen und für die Schia
im besonderen gilt er als Bekräftigung der *Präexistenz* der Seelen.

Für die Schia, die in der Frage nach der Einheit und der
Einzigartigkeit der Herrschaft Gottes noch eine weitere impliziert sieht, nämlich die nach der Anerkennung des Imamats
bzw. der walāyat, war das Ja denn auch nur ein beschränktes
Ja. In den Adamsmenschen war die reine Lichtsubstanz der
zukünftigen Prophetenbotschaften hineingelegt worden. Mittels ihrer Kraft antwortet Adam: Ja. So akzeptiert er es, die
furchtbare Last auf sich zu nehmen, vor der Himmnel, Erde
und Gebirge zittern und sich verweigern; denn »er war gewalttätig und töricht« (Sure 33, 72). Das »Ja« sagt er letztlich
zum Geheimnis der Theophanien selbst, zum Geheimnis des
Geoffenbarten angesichts des an sich Unerkennbaren, der
sich nur offenbaren kann, indem er sich verbirgt in Gestalten,

die ihn offenbaren. Der Mensch »mußte« gewalttätig und unwissend werden, um das anvertraute Gut eines so furchtbaren Geheimnisses annehmen zu können; unter diesem Gesichtspunkt wenden sich diese Eigenschaften zu seinem Ruhm: Mutige Gewalt mußte der Mensch Adam sich selbst antun; denn Annahme des Geheimnisses bedeutete: sein eigenes Ich vernichten angesichts des Absoluten, alles Nicht-Göttliche zu ignorieren. In dem Augenblick, wo ihm aber »Nur-Gott« nicht mehr genügt, »setzt« er das »Andere«. Die Unwissenheit trägt nicht mehr die schwere Last des Geheimnisses. Fragen tauchen auf: Die göttlichen Manifestationen sind Nicht-Gott. Warum bedarf es dieser Vermittlungen? Warum gibt es das Esoterische nicht direkt, sondern nur durch das Exoterische? Wenn es »Anderes« gibt, ist er, der Mensch, auch dieses Andere. Warum bedarf er dann überhaupt noch etwas anderes als seiner selbst? Die Unwissenheit wandelt sich in Hochmut. Von ihm erzählt symbolisch die übersinnliche Geschichte vom Paradies und vom Baum der Erkenntnis.

So wird jetzt deutlich, inwiefern das in Sure 33,72 anvisierte Geheimnis die walāyat, die übersinnlich-verborgene und doch nahe Wirklichkeit der Imame ist. Sie war der Paradiesesbaum, den zu berühren verboten war. Der VI. Imam sagt: Adam hatte die Vision der göttlichen Übermenschlichkeit der »Vierzehn Reinen« in der flammend leuchtenden Herrlichkeit des Thrones. Er wundert sich: Existiert also eine ihm überlegene Menschheit, vor ihm im Himmel geschaffen? Nun, genau das Licht dieser Über-Menschen, dieser »himmlischen Menschheit«, war das Geheimnis des ihm anvertrauten Gutes, das er aber jetzt selber an sich reißen will. Im Größenwahn überschreitet er seine Grenzen, die zu erreichen erst am Ende der Geschichte, des Zyklus der walāyat, möglich und erlaubt ist. So »berührt er den verbotenen Baum«, setzt sich selbst an die Stelle der Imame, will ihr lichtvolles Wissen in seiner eigenen Unreife dafür zu früh an sich reißen. Nun werden aber durch das Berühren des verbotenen Baumes der

Erkenntnis, durch das Essen seiner Früchte, die Erkannten eo ipso dazu gezwungen, *herabzusteigen*. Für Adam bedeutet dies: aus dem Paradies herauszufallen.

Durch den Verrat am anvertrauten Gut wird der Mensch ein Agnostiker (d. h. der nicht mehr erkennen kann). Er kann nicht warten. Damit steht er dann vor seiner eigenen Nacktheit, d. h. seiner eigenen inneren Finsternis und Unwissenheit. Er, der das Esoterische nackt und bloß legen wollte, legt jetzt nur seine eigene Erkenntnisunfähigkeit bloß. So läßt sich auch besser der innere Sinn von Sure 8, 27 verstehen: »Ihr, die ihr treu seid, verratet nicht Gott und seinen Gesandten durch den Verrat des euch anvertrauten Gutes, da ihr ja zu den Wissenden gehört.« Es gibt im wesentlichen zwei Arten, dieses Geheimnis zu verraten, die aber beide zum gleichen Ergebnis führen. *Zum einen* kann man es gewaltsam an sich reißen wollen, indem man seine »Umhüllung« entfernt. So liefert man es den dafür Ungeeigneten aus, die, weil sie es nicht erkennen können, es nur verletzen und verfälschen: Sie werfen z. B. spirituelle Auferstehung und sozialen Aufstand durcheinander. *Zum andern* kann man das Geheimnis schlicht und einfach verneinen und so in alle Formen von Agnostizismus verfallen: angefangen vom »frommen« Agnostizismus der Rechtsgelehrten bis hin zum Positivismus der Technokraten. Erstere degradieren die Erkenntnis des Spirituellen auf das Niveau der Erkenntnis von Naturhaftem und Sozialem, letztere ignorieren jegliches spirituelle Wissen überhaupt. Damit wird aber das Exoterische selbst auch abgewertet, weil es beim Fehlen von Gnosis eben keine wahre šarīʿa geben kann. Sich selbst allein ausgeliefert, verliert das Exoterische seine Symbolkraft für das Übersinnliche, es wird ein Stück toter Natur, vertrocknete Schale. Eine rein äußerliche Gesetzesreligion und eine technokratisch ausgerichtete Naturwissenschaft sind nur zwei Aspekte ein und desselben Verfalls.

Eine lange, beschwerliche Reise der Erkenntnissuche wartet so auf den Menschen, bis er die »Perle« der Gnosis wieder-

findet, mit der Hilfe des verborgenen »Engels der Erkenntnis« in ihm, der ihn begleitet und ihm die schwere Last des
Geheimnisses tragen hilft: »Unsere Sache ist schwierig,
schwer zu akzeptieren. Nur ein Engel von sehr hohem Rang
ist dazu fähig, oder ein gesandter Prophet, oder ein Gläubiger,
dessen Herz Gott für den Glauben geprüft hat« (d. h. diejenigen innerhalb der Schia, die das »Ja« uneingeschränkt ausgesprochen haben).

In einem langen, hochbedeutsamen Hadith des VI. Imam
(gest. 765), das in besonderer Weise schiitischen Geist atmet,
wird deutlich, daß und inwiefern bei der oben erwähnten
übergeschichtlichen Szene des »Bundes« (mīṯāq) das Ja nicht
in gleicher Weise von allen Menschen ausgesprochen wurde.
Bestimmte Menschen trugen in ihren Herzen eine Weigerung:
die ewigen Nein-Sager, die Menschen mit fehlender »Einweihung«, Menschen des Nein ohne Ja. Ihr Schicksal gründet
sich auf eine vorgeburtlich-präexistente Entscheidung.

»Unsere Sache ist schwierig. Um sie durchzutragen, bedarf
es eines Bewußtseins wie beim Aufgang der Morgenröte, bedarf es vom Licht entflammter Herzen, gesunder Seelen,
schöner Naturen. Zudem hat Gott schon jetzt den Einsatz
(mīṯāq, Bund) von uns Schiiten angenommen. Dem, der uns
treu und ergeben ist, gibt Gott zuverlässig die Gabe des Paradieses. Derjenige, der uns verleugnet und unser Recht verletzt, versetzt sich schon jetzt in die Hölle. In der Tat haben
wir (die Imame) von Gott ein Geheimnis, dessen Bürde Gott
keinem anderen als uns auferlegt hat. Dann gab er uns den
Auftrag, es weiterzugeben. Wir geben es weiter. Aber wir
würden noch keinen gefunden haben, der dessen würdig gewesen wäre, daß ihm das Gut anvertraut würde, und der fähig
gewesen wäre, es zu tragen, wenn nicht Gott zuvor zu diesem
Zweck bestimmte Menschen erschaffen hätte, erschaffen aus
dem Ton (Lehm) Mohammeds und seiner Nachkommenschaft (d. h. aus der Substanz des Propheten und der Imame
selbst). Aus dem Licht dieser letzteren sind diese Menschen

erschaffen worden, durch eine schöpferische Überfülle der
göttlichen Barmherzigkeit. Wir geben ihnen, im Namen Gottes, das weiter, was wir ihnen weitergeben sollen. Sie nehmen
es auf und tragen es. Ihre Herzen sind nicht verwirrt. Ihr
Geist ist in Sympathie mit unserem Geheimnis. Sie tendieren
von selbst zum spirituellen Verstehen dessen, was wir sind.
Von sich aus erkundigen sie sich nach unserer Sache. Aber
Gott hat auch Menschen geschaffen, die zur Hölle gehören.
Wir haben den Auftrag, ihnen die gleiche Sache weiterzugeben. Wir geben sie ihnen also weiter. Aber ihre Herzen sind
mürrisch angesichts unseres Geheimnisses. Sie schrecken davor zurück und geben es uns unter Verweigerung zurück. Aus
Unfähigkeit, es zu tragen, empören sie sich über die Lüge.
Gott hat einen Stempel auf ihre Herzen gedrückt. Ihre Zungen sprechen (nur) einen Teil der Wahrheit. Sie sprechen zwar
die Formel aus, aber ihre Herzen weisen sie zurück.«[38]

Das nur in spiritueller Erkenntnis zu begreifende Geheimnis des »anvertrauten Schatzes« der übersinnlichen Licht-
wirklichkeit, aus der der Mensch vorgeburtlich stammt, die er
nachgeburtlich zu entfalten hat, die aber erst am Ende offenbar werden wird, kann er nur bewahren mit Hilfe seines Engels, mit Hilfe dieser übersinnlichen Wirklichkeit selbst, welche Namen und Aspekte sie auch immer hat (walāyat = in-
time Nähe zum Göttlichen; »ewige Wirklichkeit Mohammeds«, »Pleroma der vierzehn Reinen«).

Die »Geschichte« des Zwölften Imam

Am Anfang eines Berichtes über die Lebensgeschichte des
Zwölften Imam steht – eine junge *christliche* Prinzessin aus Byzanz! Der zehnte Imam, Alī Naqī, der im Alter von sieben
Jahren Imam geworden war und 868 starb, hatte besonders
unter den Verdächtigungen und Nachstellungen der abbassi-
dischen Kalifen in Bagdad zu leiden. Er wurde in Samarra,

einer neu angelegten Residenz- und Militärstadt nördlich von
Bagdad, mehr oder weniger als Gefangener zwanzig Jahre
lang festgehalten. 845 wurde dort sein ältester Sohn geboren,
der spätere Imam Hasan al-ʾ Askarī. Ebenfalls dort wurde 868
dessen Sohn geboren, der spätere zwölfte und letzte Imam.
Durch das göttliche Geschenk eines Vorauswissens einge-
weiht, ordnete der Imam Alī Naqī alle Dinge so an, daß sein
Sohn letzten Endes die Frau heiraten konnte, die dazu vorher-
bestimmt war, die Mutter des Zwölften Imam zu werden.

Hier beginnt nun die *übersinnliche* Geschichte.[39] Die geistig-
göttliche Welt setzt ein übernatürliches Miteinander ins Werk
von Vorauswissen des Imams und der Einweihungserfah-
rung – so müssen wir diese Vorgänge wohl nennen – in der die
junge Christin, die künftige Mutter des künftigen Imam, eine
Folge von Traumvisionen hatte. Das, was im Folgenden beschrieben wird, ist ein außerordentlich aufschlußreiches und
tiefsinniges Beispiel dafür, wie die Schia ihr Verhältnis zum
Christentum sieht, welche Art von »Ökumenismus« sie sich
vorstellt.

Die Geschichte beginnt damit, daß der Imam Alī Naqī seinen engsten Freund Bashar zu sich ruft mit dem Auftrag, eine
bestimmte junge Frau zu ihm zu führen. Mit einem in griechischer Sprache geschriebenen Brief schickt er ihn nach Bagdad. Dort findet er die junge Frau am Flußhafen und übergibt
ihr den Brief des Imam. Nachdem sie ihn gelesen hat, eröffnet
sie ihm ihre Biographie: Sie ist eine Prinzessin, Tochter des
Sohnes des Kaisers von Byzanz. Ihre Mutter stammt aus der
Nachkommenschaft der Apostel Christi, genauer gesagt des
Simon Petrus. Der Kaiser wollte sie unbedingt mit seinem
Neffen verheiraten. Als sie 13 Jahre alt war, veranstaltete der
Kaiser in seinem Palast eine riesige Versammlung von mehreren tausend Menschen: Kleriker, Mönche, Hochadel, Offi-
ziere. Sein Neffe saß auf einem herrlichen Thron, zu dem
40 Stufen hinaufführten. Um ihn herum waren viele Ikonen
aufgestellt. Das Evangelienbuch wird geöffnet, aber plötzlich

stürzen die großen Bilder herab und die Thronsäulen zersplittern. Ihr Cousin stürzt mit dem Thron zusammen zu Boden und wird ohnmächtig. Die Umstehenden befällt Furcht und Schrecken. Sie sehen in diesem Ereignis in unheilvoller Vorahnung ein Anzeichen für den Niedergang der christlichen Religion. Der Kaiser läßt alles wieder aufbauen und die Zeremonie von vorne beginnen. Doch wieder geschieht die gleiche Katastrophe. Jetzt wird die Versammlung aufgelöst.

Nach diesem aufregenden Ereignis beginnt eine Reihe von Traumvisionen, die für die junge byzantinische Prinzessin so etwas wie eine spirituelle Einweihung bedeuten. In der ersten Nacht sieht sie Christus inmitten seiner Apostel im Inneren des Kaiserpalastes genau an der Stelle, wo am Vorabend der Thron errichtet war. Dort errichten sie einen Thron ganz aus Licht. In diesem Moment betreten Mohammed und die zwölf Imame den Raum. Christus umarmt den Propheten Mohammed. Dieser spricht: Du Geist Gottes (rūḥ Allāh)! Ich bin gekommen, um von dir für meinen eigenen Sohn die Prinzessin zu erbitten, die Tochter deines Erben (wasī) Šamʾūn (= Simon Petrus). Und er zeigt auf den Imam Hasan Askari. Christus, der lange den Simon Petrus betrachtet hatte, sagt zu ihm: Große Ehre und Vornehmheit sind zu dir gekommen. Knüpfe also das Band zwischen deiner Familie und der Familie des Mohammed. Und Petrus spricht: Das ist getane Sache. Dann steigen alle zusammen, Mohammed und seine Imame, Christus und seine Apostel, die Stufen hinauf nach oben bis zum Lichtthron. Dort hält Mohammed eine großartige Predigt und feiert die Hochzeit seines Sohnes mit der Prinzessin. Mohammed und die heiligen Imame, die Apostel Christi, alle zusammen werden sie Zeugen dieser Vereinigung.

Bedeutsam an der Darstellung dieses Ereignisses ist besonders die schiitische Vorstellung, daß der Übergang vom Pleroma der Zwölf der christlichen Periode zum Pleroma der zwölf Imame der islamischen Periode eröffnet wird durch die Vermittlung der Mutter des zwölften islamischen Imam.

Durch diese Vermittlung vollzieht sich in der Person der jungen byzantinischen Frau die Einweihung des Christentums in den Islam, oder besser gesagt: in die islamische Gnosis; diese Vermittlung ist die Frucht einer im Traum erblühten mystischen und leidenschaftlichen Liebe. Das für das schiitische Denken so bezeichnende Gesetz der Entsprechung wird hier bildhaft verdeutlicht durch die gleichzeitige Gegenwart von Fātima, der Mutter der heiligen Imame, und Maria, der Mutter Christi. Hier, in der Traumvision, nimmt Fātima die Rolle an, die die schiitische Gnosis ihr zueignet, wenn sie sie bezeichnet als Fātima-Schöpfer (Fātima-Fātir). Sie ist die Einweihung in Person.

In einem zweiten Traum 14 Nächte später erscheint die Prophetentochter Fātima in Begleitung von Maria. Maria stellt Fātima vor als die Königin der Frauen und die Mutter ihres, der Prinzessin, Gatten, des Imam Hasan. Die Prinzessin beschwert sich darüber, daß sich der Imam ihr nicht zu sehen gibt. Fātima macht ihr klar, daß sie ihn so lange nicht sehen wird, wie sie aus dem einen Gott mehrere Götter macht und in der christlichen Religion bleibt. Wenn sie Gott und Maria und Christus gefallen und den Imam sehen wolle, dann müsse sie aussprechen: Ich bezeuge, daß es keine Gottheit gibt außer Gott, und daß Mohammed der Gesandte Gottes ist. Nachdem die Prinzessin das islamische Glaubenszeugnis ausgesprochen hatte, zog Fatima sie an sich, umarmte sie und kündigte den Besuch des Imam an. Dieser erschien ihr nun jede Nacht.

Als sie in Samarra eingetroffen ist, kündigt der Imam Alī Naqī in einem ersten Gespräch mit ihr bereits die frohe Botschaft an, daß sie einen Sohn gebären werde, dessen Herrschaft sich auf den Osten und auf den Westen erstrecken werde; dieser Sohn würde die Erde, die bis dahin noch voll von Gewalt und Tyrannei war, mit Frieden und Gerechtigkeit erfüllen. Eine Schwester des Imam Alī, Hakīma, übernimmt nun die Aufgabe, sie in die Geheimnisse der neuen Religion

einzuweihen. Von ihr stammen auch die Berichte über die
Umstände der Geburt des letzten Imam.

Nach dieser Darstellung gab es bis zuletzt kaum einen deutlichen körperlichen Hinweis auf die Geburt eines Kindes bei
Narkissa. Der Imam erklärt das so: Es wird sein wie bei der
Mutter des Moses, die auch bis zur Stunde der Geburt kein
deutliches Zeichen dafür gab, um den für einen solchen Fall
angeordneten Maßnahmen des Pharao zu entrinnen. Hier
aber geht es nicht nur darum, dem Pharao bzw. dem abbassi-
dischen Kalifen zu entkommen. »Dem Pharao entrinnen« bedeutete: all den Konsequenzen entgehen, die eine Verwechse-
lung bzw. Vermischung von menschlicher Gestaltwerdung eines Göttlichen in der Person des Imam einerseits mit einer
Materialisierung des Göttlichen im Fleisch und in der Geschichte andererseits nach sich ziehen würde. Alle die von
Hakīma berichteten Einzelheiten zeigen, wie die schiitische
Imamologie wesentliche charakteristische Züge einer gnostischen Christologie aufgreift. Weil es sich um eine Theophanie, nicht aber um eine Inkarnation oder um eine hypostati-
sche Union handelt, die eine Fusion von zwei inkommensura-
blen Naturen bewirkt, stellt sich die Vision, die das schiitische Bewußtsein von ihrem Imam hat, ähnlich dar, wie es eine
von der offiziellen Christologie unterschiedene gnostische
Christologie tut: diese spricht vom »geistlichen Fleisch Christi« (caro Christi spiritualis).

Man versieht eine solche Lehre vorschnell mit dem ver-
dächtigenden Etikett des »Doketismus« (von griechisch
dokē = Schein, also Scheinleib). Doch hiergegen ist zu sagen:
Dieser »Doketismus« will überhaupt nicht die Wirklichkeit,
die Realität, eines Ereignisses aufheben bzw. verneinen; in
der »doketistischen« Sicht wird ein geschichtliches Ereignis
nicht zu einem Mythos oder gar Phantom degradiert. Die Perspektive, die hier mit Doketismus bezeichnet wird, sieht dieses Ereignis einfach auf einer Ebene geistlicher, spiritueller
Realität, auf der eine Materialisierung und Verweltlichung,

also eine Reduzierung auf die Ebene empirischer Evidenz, radikal ausgeschlossen ist.

Hakīma berichtet von den wunderbaren Vorgängen während und nach der Geburt des Zwölften Imam. Sie ist während der Nacht der Geburt nahe bei Narkissa. Sie rezitiert auf Geheiß des Imams die Sure 97 von der »Nacht der Bestimmung«, in der Mohammed zum ersten Mal die Offenbarung empfangen hat. Während sie die Anfangsverse betet (»Wir haben ihn in der Nacht der Bestimmung hinabgesandt . . .«), hört sie, wie das Kind im Schoße seiner Mutter die Verse mit ihr zusammen betet. Plötzlich tritt etwas wie ein Schleier zwischen Narkissa und sie. Der Vorgang der Geburt selber verbleibt im Bereich des Geheimnisses. Und das neugeborene Kind spricht, nach Mekka gewandt, das Glaubenszeugnis: »Ich bezeuge, daß es keine Gottheit gibt außer Gott, daß mein Vorfahre der Gesandte Gottes und daß mein Vater, der Emir der Glaubenden, der Führer zu Gott hin ist.« Auf seinem rechten Arm steht geschrieben: »Die Wahrheit ist gekommen, und Lug und Trug sind verschwunden.« (Sure 17,81). Ein Schwarm von Vögeln setzt sich auf dem Haupt des Kindes nieder. Einer von ihnen nimmt das Kind und fliegt mit ihm in den Himmel. Auf die Frage, wer dieser Vogel sei, dem er das Kind anvertraut habe, antwortet der Imam: Das ist der Heilige Geist, derjenige, dem die Imame anvertraut sind; der ist es, der ihnen die göttliche Hilfe bringt, die vor allem Irrtum bewahrt und ihnen ihre hohe Erkenntniskraft gibt.

Das Kind wird viel schneller älter als gewöhnliche Kinder. Ein Monat ist wie viele Jahre. Es spricht schon, wenn es sich noch im Mutterschoß befindet. Es rezitiert den Heiligen Koran schon bald nach der Geburt. Kurz vor dem Tode des Elften Imam ruft dieser das Kind zu sich, und es findet die Investitur zum Imam statt mit den Worten: »Oh mein edles Kind! Du bist der Herr dieser Zeit, du bist der Mahdi (der Rechtgeleitete), der Führer, du bist der Garant Gottes auf dieser Erde. Mein Kind, mein Erbe, du bist von mir geboren, du bist MHMD ibn Hasan, du bist das Kind des Gesandten Gottes. Du bist das Siegel, der letzte der Reinen Imame. Der Gesandte Gottes hat den Menschen deine Ankunft angekündigt. Er hat deinen Namen und den Vaternamen erwähnt. Das ist die meinem Vater und meinen Vätern gemachte Verheißung, die bis auf mich gekommen ist.«⁴⁰ Nach diesen Worten ging der Imam ein ins Paradies. Von dieser Szene kann man in allen wichtigen Büchern über die Geschichte der Schia lesen. Nur kurz nach dem Tod seines Vaters, des Imam Hasan, genauer gesagt: nur wenige Stunden danach, entschwindet auch der kindliche Zwölfte Imam in die Verborgenheit. Über diesen Vorgang berichten die Bücher der Schia nur knapp; sie *können* darüber nur knapp berichten; denn von ihrem Wesen her hebt der Übergang in den Zustand der Verborgenheit die Spuren im physischen Raum der materiellen Welt auf; wie sollte man dann in dieser Welt die Spuren dieses Überganges suchen? Es handelt sich um eine Verborgenheit in zwei Stufen. Zunächst gibt es die Verborgenheit, die die schiitischen Theologen als »kleine Verborgenheit« bezeichnen: sie beginnt im Todesjahr des Imam Hasan, 873/74, und dauert bis 940/41. Und es gibt die Verborgenheit, die mit diesem letzten Datum beginnt, die die Theologen als »große Verborgenheit« bezeichnen und die heute noch andauert.

Die Dunkelheit des Menschen und die Verborgenheit des Imam

Nun ist es nicht so, daß die Wiederkunft des verborgenen und erwarteten Imam ein Ereignis ist, das den Menschen einfach von außen plötzlich überfällt. Erwarten des Imam heißt: seine Wiederkunft hängt entsprechend ab von den Erwartenden, so daß der tiefste Sinn der »Verborgenheit« darin zu sehen ist, daß es die Menschen selber sind, die den Imam verschleiert, verdunkelt, verborgen haben, sich unfähig und unwürdig gemacht haben, ihn zu schauen. So wie die *Wiederkunft Christi*

auf einer anderen Ebene als der der physisch-körperlichen geschieht (»geistliches Fleisch«; caro spiritualis) und dafür auch
erst die entsprechenden geistigen Wahrnehmungsorgane beim
Menschen ausgebildet sein müssen (erst dann ist die Wiederkunft möglich!), so ist auch die Wiederkunft des Imam abhängig von der spirituellen Erneuerung der Menschen, so wie der
Beginn dieser Verborgenheit in der Vergangenheit ursächlich
mit dem Verlust oder der Schwächung solcher Organe zusam-
menhing. Es wird bereits ein Wort des ersten Imam Alī überliefert dahingehend, daß »niemals die Erde eines Garanten
Gottes beraubt sein wird. Aber die Menschen werden blind
sein, sehunfähig aufgrund ihrer Verfinsterung, ihrer Aus-
wüchse, ihrer Vergehen gegen sich selbst.«[41] Der Imam erinnert an den Josef des Alten Bundes: Er stand vor seinen Brü-
dern, aber keiner erkannte ihn. So sieht heute der Imam jeden
von uns, aber niemand von uns sieht ihn.

Diese Nacht ist so tief und so zum Verzweifeln, daß man
nur mit Gewalt ihr entrissen werden kann. Man muß seine
eigene »Heimat« zwangsweise verlassen. Als Schüler des
fünften und sechsten Imam diese fragten, was für eine Bedeutung eine Überlieferung habe, die besagte »Der Islam hat in
der Fremde begonnen und er wird als Fremder zurückkehren
wie am Anfang. Selig sind diejenigen, die ihre Heimat verlassen«, da lautete die Antwort der beiden Imame übereinstim-
mend: »Wenn sich derjenige von uns (Zwölfen), der die Auferstehung bewirken wird, aufrichten wird, dann wird er den
Menschen eine ganz neue Botschaft bringen von etwas ganz
Neuem, so wie es auch mit der Botschaft war, die der Gesandte Gottes brachte.«[42]

Die hier seliggepriesenen Exilanten sind die, welche »auswandern« aus der Religion des Gesetzes und des rein Sozialen, um sich dem geistig-geistlichen Kultus des Imam anzu-
schließen. In dem Maße, wie diese Botschaft schon jetzt durch
die »Heimatlosen« vernommen wird, wird die Nacht der
Esoterik, der Verinnerlichung, fortschreiten hin zur Morgen-

röte der Auferstehung, wird die Wiederkunft des Imam beginnen. Diese Beziehung vom zukünftigen Ereignis der endgültigen Offenbarung zum Ereignis, das schon heute im Innersten des Herzens stattfindet, eine Beziehung, die wesentlich *Verinnerlichung* bedeutet und die klarmacht, daß das äußere Ereignis *bedingt* ist durch das innere Ereignis, ist eine wesentliche Lehre der schiitischen Theologen und geistlichen Führer.

Ein bedeutender Sufi des 13. Jahrhunderts[43] schrieb sogar: »Der verborgene Imam wird erst dann erscheinen, wenn wir fähig sind, bis durch die Schuhriemen die Geheimnisse des tauḥīd (der Einheit) zu verstehen«, d. h. den inneren, esoterischen Sinn des Zeugnisses von der göttlichen Einheit, daß nämlich in all den göttlichen Gestalten sich eine einzige und selbe Gottheit offenbart. Im übrigen wird auch die Natur »transparent« werden: Auch »die Steine, die Pflanzen und die Tiere werden reden« bei der Wiederkunft. *Jedes* Ding, das lebendig wird, wird so zu einer Schwelle der geistigen Welt. Die Wiederkehr hat insgesamt kosmische Dimensionen. Alle Lehren aller Religionen werden ihren verborgenen Sinn enthüllen: auch so wird die göttliche Einheit in der Vielfalt der Theophanien deutlich werden.

Der verborgene Imam als der Heilige Geist

Viele schiitische Theologen (Theosophen) haben den verborgenen zwölften Imam identifiziert mit dem von Jesus im Johannesevangelium verheißenen Pneuma, Parakleten, dem Heiligen Geist, dem Tröster. (Man kann überhaupt bei schiitischen Autoren eine Vorliebe für das Johannesevangelium feststellen.) Die in diesem Zusammenhang immer wieder zitierte Stelle ist Jo 14, 26: »Der Beistand (paraklētos) aber, das heilige Pneuma, welches der Vater in meinem Namen senden wird, wird euch alles lehren und euch an alles erinnern, was

ich euch gesagt habe.« Sie steht in engem inhaltlichem Zusammenhang mit Jo 16,13: »Wenn aber jener kommt, das
Pneuma der Wahrheit, wird er euch den Weg führen in die
ganze Wahrheit.« Diese Schriftstellen werden in Verbindung
gebracht mit Sure 61,6: »Und als Jesus, der Sohn der Maria,
sagte: › Ihr Kinder Israels! Ich bin von Gott zu euch gesandt,
um zu bestätigen, was von der Thora vor mir da war, und
einen Gesandten mit einem hochlöblichen (aḥmadu) Namen
zu verkünden, der nach mir kommen wird.« Die *gängige* islamische Exegese betrachtet das Wort ›paraklētos‹ (Beistand)
als Abänderung von »periklytos«, was »hochgelobt« bedeutet (arabisch aḥmad = Muḥammad), eine Veränderung, die
die Christen vorgenommen hätten, um zu verhindern, daß die
johanneischen Verse als Ankündigung des »Siegels der Propheten« hätten verstanden werden können: Der angekündigte
Paraklet, Beistand, *ist* Mohammed. Im Gegensatz dazu bezieht die *schiitische* Exegese die johanneischen Verse auf den
zwölften Imam. Der Beistand (in der christlichen Terminologie) *ist* der erwartete Imam. Der Paraklet wird den geistlichen
Sinn und das wahre Verständnis des Koran bringen, dessen
Text Mohammed gebracht hatte. Sowohl Jesus wie Mohammed haben schon auf den zwölften Imam hingewiesen als auf
den, der den verborgenen Sinn der Offenbarung enthüllen
wird. Das spirituelle Verstehensprinzip (Hermeneutik) der
Schia ist untrennbar verbunden mit dem christlichen Gedanken des Parakleten, des Heiligen Geistes.[44]

Für die islamische Theosophie besteht der Rhythmus der
übersinnlichen Geschichte nicht in drei, sondern in nur zwei
Zeiten: Zeit des Abstiegs und des Aufstiegs; Zeit des Ursprungs und der Rückkehr; Zeit der Offenbarung (tanzīl) und
des spirituellen Verstehens dieser Offenbarung (ta'wīl). Die
nachchristliche Koranoffenbarung kann darum kein »Zeitalter des Sohnes« erkennen und anerkennen. Vom Zyklus der
Propheten, dem Reich des Gesetzes, folgt der unmittelbare
Übergang zum Zyklus der Imame, dessen Siegel der Zwölfte

Imam ist. Allerdings: In der äußeren, *geschichtlichen* Zeit gibt es noch eine Koexistenz von Gesetz und Gnosis (so wie ja auch die Petruskirche und die Johanneskirche nebeneinander bestehen); das Reich des Gesetzes dauert bis zur Wiederkunft des Imam. Auch insofern ist der wahre Gnostiker (ʿārif) ein Fremder und Wanderer auf dieser Erde. Es besteht immer die Gefahr, das Innere zu veräußerlichen, oder statt auf die Auferstehung der Toten zu warten, mehr auf eine soziale Revolution zu bauen.

Die »dritte« Offenbarung, die des Geistes, wird keinen heiligen Text mehr bringen. Sie wird nicht mehr eine Stimme von oben sein, sondern sich im Herzen der Menschen und der Menschheit vollziehen; um mit dem russischen Religionsphilosophen N. Berdjajew zu sprechen: »Die Öffnung der Christologie des Menschen« wird sich vollziehen, eine »anthropologische Offenbarung«. Diese muß der Mensch nicht mehr von Gott erwarten, sondern Gott erwartet sie vom Menschen, von dem »Vollkommenen Menschen« (insān kāmil), der er dann sein wird.[45]

Die Verborgenheit des Imam und das »Zeitalter des Geistes«

Schiitische Theologen sprechen in diesem Zusammenhang von der »ewigen Religion« und vom »Parakleten«. Joachim von Fiore (1145–1202) und seine Schüler im 12. und 13. Jahrhundert sprechen vom »ewigen Evangelium« und vom »Herrschaftsbereich des Parakleten«. Für die Schiiten eröffnet die Ankunft des Imam-Parakleten das Reich des reinen, spirituellen Sinnes der göttlichen Offenbarungen; das ist für sie die Bedeutung von »ewiger Religion«. Für die Anhänger des Joachim von Fiore wird das Reich des Heiligen Geistes, des Parakleten, die Zeit sein, wo das spirituelle Verständnis (intelligentia spiritualis) der Heiligen Schrift herrschen wird; in diesem Sinne gebrauchen sie die Bezeichnung »ewiges

Evangelium«. Die Übereinstimmung ist in der Tat frappie-
rend; es geht hier um die Bewältigung desselben hermeneuti-
schen Verstehensproblems. Der Grundgedanke bei Joachim
von Fiore ist die Entwicklung der Menschheit als kontinuierliche Wirkung des Heiligen Geistes, an deren Ende der Anbruch der Herrschaft des im Evangelium angekündigten Parakleten steht. Es geht hier wohlgemerkt nicht um die linear
fortschreitende äußere Geschichte, sondern um eine je neue,
schöpferische und kontinuierliche Intervention des Heiligen
Geistes, der im Herzen der Menschen am Werke ist.

Die Heilsgeschichte wird in drei große Epochen[46] einge-
teilt, von denen jede das Siegel einer der Personen der göttlichen Trinität trägt. Die erste ist das Zeitalter des »Vaters«,
die der Offenbarung des Gesetzes, in der sich aber schon das
Ideal der künftigen Vervollkommnung im Sinne eines geistlichen Lebens abzeichnet in Persönlichkeiten wie dem Propheten Elias und in Johannes dem Täufer. Die zweite Epoche ist
das Zeitalter des »Sohnes«, das Zeitalter der Offenbarung der
Erlösung; es ist das Zeitalter, in dem der Kleriker bzw. Mönch
der Idealtyp des geistlichen Menschen ist. Die dritte Epoche
ist das Zeitalter des »Geistes«; sie ist charakterisiert durch die
geistlichen Menschen, in denen sich der göttliche Charakter
der schöpferischen Natur des Menschen offenbart.

Die spirituellen Menschen (viri spirituales) des Zeitalters
des Geistes sind nicht »Väter« im Sinne des Alten Testamentes, nicht »Söhne« im Sinne des Neuen Testamentes, es sind
vielmehr engelhafte Geister, geformt nach dem Bild und
Gleichnis des Heiligen Geistes. Das Zeitalter des Vaters war
das der »Handarbeit«, das Zeitalter des Sohnes war charakterisiert durch die Anstrengung theologischer Lehre, das Zeitalter des Geistes kann man charakterisieren als »spirituelle
Trunkenheit« (ebrietas), erfüllt von Jubel und Freude, vergleichbar der Wiederkunft des Imam-Parakleten, wo die
Bäume und Steine beginnen zu sprechen. Zwischen den geistlichen Menschen des dritten Zeitalters und der Priesterschaft

des zweiten besteht derselbe Unterschied wie zwischen den mystischen Theosophen (urafā) und den Gesetzeslehrern (fuqahā) des Islam, die den Imam bei seiner Wiederkunft zurückweisen. Der Typus des joachimitischen Menschen ist verwirklicht in diesen »Männern des Geistes«, die das Leben in der Beschauung (vita contemplativa) als Höchstform betrachten. Sie insgesamt bilden die »geistliche Kirche« (ecclesia spiritualis).

Diese geistliche Kirche, das Reich des Parakleten, ist die »Kirche des Johannes«, die auf die »Kirche des Petrus« folgt. Diese Sicht stellt insofern eine gefährliche Bedrohung für die römische Kirche dar, als diese dann nur noch eine Übergangsstufe ist im Fortgang der Heilsgeschichte insgesamt: die Einrichtung des Papsttums ist begrenzt auf das zweite Zeitalter, das des Sohnes; sie verschwindet mit dem Anbruch des Reiches des Parakleten. Es wäre sehr lehrreich zu vergleichen, wie einerseits Joachim von Fiore die Evangelien und andererseits die schiitischen Theologen den Koran verstehen.

Letztlich und eigentlich sind aber diese drei Zeitalter, von denen Joachim von Fiore spricht, nicht aufeinanderfolgende Perioden einer *geschichtlichen* Zeit. Es gibt für sie keine exakten zeitlichen Grenzziehungen. Nein, diese drei Zeitalter stellen *existentielle* Zeiteinheiten dar, Phasen einer *inneren* Zeit; die Aufeinanderfolge dieser Epochen spielt sich ab im Inneren der Seelen. Innerhalb der äußeren Geschichte können diese Epochen durchaus gleichzeitig existieren!

Der Islam und die islamische Spiritualität kennen das Zeitalter des Sohnes nicht und damit auch nicht die Phänomene Kirche und Klerus. Die Feststellung, daß die Lehre von den Imamen in der schiitischen Theologie der Christologie in der christlichen Theologie entspricht, muß insofern modifiziert werden, als die Lehre von den Imamen genauer einer Theologie des Heiligen Geistes als Parakleten entspricht. Aber diese Ambivalenz von Christologie und Pneumatologie findet sich ja schon in bestimmten frühen, vor-nizänischen Christolo-

gien, wo es diese genaue Differenzierung zwischen Sohn und
Geist noch nicht gibt.

Die Einheit von Religion und Staat am Beispiel des Iran

Im Gegensatz zur christlichen Maxime »Mein Reich ist nicht
von dieser Welt« bzw. »Gebt dem Kaiser, was des Kaisers,
und Gott, was Gottes ist« heißt die islamische Devise »Religion *und* Staat« (dīn wa daula). Besser als alle grundlegenden
theoretischen Erläuterungen kann man am Beispiel des
Grundgesetzes der »Islamischen Republik Iran« sehen, was
dieser theoretische Grundsatz für praktische Konsequenzen
hat für den Einzelnen, für die Gesellschaft, für den Staat. Wir
geben hier einige der wichtigsten Artikel dieser Verfassung
wieder; die Länge der hier abgedruckten Zitate[47] ist gerechtfertigt durch die herausragende Bedeutung dieses Textes.
Besser als irgendein Lehrbuch zeigt dieses Dokument, was
Islam heute bedeutet. Besonders wichtige theologische Aus-
drücke, denen wir bereits in der Darlegung der theologischen
Grundlagen der Schia begegnet sind, sind hier kursiv ge-
druckt.

Art. 2: Eine islamische Republik ist eine Regierungsform, die
auf dem Glauben an folgende Prinzipien basiert:

1. die *Einzigartigkeit Gottes (es gibt keine Gottheit außer Gott)*,
   seine alleinige Souveränität und Gesetzgebung sowie die
   Verpflichtung der *Hingabe* an seinen Willen.

2. die göttliche Offenbarung und ihre grundsätzliche Rolle
   bei der Formulierung der Gesetze.

3. das Weiterleben nach dem Tod und seine entscheidende
   Bedeutung für die Vervollkommnung des Menschen hin zu
   Gott.

4. die *Gerechtigkeit Gottes* bei der Schöpfung und Gesetzgebung.

5. der *Imamat*, seine ständige Führung sowie seine grundle-

gende Bedeutung für den Fortbestand der islamischen Revolution.

6. die Würde und der Wert des *Statthalters*, des Menschen,
   und seine Freiheit, die mit seiner Verantwortung vor Gott
   verbunden ist.

Durch den Einsatz von Recht und Gerechtigkeit, durch politische, wirtschaftliche, soziale, kulturelle Unabhängigkeit und
durch nationale Solidarität wird folgendes gewährleistet:

1. der ständige iǧtihād anerkannter Rechtsgelehrter auf der
   Grundlage des Korans und der Überlieferung der *reinen
   Imāme* (Muhammad, Ali, Fāṭima und die 12 Imame) (der
   Friede Gottes sei mit ihnen allen),

2. die Nutzung der fortschrittlichen Errungenschaften der
   Menschheit auf den Gebieten Wissenschaft und Technik
   und das Bemühen um ihre weitere Entwicklung,

3. die Ablehnung von Unterdrückung, Untertänigkeit,
   Herrschaft und Knechtschaft.

Art. 3: Die Regierung der Islamischen Republik Iran muß sich
zur Verwirklichung der in Art. 2 genannten Ziele für folgendes einsetzen:

1. die Schaffung einer günstigen Atmosphäre für die Entwicklung von Tugenden auf der Basis von Glauben und
   Gottesfürchtigkeit und dem Kampf gegen alle Erscheinungsformen der Verderbnis und der Korruption,

14. die Garantie aller Rechte für alle Bürger, Männer und
    Frauen, und die Schaffung eines gerechten Rechtsschut-
    zes für alle und die Gleichheit aller vor dem Gesetz,

15. die Intensivierung und Stärkung der islamischen Brüder-
    lichkeit und der umfassenden Zusammenarbeit zwischen
    der ganzen Bevölkerung,

16. die Bindung der Außenpolitik des Landes an die islami-
    schen Maßstäbe, der brüderlichen Verbundenheit mit al-
    len Muslimen und dem entschiedenen Schutz der Schwa-
    chen in der Welt.

Art. 5: Während der Abwesenheit des *verborgenen Imām* – Gott möge seine Ankunft beschleunigen – werden in der Islamischen Republik Iran die Führungsbefugnis und der Führungsauftrag des Imāmats durch einen gerechten Rechtsgelehrten, der sich durch Gottesfürchtigkeit auszeichnet, in den Fragen der Zeit auskennt, tapfer und zur Führung befähigt ist, verwaltet, wenn das Volk ihn als islamischen Führer anerkennt und akzeptiert. Wenn kein Rechtsgelehrter diese Mehrheit erhält, wird gemäß Art. 107 ein Führungsrat aus Rechtsgelehrten, die die Bedingungen erfüllen, beauftragt.

Art. 7: Entsprechend der Anweisung des edlen Korans: » Ihre Angelegenheiten sind in Beratung untereinander zu erledigen« (42, 38) und: » Beratschlage mit ihnen über die Angelegenheit« (3, 159) gehören die National-Beratungsversammlung ... und ähnliche Versammlungen zu den Entscheidungsorganen ... des Landes.

Art. 12: Die offizielle Religion Irans ist der Islam und die Zwölferschia. Dieser Grundsatz ist unter keinen Umständen revidierbar. Die anderen islamischen Schulrichtungen ... genießen umfassende Anerkennung.

Art. 13: Nur zoroastrische, jüdische und christliche Iraner werden als religiöse Minderheiten anerkannt, die im Rahmen des Gesetzes ihre religiösen Vorschriften ausüben dürfen und befugt sind, in Fragen der Personenstandsangelegenheiten und der religiösen Erziehung nach ihrem Glauben zu verfahren.

Art. 14: Die Regierung der Islamischen Republik Iran und die Muslime sind gemäß der Anweisung des edlen Koranverses » Gott verbietet euch nicht, gegen diejenigen pietätvoll und gerecht zu sein, die nicht der Religion wegen gegen euch gekämpft und euch nicht aus euren Heimstätten vertrieben ha-

ben. Gott liebt diejenigen, die gerecht handeln« (60, 8) verpflichtet, gegenüber Nichtmuslimen nach bester Sitte, mit
Ehrerbietung und unter Wahrung der islamischen Gerechtigkeit zu handeln und ihre Menschenrechte zu achten: Dieses
Prinzip ist nicht auf diejenigen anwendbar, die sich gegen den
Islam und die Islamische Republik Iran verschwören und be-
tätigen.

Art. 56: Die absolute Souveränität über die Welt und den
Menschen gehört Gott. Er hat den Menschen zur Regierung
über sein soziales Schicksal eingesetzt. Niemand kann dem
Menschen dieses göttliche Recht nehmen oder in den Dienst
bestimmter Einzel- oder Gruppeninteressen stellen.

Art. 154: Die Islamische Republik Iran setzt sich für das
Glück des Menschen in der gesamten menschlichen Gesellschaft ein und betrachtet die Unabhängigkeit, die Freiheit
und eine gerechte Regierung als das Recht aller Menschen der
Welt. Sie enthält sich zwar auf das sorgfältigste jeder Form
von aggressiver Einmischung in die inneren Angelegenheiten
anderer Nationen, nimmt sich aber des gerechten Kampfes
der Schwachen gegen die Hochmütigen in aller Welt an.

Da der Text im wesentlichen für sich spricht, wollen wir hier
nur einige besonders wichtige Punkte herausgreifen und kom-
mentieren. Leider gehen in der Übersetzung des Verfassungs-
textes die im Original mitschwingenden Assoziationen teilweise verloren, so wenn z. B. in Artikel 5 von der Abwesenheit des »Verborgenen Imam« oder in Artikel 2,6 von der
Würde des Menschen als »Statthalter« (ḫalīfa) usw. die Rede
ist. Überhaupt ist der Artikel 2 so etwas wie eine Zusammenfassung des islamischen Gottesbildes und Menschenbildes.
Von seiten des Westens wird die in solchen Texten zum Ausdruck kommende Tendenz meistens als »Re-Islamisierung«
bezeichnet, und zwar mit dem Unterton, es handle sich hier

um einen Rückfall in mittelalterliche Denkweisen. Demgegenüber ist zu sagen, daß das Ineinander von Politik und Religion schon von den Ursprüngen her zum Wesen dieses Glaubens gehört. Der Islam würde seine Substanz verlieren, wenn er die Religion in den privaten Bereich zurückdrängen und die Regelung der sozialen Fragen weltlichen Gesetzen überlassen würde.

Sehr fragwürdig wäre es auch, die diesem Grundsatz zugrunde liegende politische und gesellschaftliche Perspektive als rechtskonservativ zu etikettieren. Die islamische Tradition in ihrer Gesamtheit verfügt sowohl über Vorstellungen, die sich mit den Wertmaßstäben »rechter« Kreise decken, als auch über solche, die »linken« Leitlinien entsprechen. Der Islam kann wie jede Religion sowohl zur Konservierung und Stabilisierung der gesellschaftlichen Verhältnisse beitragen als auch zur Legitimierung revolutionärer und emanzipatorischer Tendenzen. Im übrigen spiegelt diese Verfassung nicht die schon bestehende Wirklichkeit wider; vielmehr geht es hier um eine richtungsweisende »konkrete Utopie« im Sinne von E. Bloch.

Ist diese islamische Republik nun eine Theokratie oder eine Demokratie? Oder ist diese Frage mit dieser Alternative schon falsch gestellt? Auf grundlegend demokratische Tendenzen weist der Artikel 7 hin, wenn er die wichtige Koranstelle, nämlich Sure 42, 38 zitiert: »Ihre Angelegenheiten sind in Beratung untereinander zu erledigen«. Dieser Vers wird neuestens immer wieder zitiert, wenn es darum geht, demokratische Grundelemente in Leitungsstrukturen auf allen Ebenen einzuführen, was nicht bedeuten muß, konkrete parlamentarische Formen des Westens zu übernehmen. Jedenfalls wird hier gefordert, daß Menschen grundsätzlich mit beraten sollen bei der Aufstellung von Normen, denen sie sich dann unterzuordnen haben.

Ob es angemessen ist, den Begriff »Theokratie« zur Etikettierung dieses Grundgesetzes zu gebrauchen, ist sehr fraglich.

Zwar wird Gottes alleinige Souveränität und Gesetzgebung zum Prinzip erhoben (Artikel 2, 1), zwar wird betont, daß die absolute Souveränität über die Welt und den Menschen Gott gehört (Artikel 56), zwar ist die Idee einer primären Volkssouveränität im Prinzip unislamisch, dennoch aber kann diese göttliche souveräne Herrschaft nicht herangezogen werden zur Legitimierung eines Herrschertums von Gottes Gnaden, sondern das Volk selbst erhält seine ihm eigene Souveränität unmittelbar von Gott und delegiert diese Herrschaftsgewalt dann an die entsprechenden Gesetzgebungsorgane, an die Regierungsgewalt, an die Rechtsprechungsorgane; diese aber stehen unter der Aufsicht der Rechtsgelehrten. Im Sinne von Artikel 5 ist jede Form von Herrschaft während der Zeit der Abwesenheit des Verborgenen Imam grundsätzlich nur eine provisorische. Die Bedingung einer Führungsbefugnis für diese Zeit ist immer die ausdrückliche Anerkennung und Akzeptanz von seiten des Volkes. Die Würde eines »Stellvertreters Gottes« wird nicht einem einzigen Menschen allein und dazu noch zur irdisch-politischen Widerspiegelung der Herrschaft des *einen* Gottes zuerkannt, sondern grundsätzlich jedem Menschen in gleicher Weise (vgl. Artikel 2, 6 und Artikel 3, 14 im Zusammenhang mit Artikel 56).

Für unseren Zusammenhang besonders aufschlußreich sind die Aussagen über die Religionen bzw. die Religionsfreiheit und Toleranz. Zunächst wird für jede Ebene, also auch für die religiöse, Unterdrückung, Untertänigkeit, Herrschaft und Knechtschaft abgelehnt (Artikel 2). Der Islam und die Zwölfer-Schia wird ausdrücklich als offizielle Religion Irans benannt (Artikel 12). »Dieser Grundsatz ist unter keinen Umständen revidierbar.« Es wird allerdings hinzugefügt, daß die anderen islamischen Schulrichtungen umfassende Anerkennung genießen und ihre Anhänger ihre religiösen Verpflichtungen entsprechend ihren Bestimmungen frei ausüben dürfen (Art. 12). Was die nicht-islamischen Religionen angeht, so werden nur Zoroastrismus, Judentum und Christentum als religiöse Minderheiten anerkannt; diese dürfen im Rahmen des Gesetzes ihre religiösen Vorschriften ausüben und sind befugt, in der religiösen Erziehung nach ihrem Glauben zu verfahren (Artikel 13). Hier wird ein alter koranischer Grundsatz, der auf den Propheten selbst zurückgeht, in Gesetzesform gebracht, nämlich die ausdrückliche Toleranz der »Leute des Buches«, d. h. derjenigen Religionen, die sich, wie der Islam, auf ein heiliges Buch als Gründungsurkunde stützen. Dieser Artikel 13 spiegelt zunächst einmal die tatsächliche Situation im Iran wider, insofern dort im wesentlichen keine anderen Religionsgemeinschaften vertreten sind. Andererseits ist die Begrenzung der Anerkennung als Minderheit auf diese drei Religionen im islamischen Recht selbst begründet. Zwischen Judentum und Christentum sieht der Islam überhaupt eine sehr enge Verwandtschaft, weil diese drei insgesamt die »Abrahamsreligionen« sind. Die altpersische Religion Zarathustras galt und gilt aus islamischer Perspektive teilweise auch als »Religion des Buches«. Gegenüber Nichtmoslems gilt es grundsätzlich mit Ehrerbietung zu handeln und deren Menschenrechte zu achten. Unter diese Nichtmoslems fallen natürlich auch Vertreter anderer als der »Buchreligionen« wie z. B. Buddhisten und Hinduisten, auch wenn diese nicht ausdrücklich in Artikel 13 als *religiöse* Minderheiten anerkannt werden. Gegenüber nicht-monotheistischen Religionen tut sich der offizielle iranische Islam schwer. Doch auch ihnen gegenüber gilt es, die Menschenrechte zu achten (vgl. Artikel 14).

Es macht wenig Sinn, bei der Bewertung bzw. Beurteilung von Wertmaßstäben und politisch-gesellschaftlichen Prinzipien sofort auf diese oder jene *Wirklichkeit* hinzuweisen, die eben de facto nicht mit der geforderten und beanspruchten ethischen Norm übereinstimme. Daß die iranischen Revolutionäre nach dem Sturz des Schah-Regimes nicht immer im Sinne der Verfassungstheorie handelten, ist unbestritten. Doch woher bezieht der Westen seine Wahrheit über den ira-

nischen Islam? Die islamische Republik hatte bei uns niemals
eine gute Presse. Liegt das vielleicht auch in dem Umstand
begründet, daß im Iran Handlungen, die nach amerikanisch-
europäischen Begriffen krasse Verletzung der Menschenrechte sind, nicht verschämt und heimlich begangen wurden,
wie durch andere Machthaber im Nahen Osten, sondern mit
ostentativ gutem Gewissen und unter Berufung auf koranische Rechtsnormen?

Der Verfassungstext spricht an mehreren Stellen eindring-
lich von dem Selbstverständnis der Schiiten als Vorkämpfer
der Sache der »Schwachen« gegen die »Hochmütigen« bzw.
»Mächtigen«. Darin liegt, so haben wir schon am Anfang betont, die *politische* Sprengkraft der Schia. Die zukunftsweisende *religiöse* Kraft liegt in den in ihr besonders angelegten
Tendenzen zu einer dem Übersinnlichen in Offenheit zuge-
wandten, verinnerlichten, freieren, ich-durchdrungenen spirituellen Erkenntnis der geistig-göttlichen Welt.

Ein liturgisch-spirituelles Gebetszeugnis

Besser als jede dogmatische Glaubenslehre können uns die
Gebete und Liturgien einer Religion Aufschluß über ihr eigentliches geheimes Wesen geben. Darum zitieren wir hier am
Ende unserer Ausführungen über die Schia ein Pilgergebet,
das bei einem Besuch, sei er real oder symbolisch-geistig, eines Heiligtums des Zwölften Imam gesprochen werden
konnte. Aus ihm wird deutlich, daß der Übergang zum Reich
des Geistes, zum Reich des verborgenen Imam, nicht ohne
Kampf abgehen kann. Dieser Kampf richtet sich gegen alle
Kräfte der Verneinung, der Verhärtung, des Todes. Der schiitische Mystiker weiß zwar zuinnerst um die Hinfälligkeit allen
Seins, um die bedrohlichen Auflösungserscheinungen seiner
Person. Aber er sieht sie nicht als unabänderliches, schicksal-
haftes Gesetz des Seins, dem man sich durch Ent-werden ent-

ziehen kann, sondern als eine Schädigung, eine Schwächung, die das Ergebnis zerstörender, satanischer Kräfte ist, die man *bekämpfen* muß, um die Integrität allen Seins wiederherzustellen. Griechischer Geist nannte diesen Vorgang »Wiederherstellung allen Seins« (apokatastasis pantōn), Wiederherstellung aller Dinge in ihrer Reinheit und ursprünglichen Fülle. Dieser Gedanke durchzieht wie ein roter Faden auch das folgende Gebet. Wir zitieren es hier gekürzt nach dem von H. Corbin ins Französische übersetzten Text.[48]

»Heil dir, Kalif Gottes ... Erbe des geistlichen Erbes der Vergangenheit, Nachkomme der Reinen Familie ... Schwelle Gottes, zu dem man nur Zugang hat, wenn man sie überschreitet, Weg Gottes, den man nicht verlassen kann, ohne sich zu verirren ... Garant Gottes für die Himmlischen und die Irdischen, Heil ruhe auf dir ...

Ich bezeuge, daß du für Vergangenheit und Zukunft der Garant Gottes bist; daß diejenigen, die dich aufnehmen, triumphieren werden, diejenigen aber, die dich zurückweisen, vergeblich leben. Du bewahrst in dir alle Erkenntnis; durch dich öffnet sich alles, was versiegelt war ... Oh, mein Herr! Ich habe dich als Imam und als Führer gewählt, als Beschützer und als Lehrer, und ich wünsche keine andere Person an deiner Stelle.

Ich bezeuge, daß du die dauerhafte Wahrheit bist, die keiner Veränderung unterliegt. Auf das dich betreffende göttliche Versprechen ist Verlaß. Wie lange auch deine Verborgenheit dauern mag, wie lange sie sich auch noch hinauszögert, ich unterliege keinem Zweifel. Ich teile nicht die Verirrungen derer, die aus Unwissenheit Torheiten über dich sagen. Ich verharre in der Erwartung deines Tages, denn du bist der Fürsprecher, über den man nicht streitet, du bist der Freund, den man nicht aufgibt ... Ich lege Zeugnis ab für Gott. Ich lege Zeugnis ab für seine Engel. Ich nehme dich selbst zum Zeugen meines heiligen Versprechens: Was äußerlich ist, ist innerlich; was meine Zunge spricht, liegt im Geheimnis meines

Bewußtseins. Sei also der Zeuge meines Versprechens dir gegenüber, des Treuebundes zwischen dir und mir . . . Mögen die Zeiten sich verlängern, mögen die Jahre meines Lebens sich immer weiter aneinanderreihen, ich hätte immer mehr Gewißheit über dich, immer mehr Liebe zu dir, immer mehr Vertrauen in dich. Ich würde immer mehr deine Wiederkunft erwarten, ich würde mich immer noch mehr bereithalten für den Kampf in deiner Nähe. Denn meine Person, mein Hab und Gut, meine Familie, alles, was mein Gott mir in dieser Welt anvertraut hat, mache ich dir zum Geschenk, damit du darüber verfügst, oh, mein Imam!

Wenn mein Leben lange genug dauert, daß ich den Aufgang deines herrlichen Tages und das Leuchten deiner Fahnen noch sehen kann, dann sieh mich hier, mich, deinen Getreuen. Möge es mir dann gegeben sein, an deiner Seite das höchste Zeugnis abzulegen! Aber wenn der Tod mich erreicht, bevor du erschienen bist, dann bitte ich um deine Fürsprache, um deine und die deiner Väter, der Reinen Imame, damit Gott mich unter die Zahl derjenigen zählt, denen er gewähren wird, zurückzukommen in der Stunde deiner Wiederkunft, wenn dein Tag sich erheben wird, damit meine Hingabe an dich mich zur Erfüllung meiner Sehnsucht führt.«

Die Siebener-Schia oder Ismaeliten

Anhangweise sei hier noch die schiitische Gruppierung der Siebener-Schia oder »Ismaʿilīya« behandelt, weil sie von einiger Bedeutung innerhalb des Islam gewesen ist. Es ist eine revolutionäre islamische Bewegung, und zwar auf religiösem, geistigem, politischem und sozialem Gebiet. Sie ist entstanden im 8. Jahrhundert und bis heute lebendig geblieben. Auch sie gründet sich, wie die Zwölfer-Schia, auf das Prinzip des Imamats, d. h. auf die Anerkennung der Autorität eines nicht gewählten, sondern durch seinen Vorgänger bestimmten geistlichen Führers. Ihren Namen hat sie erhalten von Ismael, dem ältesten Sohn des VI. Imam Ǧaʿfār, der ihn zum Nachfolger bestimmte. Das reformerische Ziel auf religiösem Gebiet zielt darauf ab, den Geist über den Buchstaben und die Wahrheit über das Gesetz triumphieren zu lassen. Zwischen Glauben und Denken soll jeder Gegensatz verschwinden; beide sollen sich gegenseitig ergänzen. Im politischen-sozialen Bereich kämpft die Siebener-Schia für die Ideale von Gleichheit und Gerechtigkeit zum Vorteil *aller* in der großen islamischen Gemeinde, von Arabern und Nicht-Arabern, Moslems und Nicht-Moslems. Die Stadt Kufa, in der die Siebener-Schia im 8. Jahrhundert »geboren« wurde, war ein Schmelztiegel aller damals blühenden Religionen und geistigen Bewegungen, Zentrum oppositioneller Gruppen und Ort explosiver sozialer Spannungen zwischen arm und reich.

Der Streit, der zur Spaltung führte, ging um die Frage der Nachfolge des VI. Imam. Mūsā al-Kāzim wurde VII. Imam, aber die den inzwischen gestorbenen Ismael verehrende Gruppe begründete den Zyklus der »verborgenen Imame«. Ismael wurde erster, sein Sohn Mohammed zweiter Imam (†813). Die Bewegung nahm dann den bezeichnenden Namen »Die Esoterische« (bātinīyya) an! Sie begründete zu Beginn des 10. Jahrhunderts in Nordafrika (Ägypten) den politisch und kulturell hochbedeutsamen Fatimiden-Staat, der bis 1171 Bestand hatte. Die Selbstbezeichnung als »Die Esoterische (Bewegung)« zeigt deutlich, daß gegenüber allem Exoterischen (Offenbarungstext, Gesetz, Riten usw.) dem Esoterischen der absolute Vorrang eingeräumt wurde. Das in der Zwölfer-Schia noch bestehende Gleichgewicht zwischen beiden wurde absolut und radikal zugunsten des Esoterischen verschoben! Gefunden, entdeckt, entziffert wird das Esoterische aus dem Exoterischen von Text, Riten und Gesetz nur mittels der Gnade und Hilfe der Gegenwart, ob sichtbar oder unsichtbar, des Imam, der in seiner Person selbst die volle Bedeutung des religiösen Systems *ist*.

Besonders wichtig ist für die Siebener-Schia die Erfassung der tiefen symbolischen Wahrheit und Bedeutung der zu vollziehenden *Riten*. So beinhaltet das verbale Glaubenszeugnis vor allem die gänzliche Anerkennung von Gottes Gegenwart im Himmel und auf der Erde durch den Intellekt und den Imam. Die rituellen Waschungen bedeuten in erster Linie die Läuterung der Seele, die Bedingung ist für die Annäherung an Gott. Im Gebet komme ich zur Selbstbeherrschung und geistlichen Disziplin, verbunden mit der Fähigkeit, von den göttlichen Geheimnissen vor denen zu schweigen, die unwürdig und ungeeignet sind, sie zu verstehen. Die Wallfahrt nach Mekka bedeutet, daß der geistliche Schüler sein zufälliges irdisches Vaterland verläßt, um seine wahre Heimat wiederzufinden, wo er Gott in der Wahrheit und im Geist anbeten kann. Im (religiösen) Kampf (ğihād) opfert der Gläubige sein Leben für Gott, ein Opfer, das sich auch darin schon verwirklichen kann, den Imam zu suchen, ihn zu finden, auf ihn zu hören und ihm zu folgen.

Grundlage für diese Esoterik bildet die ismaelitische Anthropologie bzw. Erkenntnislehre. Die menschliche Seele ist eine unteilbare und darum auch unsterbliche Substanz. Die geistigen Kräfte werden in vier Bereiche gegliedert: die »potentielle, werdende Vernunft«, die »aktuell wirkende Vernunft«, die »angenommene Vernunft«, die »engelhafte Vernunft«. Die drei ersten sind allen Menschen gemeinsam, während die vierte nur den Propheten und Imamen zukommt, die sie aber ihren Schülern übertragen können. Wenn der Mensch sich der »engelhaften Vernunft« in der Person des Propheten oder des Imam nähert, erhebt er sich auf das Niveau des Universalen, der absoluten Vollkommenheit; er wird dann der »vollkommene Mensch«, in dem sich Makrokosmos und Mikrokosmos harmonisch begegnen.

Die Erkenntnis kann sich in dreifacher Weise vollziehen: unmittelbar-evident, spekulativ oder initiativ. Die erste Erkenntnisart ist die, die spontan, ohne einen Vermittler und ohne dazwischentretende Reflexion vom Menschen ausgeht. Die zweite Art setzt einerseits die erste voraus, erfordert dann aber noch die Vermittlung durch einen Lehrer. Die dritte Erkenntnisart ist die der »Initiation«, die durch die direkte Vermittlung des Imam als des universalen Lehrers gewonnen wird. Er ist der treuhänderische Besitzer und Aufbewahrer dieser höheren Erkenntnis und besitzt Unfehlbarkeit und absolute Reinheit. Für die Ismaeliten werden die Menschen geführt von zwei Imperativen, dem des Gesetzes und dem anderen, der auf gänzliche Befreiung, auf Auferstehung zielt. Der erste regelt die politischen und sozialen Beziehungen der Menschen untereinander, er ist ein »Ausfluß« der Person des gesetzgebenden Propheten. Der andere Imperativ, der auf die Befreiung des Menschen zielt, auf seine Auferstehung und neue Geburt, regelt die Beziehungen des Menschen zu seinem Schöpfergott, er kommt aus der Person des Imam. Der Gesetzesimperativ legt den Menschen höhere Wahrheiten durch ihre sinnliche Wahrnehmung vor. Er kommt auch nicht ohne Lohn, Strafe und Vergeltung aus. Hier endet dann die Funktion des Propheten und Gesetzgebers und es beginnt die Rolle des Imam. Dieser hat die Aufgabe, das Geheimnis des Gesetzes zu enthüllen und so die Wahrheit im reinen Zustand offenzulegen, ohne die Hindernisse und Schwierigkeiten, die durch die Sinneswahrnehmungen und durch das alltägliche Leben überhaupt entstehen. Dieses Erheben der Erkenntnis auf die Höhe des reinen Zustandes, das der Imam bewirkt, wird von den Ismaeliten mit dem Fachausdruck ta'wīl bezeichnet, was, wie wir schon oben erwähnt haben, wörtlich bedeutet: jemanden oder etwas auf seinen allerersten Ursprung zurückführen, d. h. auf die eigentliche, wahre Bedeutung.

Dieses Verhältnis zwischen Imperativ des Gesetzes und Imperativ der Auferstehung ist aber nicht beliebig, sondern eingebunden in die universale Harmonie. Angefangen von der tiefsten Stufe der dunklen und dichten Materie bis hin zur

höchsten Stufe reinen Geistes gibt es eine Kontinuität alles
Seienden in dem Sinne, daß das Ende eines Bereichs nur der
Anfang eines anderen ist; so fällt die Vollendung des mineralischen Reiches zusammen mit dem Beginn des Pflanzenberei-
ches usw. Der Mensch im Bereich des Prophetischen nähert
sich immer mehr der Befreiung durch Auferstehung, er aufer-
steht dann tatsächlich im Bereich des Imamats.

Um in diesen Bereich zu gelangen, macht der Gläubige
verschiedene Stufen eines Prozesses durch, der beim Glauben und bei der Hingabe (Islam) beginnt. Auf der zweiten
Stufe gelangt er zur Einsicht und Gewißheit, daß der Imam
wirklich ein Vermittler ist zwischen ihm und Gott. Der
Imam ist das Licht, das ihn führt, die personifizierte Erkenntnis und Liebe. Sein Wort ist Gottes Wort, seine Handlungen sind Gottes Handlungen. Wahre Gotteserkenntnis
des Menschen gibt es nur durch den Imam, weil der gewöhnliche Mensch zu Gott in seinem unzugänglichen Geheimnis
nur Zugang haben kann durch den »Ersten Intellekt«, dessen irdische Erscheinung und Gestalt der Imam selbst ist.
Niemals aber wird der Imam als geschichtliche Inkarnation
angesehen, sondern nur als eine Theophanie (Gotteserscheinung) in menschlicher Gestalt.

Wir haben schon zu Beginn betont, daß die Siebener-Schia
von großer kultureller, wissenschaftlicher und religiöser Bedeutung gewesen ist. Die erste große »Enzyklopädie des Wissens« war das Werk von Ismaeliten im 11. Jahrhundert: eine
vollständige Sammlung des gesamten Wissens der damaligen
Zeit, eine großartige Darlegung des Menschen- und Weltbil-
des (iḥwān al-ṣafāʾ).

Auch auf einem ganz anderen Gebiet haben die Ismaeliten
»Phantastisches« geleistet: die berühmt-berüchtigte, so oft
mißverstandene literarische Sammlung von »Tausendundeiner Nacht« ist sehr stark geprägt von schiitischem, genauer
gesagt: ismaelitischem Denken. In ihrem Bereich gab es immer die Tendenz zu mehr Gedankenfreiheit und Liberalität.[49]

III DER SUFISMUS –
DIE ISLAMISCHE MYSTIK

Askese und Bruch mit Welt und Gesetz

Der Sufismus ist *das* herausragende Zeugnis für islamische Spiritualität. Er stellt sich in bewußten Gegensatz zu jedem Versuch einer Reduzierung des Religiösen auf seinen gesetzlichen und buchstäblichen Aspekt. Statt Sufismus könnte man auch sagen »islamische Mystik«.[50] Das Wort »Sufi« leitet sich wahrscheinlich ab von dem arabischen Wort für Wolle (ṣūf); denn die Sufis waren bekleidet mit für sie typischen, sehr einfachen Gewändern aus Wolle. Vielleicht hat aber auch die andere Ableitung recht, die auf das arabische Wort für »rein« (safā) hinweist bzw. auf das griechische Wort für Weisheit (sophia). Die drei etymologischen Deutungsversuche schließen sich nicht gegenseitig aus. Was die »Weisheit« betrifft, so haben die einzelnen Stufen, Fortschritte und Ergebnisse der »Technik« der geistigen Askese auch ein beachtliches Gebäude einer Metaphysik errichtet, später ʿirfān genannt, »Gnosis«. Tendenziell geht es grundsätzlich um eine *Verinnerlichung* des Offenbarungsinhaltes. Die (schiitische) Polarität von šarīʿa (Gesetz, die buchstäbliche Offenbarung) und ḥaqīqa (die geistliche Wahrheit als personale Realisierung, als persönlich durchlebte Aneignung), diese Polarität, zu der der mystische Weg (ṭarīqa) des Sufi führt, ist ein ganz wesentliches Merkmal des Sufismus. So sind die späteren Schwierigkeiten bzw. Auseinandersetzungen mit dem »offiziellen« Islam schon vom Ursprung und Wesen her vorprogrammiert. Die ersten Sufis, die sich auch ausdrücklich so nannten, waren wahrscheinlich Mitglieder einer schiitischen (!) Gruppe in Kufa im 8. und 9. Jahrhundert.
Alle moslemischen Mystiker haben gemeinsam, daß sie ih-

ren spirituellen Stammbaum in ununterbrochener Sukzessionskette von einem Meister zum anderen auf das jeweils erste Glied zurückführen, nämlich auf einen Imam aus der Familie des Alī. Die Gegenwart des Imam ist offenbar die Garantie für die Echtheit der geistlichen Geburt. So verbindet sich der Sufismus durch seine innere Struktur sehr eng mit der Schia. Man spricht sogar von den »*zwei* Gesichtern« der *einen* islamischen Gnosis.

Die Sufi-Bewegung insgesamt ist wesentlich gekennzeichnet durch den Gedanken des *Weltverzichts* (al zuhd fī al-dunyā), der aber nicht in einem radikalen Bruch mit der Alltagswelt besteht, sondern in einer gemäßigten Askese eines sozial durchaus Integrierten, die die Grenze gediegener Frömmigkeit kaum übersteigt. Man darf nicht vergessen, daß das Denken damals ganz auf das Juridische, Gesetzliche, Politische einer entstehenden großen Gemeinschaft gerichtet war. Im Vergleich hierzu allerdings muß man bezüglich des Verhaltens und der Grundeinstellung des islamischen Mystikers denn schon von der Symptomatik eines *Bruchs* mit dem so Etablierten sprechen. Die zentrale Losung hieß: »Fremdheit« (arab. ġurba). Ein Fremder (ġarīb) mußte man sein angesichts einer verdorbenen und durch schlechte Führer irregeleiteten Welt! Gegengewicht wollte man sein gegen die Vergesetzlichung, indem man z. B. den Zölibat befürwortete (aber nicht verallgemeinernd als Pflicht für alle!), vegetarisches Essen, ungewöhnliche Kleidung (noch luxuriöser als bei Hofe, noch ärmlicher als bei den Armen, beides als Provokation und Zeichen!), das Eremitendasein, das ziellose Herumwandern, das Betteln, das Verweigern der kultisch-rituellen Pflichten (z. B. des wichtigen allgemeinen Freitagsgebets) . . . Insgesamt war es mehr eine Mystik der *Erfahrung* als des Denkens. Nur weniges ist schriftlich überliefert, wie z. B. die Dichtung der Sufi-*Frau* Rābiʿa (✝ 801), die man in den Straßen von Basra sah, eine Fackel in einer, einen Eimer in der anderen Hand tragend; und auf die Frage nach dem Sinn ihres Tuns antwortete sie:

»Ich will Feuer ins Paradies werfen und Wasser in die Hölle gießen, damit diese beiden Schleier verschwinden und niemand mehr Gott anbetet aus Sehnsucht nach dem Paradies oder aus Höllenfurcht, sondern einzig und allein aus Liebe zu Ihm.«

Bis heute ist dieses Motiv der absoluten Liebe, die nicht mehr nach Lohn schielt, ein zentrales Thema sufischer Dichtung. Die sog. »Orthodoxie« weigerte sich grundsätzlich, für das Verhältnis Gottes zum Menschen und umgekehrt den Begriff »Liebe« zu verwenden. Für sie gab es nur den Gehorsam. Die Mystiker beriefen sich auf Sure 5,59, wo vom Gott-Mensch-Verhältnis gesagt wird: »Er liebt (ḥubb) sie und sie lieben ihn.«

In dieser Anfangsperiode ist das mystische Lebensmodell dem Islam insgesamt noch sehr äußerlich. Außerislamische und außermystische Einflüsse werden nicht geleugnet (z. B. aus dem Christentum oder der schiitischen Gnosis). Trotzdem gilt: Diese erste Mystik des »*Bruchs*« macht, genauso wie die später *integrierte* sufische Bewegung, den *Koran* zur entscheidenden Grundlage ihrer Meditationen und Übungen. Die Sufis wollen grundsätzlich Moslems sein und fühlen sich ganz als solche.

Die Wiege des Sufismus steht im Irak: in den mystischen Zirkeln von Bagdad, Basra, Kufa. Inhaltlich ging es hauptsächlich um die Erziehung der Seele, ihre Reinigung von bösen Neigungen; um die Liebe zu Gott, überhaupt um den aus Gnade gewährten Aufstieg zu ihm durch eine Reihe von immer weiter fortschreitenden Etappen und Stufen. Ziel des Weges ist die Vereinigung mit Gott, das Aufgehen, das »Ent-Werden« (fanāʾ) in ihm. Ein besonders dazu geeignetes Instrument ist der »ḏikr«, die unablässige Wiederholung des Namens Gottes, auch bestimmte Litaneien. Rituelle Tänze und geistliche Musik kommen erst später hinzu. Es bilden sich auch erste Ansätze zu einer »mystischen Lehre«, unter der Anleitung und Führung eines »Meisters« (šaiḫ). Damit ist

aber auch die Gefahr erster »dogmatischer« Auseinandersetzungen mit der »Orthodoxie« gegeben. 922 endet der berühmte Sufi Al-Ḥallāǧ in Bagdad am Galgen. Sein oft mißver-
standener Ausspruch »Ich bin die Wahrheit« (anā al-ḥaqq)
hatte ihm 10 Jahre Gefängnis und den Märtyrertod gekostet.
Wir werden noch untersuchen, ob es berechtigt ist, hier von
einem Pantheismus zu reden bzw. vom »Untergang des Ich«.

Die Entwicklung zu »Orden«

Das tragische Ende des Al-Ḥallāǧ ist der Schlußpunkt dessen,
was wir »Mystik des Bruchs« genannt haben. In der Folgezeit
bewegt sich der Sufismus mehr hin zu einer *Integration* in die
Sunna, auch zu mehr »Diskretion« in dem Sinne, daß die Hö-
henflüge mystischer Spiritualität nur noch den schrittweise
dazu Vorbereiteten und schon Befähigten vorbehalten werden. Im übrigen spielen die Mystiker, nachdem mit Mohammed als dem »Siegel der Propheten« jedenfalls für die Sunna
der Prophetenzyklus geschlossen ist, mehr und mehr die Rolle
von »Fürsprechern«, »Mittlern«, die den Segen (baraka)
Gottes übermitteln.

Die letzte wichtige Phase in der Geschichte des Sufismus
beginnt mit der Einrichtung von »Bruderschaften«, »Orden«
(tarīqa, wörtlich »Weg«) im 12. Jahrhundert. Das ist das Sufi-
tum, wie man es heute kennt. Es gab Bruderschaften vorneh-
mer, aristokratischer Art, z. B. die Mewlewis in der Türkei
des 13. Jahrhunderts, deren Patron der berühmte Šaiḫ und
Dichter von Konya, Ǧalāl al-Dīn Rūmī war. Es gab aber auch
volkstümliche Orden, z. B. die Rifāʿiyya (Heulende Derwische) von Babylon. Viele damals gegründete Sufi-Orden bestehen noch heute (sehr bekannt z. B. die Qādiriyya). Weil die
Organisation der Sufis in Bruderschaften oft leider auch zu
einer Art Nivellierung des religiösen Denkens und Handelns
geführt hat, haben manche große islamische Mystiker allein

für sich gelebt, z. B. der berühmte Ibn ʿArabī im 13. Jahrhundert.

Pantheismus und Untergang des Ich?

Für unsere Untersuchung, die besonders die spirituelle Erkenntnis des freien Ich vor Augen hat, ist die Frage von erhöhter Bedeutung, ob man dem überall vorfindbaren Klischee folgt, daß nämlich islamische Mystik letztlich Pantheismus beinhaltet, daß die Begegnung mit Gott den Untergang des Ich bedeutet, oder ob sich hier doch eine differenzierte Sicht auftut. Nun hat schon die wohl bedeutendste Expertin hinsichtlich islamischer Mystik, Annemarie Schimmel, darauf hingewiesen, daß der für diesen angeblichen »Untergang« verwendete Ausdruck »fanā« zunächst einmal nicht ein ontologischer, sondern ethischer Begriff ist, der nicht auf das Sein als solches abzielt, sondern auf das Handeln des Menschen. Es geht hier um das »Ent-Werden« von den menschlichen Eigenschaften und die allmähliche Vergeistigung. Mit dem buddhistischen Nirwana etwa hat das absolut nichts zu tun. Es geht um die Rückkehr des Menschen zu dem Zustand, »wie er war, als er noch nicht war« (so lautet eine berühmte Formulierung von Ǧunaid aus dem 10. Jhdt.), also zur vorgeburtlichen geistigen Welt, zu dem Punkt, von dem die Welt und der Mensch ausgegangen sind, wo die Einheit noch nicht in die Zweiheit sich entwickelt hatte.[51]

Begegnung mit dem »Doppelgänger« und höheren Ich

Wenn in Sufi-Aussagen (z. B. bei Al-Ḥallāǧ) die Formulierung auftaucht, der Mensch sei auf der höchsten mystischen Stufe »die (absolute) Wahrheit selbst« (anā al-ḥaqq), oder er sei mit Gott eins geworden (ittiḥād), so ist hier mit Gott zunächst einmal nicht ein anderes Wesen gemeint, sondern die Substanz, aus der der Wesensgrund des Mystikers besteht, jenes unaussagbare, unteilbare, übergestaltige *Eine*, von dem der Moslem in seinem Glaubenszeugnis spricht. Wenn bei Naǧm al-dīn al-Kubrā (gest. 1221) steht, daß die »Selbstheit« (huwiyya) Gottes den Mystiker in dem Maße bedecke, wie die Selbstheit des Mystikers dahinschwinde und schließlich nur noch Gottes Selbstheit bleibe, so ist dabei unbedingt zu bedenken, daß im Sinne Kubrās diese menschliche Selbstheit selbst in zwei Pole sich gliedert, »von denen der eine durch das Ich des normalen Bewußtseins im Verstande, der andere durch das Ich des Un- oder Überbewußten im Jenseits repräsentiert wird, wobei der zweite als die eigentlich schöpferische Potenz das normale Bewußtsein fortwährend speist wie das Öl eine Lampe«.[52] Das Unbewußte wird dem Mystiker also bewußt, und die beiden Pole des Bewußtseins und Nichtbewußtseins fallen zusammen im Zentrum eines neuen Gesamtbewußtseins. Das bedeutet, daß in den eben zitierten Aussagen mit dem Begriff »Gott« oder ähnlichen nur das höchste Ich des Mystikers selbst gemeint sein kann, das, wie beschrieben, aus dem Überbewußtsein heraustritt und im Bewußtsein des Sufi Platz greift, »bis dieser ganz mit derjenigen Instanz eins ist, die er zuvor als Gott angebetet hat und deren Bestimmungen er in seinem Schicksal sich hat erfüllen sehen, die eigene kosmische Person, das transzendentale Ich, dessen Willen er nunmehr selbst übernimmt und im irdischen Handeln verwirklichen wird«.[53] Dieser »Doppelgänger im Übersinnlichen« (šāhid al-ġaib) erinnert stark an die »engelhafte Seelenhälfte« Suhrawardis (gest. 1191).

Der Mystiker ist so der »vollkommene Mensch« (al-insān al-kāmil), der das »Stirb, bevor du stirbst« für sich verwirklicht, sein ganzes Selbst in sein Bewußtsein hereingeholt hat, den Weg zum Quellpunkt seiner selbst zu Ende gegangen ist und so seinen übersinnlich-übergeschichtlichen Ich-Punkt eingeholt hat.

Es geht also nicht um den Untergang des Ich, sondern um die »Aufhebung« (im Sinne Hegels) des irdischen (Teil-)Ich im »himmlischen« Ich. An diesem Gesamtprozeß ist das *Denken* wesentlich beteiligt. Mystik bedeutet nicht: im Gefühlsüberschwang ekstatisch Gott erleben wollen. Der Weg besteht vielmehr in einer harten Schulung des Denkens, durch die die Erkenntniskräfte über den analysierenden Verstand (ratio) hinaus gesteigert werden müssen.

Mystik als Stärkung des Ich: Muḥammad Iqbal

Einer der ganz großen islamischen Gelehrten dieses Jahrhunderts, der universal gebildete Philosoph, Dichter, Staatsmann und Begründer des modernen Pakistan, *Muḥammad Iqbal* (1873–1938)[54] ist nicht müde geworden, immer wieder darauf hinzuweisen, daß die Religion des Islam, auch die Mystik, freie, ichdurchdrungene, selbstverantwortliche Menschen braucht und voraussetzt, und zwar im Denken und im Handeln. Eine der ersten Veröffentlichungen (1915) trägt bereits den bezeichnenden Titel » Die Geheimnisse des *Selbst* « (asrāri chudi). Schon dieser Titel sorgte für erhebliche Unruhe unter moslemischen Gelehrten. Das Selbst (chudi, ein persisches Wort), war es nicht etwas, das ausgelöscht werden oder sich wie ein Tropfen auflösen mußte im unendlichen göttlichen Ozean? Wer aber auf die literarische Form dieses Werkes blickte, dem fiel sofort die Nähe auf zu Rumis berühmtem Werk » Mathnawi « aus dem 13. Jahrhundert. Iqbal hat Rumi wieder von den pantheistischen Verzerrungen gereinigt, die im Laufe der Jahrhunderte dessen Werk befallen hatten. Er weist daraufhin, daß der Zentralbegriff des » Selbst « in positiver Sicht z. B. in Rumis Prosawerk » Von Allem und Einem « eine wichtige Rolle spielt als Ausdruck für die unzerstörbare menschliche Individualität (26). In diesem Sinne will Iqbal einen » Islam ohne Schleier « zeigen: Stärkung und Entwick-

lung des Ich ist eine zentrale Aufgabe auch des sich »hinge-
benden« (»Islam«) Moslem. Keinen Widerspruch, sondern
eine Ergänzung zu dieser Ich-Betonung bildet der Gedicht-
band von 1917 mit dem Titel »Geheimnisse der Selbst-losig-
keit« (bēchudi). Hier geht es um den sozialethischen Imperativ der Selbstlosigkeit eines starken, ja vollkommenen Selbst.

Auch theologisch, im Hinblick auf Allah selbst, betont Iqbal die Personhaftigkeit des göttlichen *Ich* gegenüber einer
pantheistisch verschwommenen Rede vom »göttlichen
Ozean«. Nur als »Selbst« ist Gott schon vorgeschichtlich der
Dialogpartner des Menschen-Selbst in jenem Ewigkeitsbund,
von dem schon die Rede war: »Bin ich nicht euer Herr?« In
einem seiner letzten Verse (in: »Geschenk des Hiǧāz«, 1938)
beschreibt Iqbal das Gott-Mensch-Verhältnis im Bilde von
der Perle, die nicht ohne das Meer denkbar ist: »Das Selbst
besitzt sein Sein durch Gottes Sein, / das Selbst erscheinet nur
durch Gottes Schein. / Ich weiß nicht – wenn der Ozean nicht
wäre, / wo würde dann die Perle leuchtend sein?« (47) Ein solches Vorgehen, die göttliche schöpferische Wirklichkeit als
ein »Ich« zu interpretieren, ist aber nicht schlechter Anthropomorphismus, heißt nicht: Gott nach dem Bild des Menschen zu formen.

Eine deutliche Absage erfährt die Anthropologie Kants;
denn für Iqbal ist »die innere Erfahrung eine von aller Sinnes-
wahrnehmung unabhängige Erkenntnisquelle, die, im Gegensatz zum intellektuellen Wissen, das immer nur Teil-
aspekte erkennen wird, einen Einblick in das Ganze finden
kann« (49). M. Iqbal hat insgesamt Bedeutendes geleistet, was
die Ausgestaltung einer islamischen *Anthropologie* betrifft.
Einige Bausteine dazu haben wir bereits gesammelt. Für Iqbal
(50) ist die gesamte Schöpfung chudi-strukturiert, letztlich
auf das Ich hin konvergierend: »Durch die gesamte Tonleiter
des Seins geht der wachsende Ton der chudi, bis sie ihre Vollkommenheit im Menschen erreicht« (Einleitung zu den »Geheimnissen«). Diese unsterbliche Substanz des »Selbst« ist

nach Iqbal der von Gott den Menschen » anvertraute Schatz «, den dieser nach langem Zögern angenommen hat (wir haben oben davon gesprochen). Iqbal besteht grundsätzlich darauf, daß er seine Anschauungen nur dem Koran entnommen hat. Auch er sieht den Menschen in seiner Würde als » Statthalter Gottes «, der zwar aus dem Paradies vertrieben wird, aber dessen » Fall « als Ungehorsam in der ersten freien Wahl auch den wichtigen Übergang bedeutet vom vor-logischen Zustand zum bewußten Leben (vgl. 52 f.).

Iqbals Betonung des » Selbst « auch für das *islamische* Menschenbild ist natürlich nicht unangefochten geblieben. Er hat betont, daß für ihn » Selbst « einen moralischen und metaphysischen Wert habe und nicht im Sinne von Stolz und Hochmut zu interpretieren sei. Das Selbst geht wie ein Jäger auf » Beute « aus, und die wahre Beute ist Gott: das Selbst schmückt sich mit göttlichen Eigenschaften und schließt so gewissermaßen Gott in sich. Das göttliche Selbst kann sich als eigentliches Wesen, als innerster Kern des menschlichen Selbst, manifestieren: » Nicht Er ohn' uns, nicht wir ohn' Ihn – was ist das? Die Trennung ist nur Trennung in Vereinigung « (56). In diesen Zeilen wird die polare Spannungslage des Selbst zwischen Trennung und Vereinung angesprochen. Niemals aber wird diese (bleibende) Spannung aufgelöst zugunsten eines » Untergangs « des Ich im göttlichen Selbst! In dem Prozeß der Annäherung Gottes und des Menschen gilt das Gesetz: Je näher sich das Selbst dem ganz freien Selbst, nämlich Gott, nähert, desto mehr verwirklicht es seine je zunehmende Freiheit. » Hingabe « (Islam) an Gott *ist* Selbstwerdung des freien Individuums!

Die Ausführungen Iqbals haben uns gezeigt, daß islamische Theologie, besonders Mystik (Sufismus), nicht den » Untergang des Ich « voraussetzt und anzielt. Dies ist festzuhalten und zu betonen angesichts des nicht auszurottenden Klischees von der gegenteiligen Ansicht. So kann auch die islamische Mystik ein fruchtbarer Gesprächspartner sein für den Menschen heute, insofern es ihm um eine ichdurchdrungene, spirituelle Erkenntnis geht und nicht um blinde Unterwerfung unter ein von außen auferlegtes Glaubensdogma. Wir beschließen diesen Abschnitt mit einem längeren, kühnen, zur Auseinandersetzung herausfordernden Gedanken Iqbals aus seinen » Sechs Vorlesungen « von 1930, der noch einmal die Aspekte von Freiheit des Denkens, prophetischer Offenbarung und Mystik in einer Synthese zusammenzusehen versucht (79 f.):

» Die Geburt des Islam … ist die Geburt des induktiven Intellekts. Im Islam erreicht die Prophetie ihre Vollkommenheit, indem sie die Notwendigkeit ihrer Vernichtung erkennt. Das schließt die kühne Erkenntnis ein, daß Leben nicht immer am Gängelband geführt werden kann; daß der Mensch, um volles Selbstbewußtsein zu erreichen, am Ende auf seine eigenen Bestände zurückgeworfen werden muß. Die Abschaffung des Priestertums und erblichen Königtums im Islam, der dauernde Appell an Vernunft und Erfahrung im Koran, und der Nachdruck, den er auf Natur und Geschichte als Quellen menschlicher Kenntnis legt, sind alle verschiedene Aspekte derselben Idee der Finalität. Diese Idee bedeutet jedoch nicht, daß die mystische Erfahrung, die qualitativ nicht von der Erfahrung des Propheten verschieden ist, aufgehört habe zu existieren. Der Koran betrachtet sowohl anfus, Selbst, als auch āfāq, die Welt, als Quellen des Wissens. Gott offenbart Seine Zeichen sowohl in der inneren wie der äußeren Erfahrung, und es ist die Pflicht des Menschen, die wissensspendende Fähigkeit aller Aspekte der Erfahrung zu beurteilen … Der intellektuelle Wert der Idee der Finalität des Prophetentums ist, daß sie danach strebt, eine unabhängige kritische Haltung gegenüber der mystischen Erfahrung zu schaffen, indem sie den Glauben erzeugt, daß alle persönliche Autorität, die einen übernatürlichen Ursprung für sich behauptet, in der Geschichte der Menschen zu einem Ende gekommen ist …«

Ich-Steigerung durch Entwerden

An das Ende unserer kritischen Überlegungen zu den Klischeevorstellungen bezüglich des Sufismus stellen wir ein Gedicht des großen Sufi-Dichters Rūmī (1207–1273), der auch
der Begründer des » Ordens der tanzenden Derwische« war.

Im Meer der Lauterkeit bin ich geschwunden,
Geschmolzen wie Salz.
Zerronnen sind Glaube und Zweifel
An Lehren, ob wahr oder falsch.

Da stieg aus der Tiefe des Herzens
Ein Stern mir, ein leuchtender, auf.
Vor dessen Gefunkel versanken
Die Sieben Rotunden des Alls.

Dieses Gedicht, übersetzt von Johann Christoph Bürgel, beschreibt in seinem ersten Teil den Prozeß des » Ent-Werdens«
(fanā), in dem der mystisch Erlebende aufgeht in der Einheit
mit Allem, »im Meer der Lauterkeit«. Astrid Thalmann[55] hat
in einer kurzen, aber sehr einfühlsamen Interpretation dieses
Gedichts aufgezeigt, daß mystisches Einssein und Ich-Erlebnis sich hier nicht ausschließen, sondern in einer Wechselbe-
ziehung und gegenseitigen Bedingtheit stehen. Zunächst ist
des Mystikers Seele ausgebreitet über alles, sie verschwindet
geradezu im All. Dieses tiefe Gefühl der Einheit bedarf keines
Glaubens, keines Zweifels, keiner Lehren mehr. Und die Gefahr, in diesem Prozeß des Schmelzens, des Zerrinnens, sein
Selbst zu verlieren im Untergang des Ich, ist natürlich sehr
groß. Doch im zweiten Teil des Gedichtes kommt es dann zu
einer zunächst nicht erwartbaren Wende. Mitten aus diesem
Erlebnis des Ent-Werdens heraus, des Ausgegossenseins ins
All, steigt aus der Tiefe des Herzens, aus der Ich-Mitte, ein
starkes Selbst-Erlebnis auf im Bilde des leuchtenden Sterns.
»Das mystische Einssein gebiert dieses starke Ich-Erlebnis.
Wir finden hier nicht zwei einander ausschließende Möglich-

keiten: Entweder Verschwinden im Göttlich-Geistigen oder
Wahrung der Individualität, sondern im Gegenteil: das Erlebnis der völligen Lauterkeit, des Schwindens von Glaube und
Zweifel, *und* das Aufleuchten des Sterns des höheren Ich in
diesem Erleben. Und diese Ich-Kraft wird als so mächtig erlebt, daß nichts anderes davor Bestand hat: Die ganze Welt-
entwicklung, Vergangenheit und Zukunft (»die Sieben Rotunden des Alls«), versinken vor der Strahlungskraft des eigenen Ich.«

IV CHRISTENTUM UND ISLAM –
KONFLIKTE UND KONVERGENZEN

Die Zugehörigkeit zur Religion Abrahams als Grundgemeinsamkeit

Der Islam ist, wie Judentum und Christentum, eine Religion *Abrahams*, abrahami(ti)scher Glaube. Der Koran stellt Abraham (Ibrahīm) als Vater des Islam hin (22,78), als Urbild und Vorbild des unerbittlich reinen Monotheismus, also des *Ein-Gott-Glaubens*.[56] »Abraham war weder Jude noch Christ« (Sure 7,67). Abraham ist *der* Moslem schlechthin (vgl. 51,36; 37,103; 22,77; 2,155), er ist der Vertreter des reinen Ur-Islam (der »millat Ibrahīm«). Der Koran nennt ihn treu, gehorsam gegen Gott, einen gerechten und wahren Propheten, Führer der Menschen, Freund Gottes, gütig, barmherzig. Kurz: Abraham nimmt im Koran unstreitig die innerste Mitte ein.

Es seien kurz die *biblischen* Daten in Erinnerung gerufen: Abraham hatte auf Geheiß und Verheißung Jahwes seine Heimat verlassen. Er sollte zu einem großen Volke gemacht werden (Gen 12). Aber er bleibt mit seiner Frau Sara kinderlos. Er zweifelt. Er zeugt mit seiner Magd Hagar ein Kind. Die schwangere Hagar flieht vor Sara in die Wüste, wo ein Engel ihr den Namen des Kindes bestimmt: Ismael. »Er wird ein Wildeselmensch sein« (Gen 16,12), d.h. die Nachkommen Ismaels, die Araber der Wüste, sind frei und ungebunden wie der Wildesel. Als Abraham 99 Jahre alt ist, gebiert ihm Sara als Geschenk Gottes doch noch den Sohn der Verheißung: Isaak. Nach einem anderen Überlieferungsstrang (Gen 21) schickt Abraham auf Wunsch Saras Hagar und Ismael in die Wüste, wo Jahwe die beiden vor dem Verdursten rettet. »Gott war mit dem Knaben. Er wuchs heran und wohnte in der Wüste und wurde ein Bogenschütze« (Gen 21,20).

Im Koran gibt es nun ein tiefgreifendes Mißverständnis hinsichtlich der Abraham zuteilgewordenen Verheißungen. Der Koran bestreitet nämlich sowohl die Verheißung an Abraham als auch eine bestimmte, daraus abgeleitete Auserwählung des jüdischen Volkes. Er unterstellt dabei, daß das Alte Testament den Heilsplan Gottes *ausschließlich* auf die leibliche Nachkommenschaft Isaaks beschränkt zum Schaden aller anderen Nachfahren Abrahams, letztlich aller anderen Menschen, ja, daß es im Alten Testament so etwas gibt wie eine primitive Gleichsetzung *einer* menschlichen Rasse, nämlich der Nachkommenschaft Isaaks, mit Gottes Heilsplan. Mit dieser Form (Fehlform) von Glaubenslehre ist Mohammed offenbar damals in jüdischen Gemeinden tatsächlich in Berührung gekommen, und von da aus wird seine Ablehnung *dieses* abrahamischen Verheißungsglaubens natürlich verständlich, ja, gerechtfertigt. Aber tatsächlich handelt es sich hier um eine sehr grobe, unechte Auffassung von der jüdischen Religion. (Daß Mohammed übrigens so stark auf die jungfräuliche Geburt Jesu pocht, hat hierin ihren Grund; nicht die leiblich-rassische Abstammung entscheidet, sondern Gottes *all*umfassender, universaler Heilswille.)

Andererseits ist aber die auf Ismael zurückgehende Linie (Araber) in den Augen Mohammeds *nicht* bedeutsamer und *nicht* wichtiger als die Nachkommenschaft Isaaks. Jene schließt diese nicht aus. »Und Abraham befahl es (d. h. das Bekenntnis › Ich habe mich dem Herrn der Menschen in aller Welt ergeben ‹) seinen Söhnen, (er) und Jakob (mit den Worten): › Söhne! Gott hat *euch* eine auserlesene Religion gegeben. Ihr dürft nicht sterben, ohne (Gott) ergeben zu sein. ‹« (Sure 2,132). Nach dem Koran ist also die Abrahamsreligion von ihrem Gründer aus ohne Unterschied seinen Kindern Ismael und Isaak vermacht worden. Beide sind echte »Moslems«. Es gibt hier kein Privileg einer Rasse, auch kein Privileg der Araber.

Man hat oft gefragt, warum gerade die Gestalt des Abraham für Mohammed so wichtig geworden ist. Abgesehen von dem strengen Ein-Gott-Glauben, dem sog. »Ḥanifentum«, das es vereinzelt auch schon zu Zeiten Mohammeds auf der arabischen Halbinsel gab, zu dem auch er sich zählte und für das eben Abraham als der vollendete Prototyp galt, gab es wohl auch mehr persönliche Motive für diese »Seelenver-wandtschaft« beider: die Ähnlichkeit der Berufung und des Schicksals. Die Ähnlichkeit besteht vor allem in der Tren-nung von der Heimat, von den Seinen, in der »Hiǧra«, der Auswanderung von Mekka nach Medina. Eben dieser Auszug ins Exil, in Nachahmung seines Glaubensvorbildes, veranlaßt ihn *auch*, Abraham zum Vater des Islam zu machen.

Noch tiefer vielleicht hat sich Mohammed in Abraham selbst wiedererkannt aufgrund einer gemeinsamen Grundsi-tuation des Lebens: nämlich der Existenz des Menschen in der »Wüste«, fremd in der Welt, letztlich allein vor Gott. Ismael ist zwar ausgeschlossen von der Verheißung, aber trotzdem des Segens teilhaftig. Er wird von Gott *anders* geliebt als der seßhafte Isaak. Wie hatte doch Gott zu Hagar gesprochen im Hinblick auf Ismael: »Er wird ein Wildeselmensch sein. Er wird seine Hand gegen seine Brüder erheben. Und gegen ihn wird sich die Hand seiner Brüder erheben« (Gen 16,12). In-teressant ist in diesem Zusammenhang ein sprachlicher Be-fund. Im Arabischen gibt es, in der Schrift nur durch einen Punkt unterschieden, eine deutliche Nähe zwischen den bei-den Sprachwurzeln ʿarab und ġarab. Erstere bedeutet »ara-bisch«, letztere »fremd«. In *diesem geistigen* Sinn ist der abra-hamische Islam ismaelisch oder »arabisch«: fremd im eigenen Haus. Es gibt in der Tradition des Islam ein Ḥadith, das sehr kennzeichnend ist für das Schicksal des Islam. Danach wurde der Islam nicht geboren im Frieden der Wohnung des Vaters, und er ist nicht dafür geschaffen, im Hause der legitimen, rechtmäßigen Frau zu bleiben. »Der Islam ist in der Fremde geboren und er wird als Fremder enden; selig sind die, die sich zu diesem Schicksal unter Fremden bekennen.«

Nicht zufällig wendet sich der Islam heute besonders an alle Unterprivilegierten. Erscheint das Christentum noch weithin als europäische Religion, als Religion der Weißen, der Sieger und der Unterdrücker, so bietet sich der Islam als Religion derer an, die in der »Wüste« leben, der »Fremden«, der Flüchtlinge, der Unterdrückten.

Abrahams veränderte Mission heute

Abraham ist, religionsgeschichtlich und ideengeschichtlich betrachtet, die »Personifikation eines Bewußtseinsumschwunges«. Die Zeit der unmittelbaren Begegnungen mit dem Göttlichen, die Zeit der ganz vom Geist durchdrungenen Sinnesanschauungen, ging ihrem Ende entgegen, an ihre Stelle trat das klare, aber geistentleerte Denken. G. Röschert[57] sieht in dem mit Abrahams Namen verknüpften Monotheismus gegenüber dem polytheistisch orientierten Heidentum gleichzeitig eine Steigerung und eine Minderung: Minderung insofern, als die Konkretheit des Heiligen in der Natur und in der Seele schwindet, Steigerung insofern, als die Gottesidee in einen höheren Rang erhoben wird.

R. Steiner hat bezüglich unseres Jahrhunderts von der Wiederkehr des abrahamitischen Zeitalters gesprochen. Doch jetzt wirkt Abraham in der entgegengesetzten Richtung im Verhältnis zum zweiten vorchristlichen Jahrtausend. Ging es damals um das intellektuell werdende Ich-Bewußtsein, dem das Ich Gottes begegnen konnte, so geht es heute darum, »das durch die abrahamitischen Religionen entfachte Ich-Bewußtsein spiritualisiert hinüberzuführen in die allmählich auftretenden Erfahrungen der Ätherwelt«.[58] Steiner geht davon aus, daß in diesem Jahrhundert der Menschheit neue Seelenfähigkeiten zuwachsen. Ein neues Hellsehertum wird in verwandelter Form im menschlichen Intellekt, im Ich-Bewußtsein, auftreten. Abrahams Mission hierbei sei, nachdem er damals die Menschheit in ein Gottesbewußtsein innerhalb der sinnlichen Welt hineingeführt habe, sie nun wieder aus ihr herauszuführen in die geistige Welt hinein. G. Röschert sieht in der von R. Steiner prognostizierten, mit der Geistgestalt Abrahams verbunden Veränderung die Ermöglichung einer durchgreifenden Steigerung des Gottes-Erlebens der Menschheit, und zwar auf der Grundlage neuer Fähigkeiten, nicht nur als Wechsel bloßer Überzeugungen. Nach seiner Meinung ist unabdingbare Voraussetzung dafür die Gedankenfreiheit als Glaubensfreiheit. Die wechselseitigen Exklusivitätsansprüche innerhalb der Abrahams-Religionen müssen überwunden werden; denn die geistige Welt ist eine Welt von Veränderlichkeit und fließender Beweglichkeit, die keine Exklusivität duldet.[59] Diese Einsicht muß schwerwiegende Konsequenzen haben für die Prinzipien des interreligiösen Dialogs heute. Im Verhältnis Islam-Christentum hat die Frage nach einem »Sohn« Gottes einen solchen exklusiven, sich gegenseitig ausschließenden, Charakter.

Allah hat keinen Sohn

Der letztlich entscheidende Unterschied zwischen islamischer und christlicher Gottesvorstellung liegt in der Antwort auf die Frage: Hat Gott einen Sohn? Ist Gott in sich trinitarisch strukturiert? Zu diesem Thema hat R. Frieling in seinem exzellenten Buch »Christentum und Islam«[60] das Wichtigste gesagt, darüberhinaus gibt es bis heute nichts Erhellenderes, sowohl was die christliche, als auch was die islamische Sicht und deren jeweilige Begründung angeht. Wir möchten also nachdrücklich empfehlend auf die Lektüre der diesbezüglichen Ausführungen hinweisen (vor allem auf Kap. III, S. 56–88). Wir fassen hier nur die wichtigsten Aussagen Frielings zusammen.

Der eigentümlich starre islamische Monotheismus, der zu

der Linie gehört, die sich von Abraham in Ismael abzweigt, noch bevor durch die Begegnung Abrahams mit den drei»Engeln« im Hain von Mamre die Öffnung zum Trinitarischen hin eingetreten war, läßt Mohammed das Eigentliche des Christentums nicht sehen. Obwohl Ismael aus Abrahams Samen ist, setzt er doch die Linie des Abraham fort, der »keinen Sohn hatte«. Besonders nachdrücklich betont es Sure 19,91–93: »Und sie sprechen: Gezeugt hat der Erbarmer einen Sohn. Wahrlich, ihr behauptet ein ungeheuerlich Ding. Fast möchten die Himmel darüber zerreißen, und die Erde möchte sich spalten, und es möchten die Berge stürzen in Trümmer, daß sie dem Erbarmer einen Sohn beilegen, dem es nicht geziemt, einen Sohn zu zeugen.« Mit der Ablehnung des Sohnes ist auch die Ablehnung der Trinität insgesamt gegeben. Immer wieder heißt es im Koran: »Sagt nicht: ›drei‹.« Dieses Bild vom sohnlosen *Gott* hat aber auch unmittelbar Folgen für das *Menschenbild*. Christlich gesehen steht der Sohn dem Vater als Selbständiger gegenüber. Es handelt sich hier nicht mehr um das Verhältnis vom Vater zum unmündigen Kind, sondern dem Vater steht im Sohn ein freies, eigenes Wesen gegenüber. Der trinitarische Gedanke läßt uns bildhaft erahnen, daß Vater und Sohn im Geiste gegenseitigen Sich-Erkennens, Sich-Verstehens, Sich-Liebens miteinander verbunden sind. Kurz gesagt: »Gott hat einen Sohn« bedeutet, daß seine Einheit nicht exklusiv ist, sondern daß es zu seinem innersten Wesen gehört, in Liebe und Verständnis mit einem freien Gegenüber zu leben (vgl. 62–68).

Wenn es in Sure 19,94 heißt: »Keiner in den Himmeln und auf Erden darf sich dem Erbarmer anders nahen denn als Sklave«, ist dies letztlich auch ein Ausfluß aus dem sohnlosen Gottesbild. Wenn Gott keinen Sohn hat, ist auch der Mensch nicht Sohn, sondern Diener. »Du siehst sie sich verneigen und niederwerfen, Huld begehrend von Allah und Wohlgefallen. Ihre Merkzeichen auf ihren Angesichtern sind die Spur der Niederwerfung« (Sure 48,29). Wie anders spricht da doch das Johannesevangelium vom Menschen: »Ich nenne euch nicht mehr Knechte, denn der Knecht weiß nicht, was sein Herr tut. Euch habe ich Freunde genannt; denn alles, was ich von meinem Vater gehört habe, das habe ich euch zu erkennen gegeben« (15,15). Dieses freie Gegenüberstehen ist auch die Voraussetzung der wahren Liebe. Die altkirchliche Theologie war auf der richtigen Fährte, wenn sie das Geheimnis der Trinität von der Liebe her zu beleuchten suchte. Denn wenn Gott die Liebe ist (vgl. 1 Joh 4,8), dann gehört zu seinem Ich ein Du, und zwar schon von Ewigkeit her, nicht erst nach der Schöpfung der Welt (vgl. 68–70).

Durch die im Sohn möglich gewordene Verbindung der Menschen mit dem Vatergott können diese »vollkommene Söhne des himmlischen Vaters« (Mt 5,45) werden. Paulus spricht von der »Einsetzung in die Sohnschaft«, innerhalb derer wir rufen können: »Abba, Vater« (Röm 8,15).

Dem Fehlen der Sohnschaft im Koran entspricht es, daß Allah nicht als Vater angesprochen werden kann. Stellen, in denen von Allahs *Liebe* gesprochen wird, sind ganz selten und stehen völlig vereinzelt da, so z. B. Sure 5,59: »O ihr, die ihr glaubt – wenn sich einer von euch von seinem Glauben abkehrt, wahrlich, dann erhebt Allah ein Volk, das er liebt, und das ihn liebt.« Die Ablehnung des »Sohnes« macht es für den Islam auch schwierig, sich neben Allahs Alleinwirken eine Selbständigkeit und Freiheit des Menschen vorzustellen (vgl. 71 f.).

R. Frieling sieht in der islamischen Ablehnung des Sohnes auch bedeutsame Auswirkungen für die islamische Mystik, den Sufismus. Er zitiert einen weithin bekannten mystischen Text des Rumi (1207–1273), der so lautet: »Jemand klopft an die Tür des Geliebten (Gottes), und eine Stimme darin fragte: Wer ist da? Er antwortete: Ich bin es. Und die Stimme sagte: In diesem Hause gibt es kein Ich und Du. Und die Tür blieb verschlossen. Da ging der Gläubige in die Einsamkeit, fastete und betete. Nach einem Jahr kam er wieder und klopfte von

neuem an die Tür. Die Stimme fragte wieder: Wer ist da? Und
jetzt antwortete der Gläubige: Du bist es. Da öffnete sich die
Tür.« Frieling zieht hieraus den Schluß, daß im Sinne islami-
scher Mystik der Mensch gleichsam in die Gottheit hin-
einspringt unter völliger Selbst-Aufgabe des eigenen Ich-
Seins. Nach ihm ist bei Allah für ein anderes Ich, für einen
»Sohn«, kein Raum. Im Rechts-Islam steht der Gläubige als
»Diener« Allah zu fern, in der Mystik steht er ihm zu nah und
verliert da seine Ich-Persönlichkeit. Demgegenüber sieht
Frieling in der christlichen Mystik, vor allem in der durch das
Johannesevangelium grundgelegten, eine ausgesprochene
»Ich-Mystik«. Wenn der Mensch den Christus zu sich einläßt,
dann fließen die beiden nicht in eine unterschiedslose Einheit
zusammen, sich ineinander verlierend, sondern die Iche blei-
ben in der Gemeinschaft bestehen (vgl. 72–75). Das paulinische Wort »Nicht ich, sondern der Christus in mir«
(Gal 2, 20) bedeutet durchaus nicht die Verneinung des Ich-
Prinzips; denn dieses »Nicht ich« ist eine nur von einem Ich
zu vollbringende Leistung, die nur unter Beiseiteschiebung
eigener selbstischer Interesseninhalte für den Christus, der
aufzunehmen ist, Raum zu schaffen vermag (75).
Eine ichlose Mystik sieht Frieling auch in dem koranischen
Satz ausgedrückt:» Zu Allah ist die Heimkehr«. Diesen Satz
deutet er im Sinne einer Richtung nach rückwärts, und zwar
als ein Abstreifen all dessen, was sich als persönliches Leben
heranentwickelt hatte. Auch die errungene Selbstbewußt-
seinskraft gehe dadurch wieder verloren. Der leidensvolle Er-
denweg erscheine als Irrweg und werde rückgängig gemacht.
Der Mensch fließe so wieder zurück in den Ozean der Gottheit und verlöre sich darin vollständig. Der Mensch werde
dann wieder so wie einst vor dem Anfang, als ob nichts dazwi-
schen geschehen wäre. Die große Veranstaltung der Schöpfer-
mächte, die im Laufe von Äonen endlich die Möglichkeit eines
freien Erdenmenschen herbeigeführt hatte, sei damit für vergeblich erklärt. Der ganze göttliche Aufwand sei so vertan.

Wir haben oben dargelegt, daß und inwiefern diese letztlich pantheistische, jedenfalls »ichlose« Deutung der islamischen Mystik nicht stringent ist, daß vielmehr es sich in der mystischen Begegnung zwischen Gott und dem Menschen um einen Prozeß handelt, aus welchem das Selbst des Menschen, sein Ich, erhöht, gesteigert und gestärkt hervorgeht. Auch in der mystischen Begegnung bleibt das Wechselspiel zweier Freiheiten bestehen.

Offenbarung gegen Erkenntnisautonomie?

Auch P. N. Waage knüpft in seinem Buch »Wenn Kulturen kollidieren. Islam und Europa – Das Phänomen Salman Rushdie«[61] an die gewichtigen Aussagen Frielings an. Doch seine Schlußfolgerungen daraus erscheinen uns überzogen. Für ihn führt die Erfahrung, daß Gott einen Sohn hat und dreifaltig ist, folgerichtig dazu, »die menschliche Meinungsfreiheit und wahrheitsschaffende Fähigkeit über die göttliche Offenbarung zu setzen« (88). »Sohn Gottes« bedeutet »Identität zwischen Gott und dem Menschen« (88). Natürlich kann der Mensch dadurch selbst in ein Sohn-Verhältnis zu Gott treten, wird er dadurch zum »Mit-Arbeiter«, zum Partner Gottes, kann er Gott dadurch etwas zurückgeben.

Das Argumentieren mit dem Sohn kann aber auch zu einer religiösen Ideologie ausarten, in der dann diese Idee zu stark verobjektiviert, vergegenständlicht, wird. G. Roschert hat Recht, wenn er in diesem Zusammenhang darauf hinweist, daß der Koran kein fundamentaltheologisches Lehrbuch ist, sondern seine Aussagen imaginativ und gleichnishaft sind (die Bibel übrigens genauso!). »Auch die christliche Überzeugung, daß Gott einen Sohn habe und dieser sogar Mensch geworden sei, ist gerade im Lichte der Trinitätsidee von enormem Tiefgang und keineswegs buchstäblich zu nehmen.«[62] Wenn die Verständigung mit dem Islam gelingen soll, muß

man über die zu stark objektivierende Methode hinauskom-
men.

Sohnwerdung ist letztlich ein *Erkenntnisprozeß*. L. Ravagli
sieht es so: Die biblische, paulinische Kraft der »Sohnset-
zung« (hyiothesia) besteht in der Erfassung seines *eigenen*, un-
sterblichen Wesenskernes, seines eigenen geistigen Selbst *im*
Pneuma Gottes, des Sohnes, des Logos; der Mensch »bedarf
dazu keiner äußeren, vermittelnden Instanz, keines Mystago-
gen oder Thaumaturgen mehr, sondern er vollzieht in sich
selbst, aus eigener Kraft, durch Zuwendung zu dem immer
schon potentiell in ihm vorhandenen universellen Geiste die
Teleiosis, die Weihung oder Einweihung in das göttliche Sein,
in das Gott-Sein«.[63] Paulus drückt das so aus: »Erneuert
euch, indem ihr den Geist in euer Denken aufnehmt«
(Eph 4, 22: ananeusthai de tō pneumati tou noos hymōn). Es
kommt dabei zu einer Wesensdurchdringung (»Pericho-
rese«): Ich im Geist, der Geist in mir. Der sich offenbarende
Logos-Geist und das denkende Ich stehen nicht im Gegeneinander, sondern in innerster Durchdringung!

An Waage ist die Frage zu richten: Waren es (in dieser Exklusivität) wirklich nur die Aufwiegler und Zweifler, diejenigen, die die Freiheit verteidigten, ein Abtrünniger werden zu
dürfen, waren es nur sie, welche die Idee, daß Gott einen
Sohn hat, konsequent weiterführen? Allein die Möglichkeit
zum Bösen bürgt für die Wirklichkeit der Freiheit. Dem können wir voll zustimmen: Die Weltgeschichte ist in der Tat das
Wechselspiel zweier Freiheiten, Gottes und des Menschen.
Aber: Inwiefern sind diejenigen (in Europa und) im Christentum, »die dem Prinzip der Offenbarungswahrheiten – den
Dogmen und Vorurteilen – den Vorrang vor der persönlichen
Meinungsbildung einräumen« (128), schon »islamische Ket-
zer« (vgl. 108) innerhalb des Christentums? Müssen Offenbarung und persönliche Erkenntnis eines freien Ich sich a priori,
von vornherein, und grundsätzlich und wesensnotwendig
ausschließen? P. N. Waage scheint dies zu bejahen.

An die Stelle des Gottes Kraft selbst an sich reißen wollenden prometheischen Menschen, der selbstherrlich und allein Wahrheit und Moral schafft (vgl. 138), für den die Bezeichnung »Gott« nur die Vorstellung bedeutet, »daß der Mensch in seinem Handeln einer äußeren Autorität folgen und eine bereits vorliegende Wahrheit auf Erden verwirklichen soll« (129), muß der »pontifikale Mensch« treten, der »Brückenbauer«, der Himmlisches und Irdisches verbindet. Und der ist auch im Menschenverständnis des Islam sehr wohl zu finden!

Damit hier keine Mißverständnisse entstehen: Natürlich muß die Wahrheit der Offenbarung erst zu meiner eigenen Wahrheit werden dadurch, daß ich sie mir denkerisch und existentiell an-eigne. R. Steiner[64] jedenfalls sieht hier nicht nur nicht einen Gegensatz, sondern für ihn bilden Offenbarung und Denken eine sich ergänzende Einheit. Oder wie anders sollte man sonst seine prinzipiellen Aussagen verstehen: »Der geistigen Welt gegenüber darf man mit den Forschungen niemals spekulieren, niemals etwas ausdenken, sondern nur die Vorbereitungen treffen, daß etwas aus der geistigen Welt heraus sich offenbaren kann. Wer da glaubt, die geistige Welt zwingen zu können, daß sie ihm dieses oder jenes offenbart, der wird sich gar sehr irren, der wird nur Irrtümer aus ihr herausbekommen. Man muß vorbereiten dasjenige, was man erhoffen kann, mehr oder weniger gnadevoll geoffenbart zu bekommen aus der geistigen Welt heraus.«

Simplifizierende Schlagwort-Etikettierungen, generalisierende Verdächtigungen, fördern eher Konflikte, als daß sie zu Konvergenzen führen. Einfühlsame, differenzierende WahrNehmungen sind gefragt für eine Kultur des Dialogs. Auf jeden Fall bedürfte der Begriff der »Offenbarung« bzw. »Offenbarungswahrheit«, auch im anthroposophischen Sprachgebrauch, dringend einer fundamentalen Klärung.

Differenzen im Gottesbild: » Sagt nicht: Drei! «

Aus der oben dargestellten Betonung der Einheit und Einzigkeit Gottes auf islamischer Seite ergibt sich zwangsläufig die
Ablehnung der christlichen Trinitätslehre. Immer und immer
wieder heißt es in den Suren des Koran: » Und sagt nicht:
›drei‹! « (wa-lā taqūlū ṯalāṯatun) Von Interesse ist aber nun die
islamische Darstellung der christlichen Trinitätslehre im einzelnen; denn dabei zeigt sich, daß Mohammed bei den christlichen Gruppierungen, die er antraf, eine im Verhältnis zur biblischen und traditionellen Trinitätstheologie abweichende
Variante vorfand. Und gelegentlich wird die Frage gestellt,
was geschehen wäre, wenn Mohammed der » orthodoxen «,
authentischen christlichen Trinitätslehre begegnet wäre.

Kurz und bündig faßt Sure 112 die islamische Gottes-
lehre zusammen: » Er ist Gott, ein Einziger, Gott, durch und
durch... Er hat weder gezeugt, noch ist er gezeugt worden.
Und keiner ist ihm ebenbürtig. « Die größte Sünde ist die
» Beigesellung « (širk), die darin besteht, Allah noch einen anderen Gott hinzuzufügen. Gott ist sich selbst genug. » Er hat
sich weder eine Gefährtin noch ein Kind zugelegt «
(Sure 72, 3). Bezüglich des Verhältnisses Jesu zu Gott bzw.
Allah gilt die klare Aussage in Sure 4, 171: » Ihr Leute der
Schrift! Treibt es in eurer Religion nicht zu weit und sagt gegen Gott nichts aus als die Wahrheit! Christus Jesus, der Sohn
der Maria, ist nur der Gesandte Gottes und sein Wort, das er
der Maria entboten hat, und Geist von ihm. Darum glaubt an
Gott und seine Gesandten und sagt nicht ›drei‹! Hört auf!
Das ist besser für euch. Gott ist nur ein einziger Gott. « Jesus
(arab. ʿĪsā) wird hier als » Messias « (masīḥu, griechisch » Chri-
stos «) bezeichnet, als Gesandter (rasūl, griechisch apostolos)
wie Abraham und Moses, als Allahs » Wort « (kalima, griech.
» Logos «), und als Allahs Geist (rūḥ, griech. » Pneuma «). Allerdings haben diese so christlich klingenden Begriffe » Wort «
und » Geist « durchaus nicht dieselbe Bedeutung und das glei-

che Gewicht wie Logos und Pneuma in der neutestamentlichen Christologie. So wie Allah zu allem Geschaffenen gesagt hat: »Sei!«, und es wurde existent, so auch zu Jesus. Auch er gehört ganz auf die Seite des Kreatürlichen: »Jesus ist vor Allah gleich Adam« (Sure 3,52).

Mohammeds Vorstellung von christlicher Trinitätslehre kommt besonders deutlich zum Ausdruck in Sure 5,116, wo es heißt: »Und als Gott sagte: ›Jesus, Sohn der Maria! Hast du etwa zu den Leuten gesagt: »Nehmt euch außer Gott mich und meine Mutter zu Göttern!«?‹ Er sagte: ›Gepriesen seist du! Ich darf nicht sagen, wozu ich kein Recht habe‹.« Hieraus und aus den vorangegangenen Zitaten wird deutlich, daß Mohammed also gegen eine angebliche christliche Götterdreiheit polemisierte, gegen eine Art Götterfamilie, die aus folgenden Personen bestand: Allah der Vater, seine Ehefrau die Göttin Maria, Jesus, der Sohn beider, der einer fleischlichen Zeugung entstammt. Da aber Allah in sich selbst vollkommen ist und nichts bedarf als seiner selbst, hat er es auch nicht nötig, sich eine Frau zu nehmen, um dann von ihr einen Sohn zu bekommen. Jesus ist und bleibt ein »Diener Allahs«.

Die Quellen, aus denen Mohammed diese pseudo-christliche Vorstellung schöpfte, sind historisch nicht konkret ausfindig zu machen. Gab es damals vielleicht eine christliche »Sekte«, die Maria als Göttin verehrte? Es gibt die Meinung, Mohammeds Gewährsmänner für diese Auffassung hätten zwar das Pneuma als dritte göttliche Person gekannt, dieses aber (wie *die* »Weisheit«, Sophia) als ein weibliches Wesen angesehen und so für die Mutter Jesu gehalten. Andere meinen: Weil nach Sure 4,171, wie eben zitiert, Jesus mit dem Pneuma in eins gesetzt wird, damit aber der »dritte Platz« leer blieb, mußte Maria diesen besetzen. Andere verweisen auf eine Stelle in der Häresiegeschichte des christlichen Theologen Epiphanius (ungefähr 375 n. Chr.), wo von arabischen Frauen die Rede ist, die versuchen, Maria an die Stelle Gottes zu setzen. So ist also insgesamt nicht auszuschließen, daß zur

Zeit Mohammeds am Rande des Christentums es eine solche »trinitarische« Vorstellung gegeben hat, die Mohammed als *die* christliche Vorstellung kennengelernt hat und aus der heraus dann verständlicherweise seine Ablehnung legitimiert ist. Daraus resultiert dann auch die Berechtigung für die heute im christlich-islamischen Dialog gestellte Frage, wie Mohammed sich verhalten hätte, wenn er die authentische Gotteslehre des Christentums vor Augen gehabt hätte.

Was die eben beschriebene Bezeichnung Jesu als »Geist von ihm«, nämlich Allah, betrifft, so muß noch einmal betont werden, daß diese koranische Sicht wenig zu tun hat mit dem, was die christliche Theologie »Pneuma Gottes« nennt. Jesus ist Geistträger wie *alle* anderen Moslems *auch!* Vor allem die Propheten, von Abraham angefangen bis Mohammed, tragen in besonderer Weise Gottes Geist in sich. Von *allen* Gläubigen sagt Sure 58,22, daß Allah ihnen »den Glauben ins Herz geschrieben und sie mit Geist von sich gestärkt hat«.

Keine Stellvertretung, keine Erlösung

Was die christliche Theologie des Kreuzes bzw. der Erlösung angeht, so besteht im Koran hierfür keinerlei Verständnis. Jesus der Prophet ist in Wahrheit nicht gekreuzigt und getötet worden: »Sie (die Juden) sagen: ›Wir haben Christus Jesus, den Sohn der Maria und Gesandten Gottes getötet.‹ – Aber sie haben ihn (in Wirklichkeit) nicht getötet und (auch) nicht gekreuzigt. Vielmehr erschien ihnen (ein anderer) ähnlich (so daß sie ihn mit Jesus verwechselten und töteten). ... Nein, Gott hat ihn zu sich (in den Himmel) erhoben.« (Sure 4,157f.) In der koranischen Theologie ist es undenkbar, daß ein Prophet und Gesandter Gottes scheitert; Allah läßt seine Propheten nicht durch Ungläubige töten.

Was die christliche Erlösungslehre angeht, den Gedanken also, daß der Christus Jesus »für uns«, »an unserer Stelle«,

den Kreuzestod gestorben ist, so stößt diese Lehre im Islam
auf absolutes Unverständnis. Zunächst ist Erlösung schon
darum nicht nötig, weil es keine totale Verderbtheit des Menschen durch die Erbsünde gibt. Der Gedanke von Erbschuld
liegt dem Islam völlig fern. Außerdem kann es den zentralen
christlichen Gedanken von »Stellvertretung« überhaupt im
Islam nicht geben, da hier der Grundsatz herrscht: »Keiner
trägt die Last eines anderen« (wa-lā taziru wāziratun wizra
uḫrā, was wörtlich bedeutet: »Und nicht wird tragen den, der
trägt eine Last, ein anderer«, Sure 6,164). Der Koran sähe
eine solche Vorstellung im Gegensatz zu der von ihm vertrete-
nen völligen Eigenverantwortlichkeit des Menschen vor Gott.

Voraussetzungen und Leitlinien für einen Dialog

Was angesichts dieser fundamentalen Differenzen doch noch
mögliche Konvergenzen im Dialog der Religionen betrifft, so
gibt es dazu islamischerseits durchaus schon Ansätze im
Koran selbst. In Sure 3,64 können wir lesen: »Sagt: Ihr Leute
der Schrift! Kommt her zu einem Wort des Ausgleichs (sawā-
in, wörtlich: auf der gleichen Ebene) zwischen uns und euch!
(Einigen wir uns darauf) daß wir Gott allein dienen und ihm
nichts beigesellen, und daß wir uns nicht untereinander an
Gottes Statt zu Herren nehmen. Wenn sie sich aber abwen-
den, dann sagt: Bezeugt, daß wir (Gott) ergeben sind (musli-
mūna)!« Das bedeutet also, daß es eine Ebene des ausglei-
chenden Dialogs geben kann auf der Basis eines strengen Monotheismus; wenn die »Schriftbesitzer«, also vor allem Juden
und Christen, diesen strengen Monotheismus allerdings ab-
lehnen, dann erhebt der Islam für sich den Anspruch, als Vertreter einer *eigenen* Religion anerkannt zu werden. Während
die Möglichkeit einer Annäherung auf dieser prinzipiellen
Ebene noch nicht greifbar ist, hat eine andere im Koran vorge-
schlagene Ebene des Dialogs bereits heute schon größere

Chancen, nämlich die Ebene der Diakonie, des praktischen Dienstes am Menschen. Religionsdialog bedeutet für den Islam gemäß Sure 5,48: »Wetteifert nun nach den guten Dingen!« Dieses dialogale Prinzip des Wetteiferns in guten Werken als Zeugnisgeben für den einen Gott könnte für die Menschheit und die Bewältigung ihrer fundamentalen Probleme heute wichtige Früchte tragen.

Weil Islam und Christentum nicht nur zwei verschiedene Religionen, sondern jeweils auch in ganz unterschiedliche Kultursysteme eingebettet sind, entstehen aus dieser Vermischung von rein religiösen und sozio-kulturellen Verstehensproblemen spezielle Dialogschwierigkeiten. Vielleicht müßten europäische Christen zunächst einmal eine Kommunikation inter*kultureller* Art versuchen, bevor sie sich mit theologischen Fragen beschäftigen. Um eine solche interkulturelle Kommunikation mit dem Ziel eines interkulturellen Lernens voneinander zu ermöglichen, müßten aber erst geeignete gesellschaftliche Bedingungen dafür geschaffen werden, vor allem die Möglichkeit einer »*herrschaftsfreien* Kommunikation« (J. Habermas). Nur eine möglichst große Integration der islamischen Minoritätskulturen in unsere westlichen Gesellschaften könnte die notwendigen Voraussetzungen für eine tolerante multikulturelle Gesellschaft schaffen. Das ist jedenfalls die Sicht und der Wunsch vieler im Westen lebender Moslems.

Der interreligiöse Dialog mit dem Islam wird bei uns auch erschwert durch Auswirkungen von aktuellen politischen und wirtschaftlichen Konflikten innerhalb der immer noch ungleich, asymmetrisch, strukturierten Weltgesellschaft. Im Kampf der Völker vor allem der Dritten Welt mit dem Ziel einer Überwindung dieser ungerechten Strukturen bzw. der Dominanz westlicher Staaten in der Welt wird der Islam nämlich in zunehmendem Maße vereinnahmt, instrumentalisiert, zur Artikulierung der notwendigen emanzipatorischen Kampfideologie. Vom Westen wird dann der Islam als *solcher*

als Ursache des politischen und ökonomischen Konflikts
wahrgenommen. Gegensätze innerhalb der Weltgesellschaft
sind meistens nicht ursprünglich religiös begründet. In dieser
Hinsicht verschleiert die von H. Küng plakativ artikulierte
These »Ohne Religionsfrieden kein Völkerfrieden« die eigentliche Realität.[65]

Weil ein interkultureller und interreligiöser Lernprozeß immer auch ein wenig Einfühlungsvermögen und Sympathie
voraussetzt, sind aus der Geschichte herkommende, in Europa über Jahrhunderte hinweg gepflegte Empfindlichkeiten
mit daraus resultierender emotionaler Ablehnung weitere
hemmende Faktoren.

Insofern Islam und Christentum jeweils einen Absolut-
heitsanspruch erheben, ist speziell der christlich-islamische
Dialog besonders schwierig, weil die Wahrheit des anderen
jeweils total in Frage gestellt wird. Den Christen wird die Verfälschung ihrer heiligen Schriften unterstellt, den Muslimen,
daß sie »falsch abgeschrieben« haben. Auch die grundsätzliche Auffassung vom Wesen der Geschichte trennt beide. Für
die Christen stellt die Geschichte, aufgrund der Fleischwer-
dung und Geschichtswerdung des Logos, grundsätzlich einen
positiven Wandlungsprozeß und Lernweg dar. Geschichtliche
Veränderung ist möglich und nötig. Für den Islam ist Gottes
Wille und Gesetz unveränderlich und nicht dem Wandel hi-
storischer Bedingungen unterworfen.

Auch bestimmte religiöse *Grundhaltungen* erschweren das
Gespräch, jedenfalls nach dem gängigen Klischeebild, das der
eine vom anderen de facto hat. (Wenn wir hier Phänomene
beschreiben und analysieren, die den Dialog fördern bzw. erschweren, so beschreiben wir zunächst nur *de facto* bestehende
Klischeevorstellungen; bei genauerem Hinsehen und differenzierter Analyse sieht dieses Bild ganz anders aus, wie wir
im Laufe unserer Untersuchung ja zeigen.) Während als
christliche Grundhaltung vor allem europäischer Konvenienz
dem Individuum ein großes Maß an Autonomie, an freier

Selbstbestimmung, zuerkannt wird, wird der islamische Mensch geprägt von Fremdbestimmung, von der heterono-men Unterwerfung unter das Gesetz Gottes. Dies führt zu der Konsequenz, daß einerseits im Westen lebende Moslems der säkularen, modernen Gesellschaft nur mit größter Mühe überhaupt eine gewisse Religiosität zuerkennen können, während andererseits dem aufgeklärten Menschen des Westens der dem Moslem zwangsweise auferlegte Verhaltenskodex für alle Lebenssituationen mittelalterlich und anachronistisch anmutet.

Bescheiden und realistisch müßten also die allerersten Schritte in einem Dialog sein, die darin bestünden, auf beiden Seiten bestehende Ängste und dadurch hervorgerufene Aggressionen abzubauen, und zwar dadurch, daß man in einem offenen und ehrlichen Gespräch sich der gegenseitigen Vorurteile bewußt wird.

Hauptziel eines interreligiösen Dialogs muß immer das gegenseitige Voneinanderlernen sein. Um den anderen optimal und von innen heraus zu verstehen, bedarf es eines möglichst offenen und teilnehmenden Zuhörens. In den Dialog muß immer auch ein Risiko miteinfließen, insofern die Meinung des Dialogpartners vielleicht so überzeugt, daß es zur Korrektur der eigenen Auffassung kommt. Umdenken müssen kann lästig werden! Veränderung und Entwicklung sind entscheidende Elemente eines Dialogs. Insgesamt sind drei Dialog-schritte[66] als Minimum erforderlich: 1. die Ausräumung von Mißverständnissen und intensives Kennenlernen des anderen, so wie er wirklich ist; 2. die Übernahme von Traditions-elementen des Dialogpartners in die eigene Tradition, wenn die Vorzüge des anderen erkannt wurden; 3. ein *gemeinsames* Entdecken neuer Wirklichkeiten, Wahrheiten, die alle in dieser Form vorher nicht kannten: Dialog als Weg zu *neuen* »Offenbarungen« bzw. Erkenntnissen.

V DER ARABISMUS

Arabismus und Islam aus geisteswissenschaftlicher Sicht

Um es gleich vorweg klarzustellen: Was im folgenden unter dem Begriff »Arabismus« zu verstehen ist, hat letzten Endes und im wesentlichen nichts zu tun mit einer Kategorie aus dem Bereich des Geographischen, Nationalen, Rassistischen, Völkischen. Vielmehr geht es hier um ein bestimmtes anthropologisches (menschenkundliches) und kulturgeschichtliches Phänomen, das allerdings, von seinen geschichtlich-geographischen Ursprüngen her gesehen, in seinen ersten Anfängen im Bereich semitisch-arabischer Völker angesiedelt ist. Im wesentlichen zielt der Begriff »Arabismus«, so wie er jedenfalls in der geisteswissenschaftlichen Sicht Rudolf Steiners verwendet wird – und davon handeln wir im folgenden –, einerseits auf eine ganz spezifische Sicht des Menschen als einzelnem, besonders hinsichtlich der Art seines Denkens und Erkennens, seiner Welt-Anschauung, andererseits auf eine bestimmte Sicht vom letzten Sinn und Ziel der Geschichte und der Entwicklung von Welt und Menschheit insgesamt bzw. von der Rolle des »Arabismus« in ihr, eine Sicht, die inhaltlich geleitet und bestimmt wird von der Erkenntnis und Anerkenntnis eines übergeschichtlichen »Planes« seitens der göttlich-geistigen Welt.

Diese *formale* Definition und Klarstellung zu Beginn wird nun im folgenden *inhaltlich* konkret ausgefüllt. Um dem Leser von vornherein einen ersten orientierenden Durchblick durch den komplexen, gelegentlich auch sehr komplizierten Sachverhalt zu ermöglichen, zeigen wir zunächst im Überblick[67] die großen geistigen und geschichtlichen Entwicklungslinien auf, wie sie R. Steiner an vielen Stellen seines umfangreichen Werkes im einzelnen dargestellt hat. Da gibt es zunächst die »normale«, von Christus geführte Entwicklung von Welt und Menschheit nach dem Plane der »guten Götter«. Nach diesem Weltenplan sollte es eine *organische* Entwicklung der einzelnen Stufen des menschlichen Erkenntnisvermögens geben, durch die Entwicklung der Verstandesseele hindurch (in der sogenannten 4. nachatlantischen Epoche, 747 v. Chr. bis 1417 n. Chr.) in die Bewußtseinsseele hinein (in der gegenwärtigen, 5. nachatlantischen Epoche) und dadurch bis an den Geist heran (in der noch ausstehenden 6. nachatlantischen Epoche). Neben dieser bzw. gegen diese normale, gute Menschheitsentwicklung gab es nun den Plan der widerchristlichen Mächte, von denen die Apokalypse des Johannes im Kapitel 13 imaginativ spricht. Diese Mächte wollten die gesamte Menschheitsentwicklung in eine Sackgasse treiben, ihre organische Entwicklung zum Geist abschneiden, und zwar mit folgender Strategie: Alles, was sich der Mensch im normalen, organischen Entwicklungsgang erst durch die *eigene* Tätigkeit seiner Bewußtseinsseele selbst aneignen sollte an geistiger Erkenntnis, und zwar erst im Zeitalter der Bewußtseinsseele, indem er die Kraft seines Ich langsam in strenger Naturforschung entfalten sollte, alles das sollte der dann noch gänzlich unreifen Verstandesseele in *unzeitgemäßer* Offenbarung, ungefähr zwei Jahrtausende zu früh und in schädlicher Form, eingeträufelt werden.

So wäre aber die Menschheit von der weiteren Höherentwicklung zum Geistigen hin abgeschnitten worden. Tatsächlich hat sich im 7. nachchristlichen Jahrhundert eine Weltanschauung herausgebildet, die genau im Sinne dieses Planes gehalten war: der Impuls von Gondischapur. Aber auch rettende Gegenkräfte im Sinne der guten Götter traten auf: Arabismus und Islam haben hier ihre entscheidende Funktion im göttlichen Weltenplan.

Es sollten also im Sinne der widerchristlichen übersinnlichen Mächte der noch in der Entwicklung begriffenen Ver standesseele eine Überfülle spiritueller Weisheit eingeträufelt werden. »In das erst sich ausbildende irdische Gehirndenken sollte dort, wo es am einseitigsten auftrat, seelenbetäubende Offenbarungsweisheit eingegossen werden. Irdisch verhaftet und in den Dienst der Egoität gestellt mußte dadurch das Übersinnliche werden. So wäre dem Menschen im Laufe des Mittelalters eine materialistisch-erdgebundene Wissenschaft vom ›Übersinnlich‹-Irdischen aufgepropft worden... Zum gespenstigen Erdmagier, zum stoffverschriebenen genialen Technik-›Zauberer‹ mußte er werden. Diese materialistische Wissensmagie hätte dem menschlichen Geistesstreben, das in Verstandesegoität stolz sich verhärtet haben würde, vollauf genügt. An die Erdenmaterie geistig gebannt wäre der Mensch gewesen.«[68]

Das für dieses großräumige Ziel geeignete konkrete Mittel mußte dann also lauten: spirituelle Wissenschaft, Gnosis, in solche Menschen hineinzuzwingen, deren Denkungsart ganz besonders intellektuell gehirngebunden und materialistisch orientiert war. Die zuerst genannte Voraussetzung war besonders im hellenistischen Kulturkreis gegeben: dort gab es gnostische Weisheit in Fülle. Die zweite Voraussetzung wurde besonders von den semitischen Völkern erfüllt, von den Syrern und Arabern, die stark zu einem materialistischen Kopfdenken veranlagt waren. In dieses Arabertum also mußte der Hellenismus hineingetrieben werden. Damit wäre, wie gesagt, die normale, organische Entwicklung abgeschnitten worden; die Aufgabe der Gesamtmenschheit, die Verstandes- und Bewußtseinsseele in gehirngebundenem Denken langsam zu entwickeln, hätte nicht erfüllt werden können. Das Denken hätte nicht mehr zunächst nur auf das Irdische beschränkt werden können; darin allein aber hätte es sich zur Freiheit durchringen können.

Der Islam bzw. der von ihm getragene und in gewisser Weise auch beflügelte Arabismus hatte im Weltenplane die Funktion, die Macht der antichristlichen Kräfte zumindest

abzuschwächen. Das religiöse Korangesetz als Gesetz war
dazu teilweise in der Lage. Die Tatsache aber, daß diese Koranoffenbarung ausgerechnet die semitisch-arabischen Völker ergriff und sie in die ganze Welt hinaustrieb, bewirkte andererseits wieder, daß es zu der gefährlichen Verschmelzung
von griechischer Gnosis und semitisch-arabischer Intellektualität kam, was eine Förderung des antichristlichen Impulses
bedeutete. So konnte sich, wenn auch durch den Islam abgeschwächt, jene »großartige«, gnostische und doch sinnlich ge-
bundene naturwissenschaftliche Offenbarungsweisheit aus-
bilden, die viel zu früh und dazu noch von außen in die noch
unreife Verstandesseele der Menschen eingeträufelt werden
sollte, mit dem Ziel einer geistigen Blendung des zarten Ich-
Keimes. Im folgenden soll nun die äußere Geschichte und das
innere Wesen dieses Phänomens Arabismus dargestellt werden.

Schon im *vorislamischen* Arabien finden wir in der Architektur ältester Kultbauten aus jener Gegend erste, aber schon
deutliche Hinweise. W. Schüpbach hat darauf hingewiesen[69],
daß die Kaaba in Mekka, das größte Heiligtum des Islam,
schon sehr alten Ursprungs ist. In seiner quadratischen Form
des Kubus stellt es das geheime Zeichen für die mineralischen
Kräfte der Erde dar. Diese Kubusform wird dann überwölbt
durch die Halbkugel als dem Zeichen des Mondes. So ent-
springen also diese ältesten Grabbauten der Geistigkeit der
Erden-Mondsphäre. Es sollten selbst über den Tod hinaus die
Menschen festgehalten werden im erdgebundenen, mondhaf-
ten Bereich des Todes, mineralisch Verfestigten. Die sonnenhaft schöpferischen Geisteskräfte des Lebendigen wurden damit unterdrückt. Mohammed hat dann auf seine Art diese
mondenhafte Kultur erhalten und erneuert, indem auch er die
schöpferischen Geisteskräfte des Menschen verneinte und alle
menschliche Erkenntnis des Übersinnlichen nur als Weisheit
aus seinem Munde und dem der anderen Propheten hervorgehen ließ. Nach dieser Auffassung konnte der Mensch geistige

Erkenntnis letztlich nur aus der Offenbarung entgegenneh-
men und mußte dieser gegenüber seinerseits absoluten Gehorsam leisten. Diese Tendenzen insgesamt wurden gefördert
durch eine spezifische Seelenstruktur der Araber, die wir im
folgenden darstellen.

Die polare psychische Struktur der Araber

Die arabischen Völker leben auch heute noch im Angesicht
des krassen Gegensatzes von einsamer, lebensbedrohender
Wüste und lebensspendender Oase mit Wasser und Dattelpal-
men, von glühender Sonnenhitze des Tages und eisiger Kälte
der sternklaren Mondnacht. Ein Drittes, ein Mittleres, gibt es
nicht. Die Gesetze von Natur und Landschaft aber prägen
den Menschen wesentlich. So entspricht dem krassen äußeren
Gegensatz die innere polare Struktur der Psyche des Arabers:
sie schwankt zwischen heißer Leidenschaft und kalt berechnendem Intellekt, zwischen abstraktem Denken und fanati-
scher, sinnlicher Triebhaftigkeit. Und so wie es zwischen
Oase und Wüste keinen sanften Übergang, keine Mitte, gibt,
weil das ausgleichende Element des Wassers fehlt, so auch
nicht zwischen glühender Sinnlichkeit und berechnendem Intellekt. Es fehlt die »Herz-Mitte« des menschlichen Fühlens.

Außer im psychischen, anthropologischen Bereich kommt
diese Polarität auch in der Religion de facto voll zur Wirkung:
Zwischen dem rigorosen Korangesetz bzw. der bedingungslo-
sen Unterwerfung unter seine Autorität einerseits und der in
der Phantastik von »Tausendundeiner Nacht« beschriebe-
nen, auch alle sinnlichen Wünsche erfüllenden *Paradies*-Oase
andererseits pendelt die menschliche Seele hin und her. In
Sure 55 wird einunddreißigmal (!) die Frage gestellt: »Und
welche von den Wohltaten eures Herrn wollt ihr wohl verleugnen?« Niemand will und kann sie verleugnen: die vielen
Möglichkeiten der vollkommenen Befriedigung der Wunsch-

natur des Menschen, die im Paradies dann end-gültig und ewig fortbestehen soll. Anthropologisch-menschenkundlich bedeutet dieser Vorgang insgesamt: die schöpferischen, zeugenden Kräfte wurden dem *oberen*, geistigen Spannungspol entzogen und ganz in den Dienst der unteren, niederen Triebnatur gestellt.

Von geistiger »Über-Zeugung« blieb die physisch-organische Zeugung übrig. Das Kalte, Mondenhafte hatte über das Sonnenhafte gesiegt. Übrig blieb das Kalte, das schöpferische Sonnenlicht des Geistes nur noch passiv abspiegelnde Mondenhafte des toten, erstarrten, abstrakten, formalistischen, letztlich zum Materialismus führenden Denkens. Aus der Mitte der Sonne des Herzens konnten keine schöpferischen Impulse mehr in den Geist hinaufsteigen, nur noch nach »unten«.[70] Das Gehirn wird zur »Schädelstätte« des Geistes. Diese Entwicklung ist im Arabismus/ Islam mit absoluter, tödlicher Konsequenz vorangetrieben worden, und zwar in allen Bereichen des Lebens, auch im religiösen.

Hier war an die Stelle der eigenen schöpferischen Erkenntnisfähigkeit des Menschen in bezug auf die göttlich-geistige Welt der von außen, vom Korangesetz, auferlegte »dogmatische« Glaube und *Gehorsam* gegenüber der Offenbarung getreten. Weisheit war jetzt nicht mehr das mühsame Ergebnis eines langen, geduldigen, oft auch schmerzlichen inneren Ringens mit der Möglichkeit des Irrtums. Davon, von dieser ichdurchdrungenen Erkenntnisbemühung, war der Mensch jetzt erlöst und befreit. Er hatte seinen Frieden, aber was für einen Frieden! Dieser Friede war das Ergebnis von Unterwerfung (unter das Offenbarungsgesetz). In diesem Zusammenhang ist es hochbedeutsam, daß die beiden arabischen Begriffe für »Frieden« und »Unterwerfung« auf dieselbe Sprachwurzel zurückgehen: salām – islām (die Konsonanten SLM sind im Arabischen die primären Bedeutungsträger). In Sure 56,25 wird von denen, die im Paradiesesgarten weilen, gesagt, daß sie dort kein Geschwätz und keine Anklage der

Sünde mehr hören, sondern nur noch das Wort »Frieden, Frieden, Frieden «. Die oft zitierte typische unerschütterliche Gelassenheit des Moslem hat hier wohl ihren letzten und tiefsten Grund – geistige und geistliche Friedhofsruhe!

Hier spätestens stellt sich die unerbittliche Frage nach dem *Wozu* dieses Phänomens im sinnvollen Ganzen des Weltenplanes, wenn man bedenkt, daß zur Zeit bzw. vor der Zeit dieses Arabismus ja schon die Blüte der sonnenhaften griechischen Kultur des schöpferischen Geistes bestanden hatte und noch bestand. *Warum* mußte diese untergehen? *Warum* »durfte« der Mensch die darin angelegten Tendenzen zum ganzheitlichen Menschen nicht weiter entfalten? *Warum* dieser Bruch, diese Regression? Wo liegt der Sinn in dieser scheinbaren Sinnlosigkeit?

Zu »verstehen« ist die Funktion und der Sinn des Arabismus nur aus einer übergeordneten, welt-anschaulich ganzheitlichen Sicht, eigentlich nur aus der Perspektive dessen, der weiß, was diese Welt »im innersten zusammenhält«, der weiß, was ihr Sinn und Ziel im Ganzen ist, der weiß, nach welchem Plan, nach welcher Sinnstrategie im großen und Taktik im kleinen die geschichtliche Entwicklung von Welt und Mensch fortschreitet.

Zunächst ist aus der Rückschau von heute schlicht (und dankbar!) festzustellen: Ohne den Arabismus gäbe es unser modernes mathematisch-naturwissenschaftliches Denken nicht. Das abstrakt-mechanistische, hoch formalisierte Denken der Araber war und ist die Grundlage unserer heute so gepriesenen und bewunderten hochzivilisierten abendländischen Kultur! Die Gesetze jedenfalls der *toten* Materie und ihre Kräfte sind wissenschaftlich weitestgehend erforscht bis in die Atomstruktur hinein. Hier gibt es nicht mehr viele Geheimnisse zu lüften. Von hier aus wird eine allererste pragmatische Antwort auf die obige Frage gegeben: »Nur das tote Denken konnte die Wissenschaft und die Beherrschung des Toten bringen, nur der mechanistische Denkablauf das Verständnis der

mechanistisch-physikalischen Abläufe im Naturgesche-
hen.«[71] Doch wohlgemerkt: hier herrscht kein mechanistischer
Ablauf der Geschichte. Das Ganze war vielmehr Absicht!

Wir werden versuchen, diese Planungsstrategie in einem
größeren Zusammenhang und auch die kleinen Einzel-
schritte in ihrer geschichtlichen Konkretion darzustellen.
Bisher haben wir nur festgestellt, *daß* diese kulturellen und
zivilisatorischen Wohltaten des Arabismus unser Europa gestaltet haben, und daß wir in gewisser Hinsicht dafür sogar
dankbar sein wollen und müssen. Wir haben so erste Einsicht
gewonnen in die Funktion des Arabismus heute bzw. in seine
Bedeutung für die Entwicklung in der Neuzeit (dies ist die
zweite große Etappe des Arabismus, der praktische, ange-
wandte Arabismus im westlich-christlichen Bereich im Vergleich zur ersten Phase des »theoretischen Arabismus« im
östlich-islamischen Umfeld). Geblieben ist die schwierigere
Frage: Welchen Sinn, welche Funktion hatte der »theoretische Arabismus« damals, im Vorderen Orient des sechsten,
siebten Jahrhunderts?

Wir wiesen oben schon auf die vor-arabistische Hochblüte
der griechisch-hellenistischen Kultur einschließlich ihres
schöpferischen Menschenbildes hin, in der durchaus noch
Kräfte eines intuitiven Erkenntnisvermögens im Bezug zur
göttlich-geistigen Welt vorhanden, wenngleich im Schwinden
begriffen waren. Die Verstandesseele war entwickelt und
hatte schon den Keim zur höheren Bewußtseinsseele in sich,
durch die der Mensch dann mittels eines ganz individuellen,
vom Ich durchdrungenen Denkens zur vollen Selbstbewußt-
heit gelangen sollte. Das Christus-Ereignis von Golgatha (vorbereitet durch die Jahwe-Religion des »Ich bin der Ich bin«)
hatte dieser Ich-Entwicklung *den entscheidenen* Impuls nach
vorn gegeben. Wenn also widergöttliche Mächte eine wir-
kungsvolle und einschneidende Maßnahme zum Abbruch dieses geplanten Entwicklungsweges durchführen wollten, war
in den ersten nachchristlichen Jahrhunderten die Zeit dafür

gekommen. Wenn die organische Ich-Entwicklung und Geist-
entfaltung abgeschnitten werden sollte, mußte eben an diesem
Ich vorbei bzw. noch *vor* der angemessenen Entfaltung der
Bewußtseinskräfte den Menschen eine Offenbarungsweisheit
von oben eingeträufelt werden, aber vorzeitig, zu früh, und in
falscher Form, d. h. dem tatsächlichen Stand der Ich-Reifung
unangemessen, den Menschen so endgültig abschneidend von
der weiteren Höherentwicklung in Richtung auf die Erkenntnis der geistig-göttlichen Welt, ihn, im Gegenteil, festhaltend
in der irdisch-mondenhaften Sphäre des toten Denkens, dieses allerdings mittels übernatürlich-natürlicher, magischer,
genialer Kräfte zur höchsten und schnellen Vollendung brin-
gend. Wenn dies das angestrebte Ziel im großen war, wie
mußten dann die einzelnen Schritte geschichtlich konkret aus-
sehen? Wir versuchen, dies im folgenden zu beschreiben, indem wir die *Aussagen R. Steiners* zum Arabismus und Islam,
und zwar *chronologisch geordnet*, darstellen.

Arabismus als Weltentwicklungsfaktor

Zum ersten Mal begegnet uns das Thema Arabismus bei Rudolf Steiner in den Stuttgarter Vorträgen vom August 1908.[72]
Es erscheint hier im Zusammenhang der Beschreibung von
Wesen und Entwicklung von Welt, Erde und Mensch. Es wird
beschrieben, wie dem schrittweise sich vollziehenden Herun-
tersteigen der Menschen auf den physischen Plan die Fortent-
wicklung des rein logischen Denkens entspricht, das zu seinem Instrument das ausgebildete Gehirn braucht. Das rein
begriffsmäßige Denken hätte nie in die Welt kommen können
ohne das Weiterheruntersteigen in die sinnliche Welt. Außerdem ist die Ausbildung des logischen Denkens verknüpft mit
dem Verlust der alten hellseherischen Anschauung. Dieser
Verlust ist der hohe Preis für das Erkaufen des logischen Denkens. Die hellseherische Anschauung wird der Mensch sich

dann später zum logischen Denken wieder hinzuerwerben
müssen. Dabei wird vor allem die hinzutretende Kraft der
Imagination hilfreich sein. Damit aber das Spirituelle überhaupt noch gerettet werden konnte, mußte zu eben dieser Ret-
tung ein Zeitpunkt gewählt werden, wo noch nicht der allerletzte Impuls zum rein mechanischen und äußerlichen Denken gegeben war. Christus durfte nicht zu spät erscheinen,
sonst hätte die Menschheit ihn überhaupt nicht mehr verstehen können. Erst danach konnte dann der letzte Impuls gegeben werden, durch den die Gedanken total gebannt und gefesselt wurden an das physische Leben, ein Impuls, der das Denken des Menschen auf seinen tiefsten Punkt hinunterstieß.
Dieser Impuls wurde aus der Sicht Rudolf Steiners durch die
Araber und den Islam gegeben. Der Islam (Steiner spricht
von »Mohammedanismus«) ist nichts anderes als eine besondere Episode in diesem Arabertum, denn in seinem Herüber-
ziehen nach Europa gibt er den letzten Einfluß in das rein logi-
sche Denken, das sich nicht erheben kann zu Höherem, Geistigem« (193). All dies ist das Werk einer geistigen Weltenfüh-
rung, einer Vorsehung: »Erst wird das spirituelle Leben gerettet im Christentum, dann zieht um den Süden herum der
Arabismus nach Europa, das der Schauplatz für die äußere
Kultur werden soll.« (193 f.) Der Arabismus ist nur imstande,
das Äußere zu erfassen. Steiner zeigt dann auf, wie in der arabischen Kunst und Architektur diese innere Eigenart ihren
deutlichen Ausdruck findet: »Sehen wir nicht, wie die Arabeske selbst sich nicht zum Lebendigen erheben kann, wie sie
bei der Form stehen bleibt? Wir können es an der Moschee
sehen, wie der Geist sozusagen herausgesogen ist.« (194) Die
moderne Wissenschaft sieht Steiner veranlagt im »Zusam-
menstoß des Arabismus mit dem Europäertum, das aber
schon in sich das Christentum aufgenommen hat« (194). Steiner sieht in der modernen Wissenschaft eine Ehe zwischen der
ägyptischen Erinnerung an die Weisheit von Eingeweihten
und dem auf das Tote gerichteten Arabismus. Das Weisheit-

lich-Spirituelle rettet sich in den Glauben hinein; das Irdisch-Wissenschaftliche wird ganz vom Materialistischen und von der Gedankenform des Toten ergriffen. » Daß Kopernikus das moderne Sonnensystem überhaupt erfaßt hat, war eine ägyptische Erinnerung. Daß er es in materialistischer Weise gedeutet hat, daß er es zu einem Mechanischen, zu einem toten Rotieren gemacht hat, kommt davon her, daß von der anderen Seite her der Arabismus diese Erinnerung ins Materialistische herunterzog.« (194)

Der größte Impuls für den Intellekt

Anläßlich von Vorträgen zum Markusevangelium im März 1911 in Berlin[73] setzt R. Steiner die »Mahomet-Religion« in Beziehung zur alttestamentlichen Jahve-Religion. Die Religion der Araber ist die »Wiederaufrichtung der Jahve-Mond-Religion in einer andern Form« (171). Das Arabertum ist »wie eine Synthese alles dessen, was die ägyptisch-chaldäischen Priesterweisen gelehrt haben, was in Chaldäa gelehrt worden ist, mit dem, was die althebräische Jahve-Religion lehrte« (172). Ausgesondert wurde bei dieser Synthese alles, was auf hellseherische Beobachtung zurückgeführt war. Es blieb nur noch das Kombinieren, das intellektuelle Forschen, übrig. Die weisheitlich-spirituellen Kategorien der chaldäischen Astronomie und der ägyptischen Heilkunde, aus altem Hellsehen hervorgegangen, treten in der arabischen Religion des Mohammed in anderer, nämlich intellektualisierter und individualisierter Form auf. »Es wird uns da gleichsam auf dem Umwege durch die Araber etwas Durchgesiebtes in Europa hereingebracht – durchgesiebt, indem alle alten Begriffe, die bei den Ägyptern und Chaldäern geherrscht haben, ihrer hellseherischen Bildergehalte entkleidet und in abstrakte Formen gegossen, uns in der bewundernswürdigen Wissenschaft der Araber ... wieder auftauchten.« (172) Während das Chri-

stentum nach R. Steiner einen Impuls gebracht hat, der im
wesentlichen für die Seele da war, so war »der größte Impuls
für den menschlichen Kopf, für den menschlichen Intellekt
auf dem Umwege durch die Araber gekommen« (172). Die
neuzeitliche Kultur konnte nur entstehen aus dem Zusam-
menfluß von Christentum und Islam.

Es gibt in der Geschichte einen fortwährenden Austausch
des direkten Christus-Impulses mit anderen Impulsen, die als
Seitenströmungen auftauchen und sich mit dem Christus-Impuls verbinden. Steiner sieht hier einen Rhythmus von ungefähr sechs Jahrhunderten. Nachdem die Befruchtung von
Christentum und Arabismus im 12., 13. Jahrhundert ihr Ziel
erreicht hatte, kam es in der Renaissance-Kultur zu einer Art
nachströmenden Welle der griechischen Zeit. Diese griechische Welle hatte dann sechs Jahrhunderte Zeit, bis in die Gegenwart hinein, sich auszuleben. Heute stehen wir nach
R. Steiner an einem Übergangspunkt, vor dem Beginn einer
neuen 600jährigen Kulturwelle. Der Christus-Impuls wird
sich wieder mit etwas Neuem befruchten müssen. Diese dem
Christentum zufließende Nebenströmung wird der Buddhismus sein. Steiner betont ausdrücklich, daß aus diesen Ne-
benströmungen heraus keine wesentlichen Erkenntnisse fließen zu einem erneuerten Verständnis des Christentums: weder der arabische Islam noch der Buddhismus bringen uns
Aufschluß über das Zentralgeheimnis des Christus. Ihre Bedeutungen und Funktionen liegen auf einer anderen Ebene,
wie das in bezug auf den Arabismus bereits gezeigt wurde.
Der Buddhismus wird uns unter anderem ein neues Verständnis bringen für Reinkarnation und Karma.

Moslems – die besseren Christen!

Es gehört zwar nicht zum engeren Thema des Arabismus, ist
aber für unseren Zusammenhang von großer Bedeutung,
wenn R. Steiner in den Berliner Vorträgen vom Mai 1916[74]
eine Sure des Koran interpretiert und bei dieser Gelegenheit
den Christen einiges ins Stammbuch schreibt, was ihr über-
hebliches Urteil über die Anhänger des Islam betrifft. Im
Hintergrund steht hier die Lehre von den zwei Jesusknaben.
Zuerst gibt es da jenen Jesus, der die Individualität des großen
Zarathustra in sich trägt, bis zu seinem 12. Lebensjahre heran-
wächst, seinen Leib verläßt und in den des anderen Jesusknaben übergeht, der seinerseits zubereitet ist von jener Seele, die
nicht die ganze Erdenentwicklung mitgemacht hat, sondern
von dieser Entwicklung seit der Zeit zurückgeblieben ist, wo
diese Erde noch nicht zu ihrer jetzigen Materialität herunter-
gestiegen war. In diesem Leibe lebte die Christus-Individuali-
tät drei Jahre. Dieser Jesusknabe hatte unter anderem die besondere Fähigkeit, sofort bei seiner Geburt zu sprechen. Den
ersten Jesusknaben bezeichnet die Geisteswissenschaft als sa-
lomonischen, den zweiten als nathanischen Jesusknaben, der
aus dem Hause Davids stammt. Von diesem nathanischen Jesusknaben ist die Rede in der Sure 19 des Koran, die R. Steiner in den Versen 1–38 wörtlich zitiert und kommentiert.
Nachdem zunächst in den Versen 1–15 von der Gestalt Johannes des Täufers die Rede ist, wird vom Vers 16 ab der Vorgang um die Geburt Jesu geschildert: »Und gedenke auch im
Buche der Maria. Da sie sich von ihren Angehörigen an einen
Ort gen Aufgang zurückzog und sich vor ihnen verschleierte,
da sandten wir unseren Geist zu ihr, und er erschien ihr als
vollkommener Mann. Sie sprach: Siehe, ich nehme meine Zuflucht vor dir zum Erbarmer, so du ihn fürchtest. Er sprach:
Ich bin nur ein Gesandter von deinem Herrn, um dir einen
reinen Knaben zu bescheren. Sie sprach: Woher soll mir ein
Knabe werden, wo mich kein Mann berührt hat und ich keine

Dirne bin? Er sprach: Also sei es! Gesprochen hat dein Herr:
›Das ist mir ein Leichtes‹; und wir wollen ihn zu einem Zeichen für die Menschen machen und einer Barmherzigkeit von
uns. Und es ist eine beschlossene Sache. Und so empfing sie
ihn und zog sich mit ihm an einen entlegenen Ort zurück«
(Verse 16–22). R. Steiner bemerkt dazu: »Sie haben die geistige Empfängnis des Jesus.« (245) In den folgenden Versen
ist es der neugeborene Jesusknabe, der seine Mutter Maria von
ihrer Angst und Unsicherheit befreien will und ihr Mut zu-
spricht. In den Versen 30ff. spricht Jesus von sich selbst:
»Siehe, ich bin des Gottes Diener. Gegeben hat er mir das
Buch, und er machte mich zum Propheten ... Und Frieden
auf den Tag meiner Geburt und den Tag, da ich sterbe, und
den Tag, da ich erweckt werde zum Leben!«

Die sich an den Text und die Kommentierung der Sure an-
schließenden Ausführungen Steiners zeigen, wie tief beein-
druckt er von der »Christologie« dieser Sure ist. Wenn ein
Moslem die Wahrheit dieses Christus-Bildes voll in sich aufnimmt, kann er dadurch viel christlicher sein als jemand, der
zwar den Namen eines Christen trägt, aber in seinem Denken
über Christus weit hinter der hier dargelegten koranischen
Christologie zurückbleibt. »Derjenige, der ihr glaubt, glaubt
wesentlich mehr als mancher, der sich in unserer Zeit nicht
nur Christ nennt, sondern das Christentum von Amts wegen
lehrt? Glaubt der, der an dieses Dokument fest glaubt, nicht
viel mehr von dem Christentum als ein solcher, der sich heute
oftmals Lehrer des Christentums nennt?« (246) Für R. Steiner ist damit der Beweis geliefert, »daß zahlreiche von denen,
die sich unter uns Christen nennen, von diesem Christentum
nicht einmal so viel wissen und glauben, daß sie die Berechtigung hätten, sich Türken [pars pro toto: Steiner meint hier
natürlich die Moslems insgesamt] zu nennen. Man muß schon
in unserer Zeit der Wahrheit ins Antlitz schauen. Wer nicht
glauben kann, daß es sich um ein Ereignis handelt, das nur aus
dem Geiste zu verstehen ist, der ist nicht einmal Türke, viel

weniger ein Christ, und er sagt nicht die Wahrheit, wenn er
sich einen Christen nennt. Er müßte wissen, daß ein Türke
mehr vom Christentum glaubt als er selber.« (247) Es könnte
für die Gegenwart und aktuelle Diskussionen in ihr ausgesprochen sein, wenn R. Steiner darauf hinweist, daß oft »diejenigen Menschen der Geisteswissenschaft die Christlichkeit
absprechen, die noch nicht einmal Türken sich zu nennen die
Berechtigung haben« (247). Weil heute am Christentum »all-
zuviele derjenigen herumarbeiten, die nicht einmal das Recht
haben, sich Türken zu nennen …, so ist es kein Wunder,
wenn durch die offiziellen Vertreter des Christentums ein
wirkliches Begreifen des Mysteriums von Golgatha gerade abgelehnt wird« (252). Die Diagnose, die R. Steiner für seine
Zeit stellte, kann auch für uns heute gelten: »Es wird in der
Tat von vielen Seiten in unserer Mitte eine Lehre verkündet,
die in bezug auf die Jesus-Auffassung nicht auf der Stufe steht,
auf der die Jesus-Auffassung des Türken steht.« (253 f.)[75]

Das Miteinander von Abstraktion und Phantastik

»Über das 9. Jahrhundert der europäischen Verhältnisse«[76]
spricht Rudolf Steiner in einem Vortrag am 14. 1. 1918 in Dornach, wo er klarmacht, daß wir alle, insofern wir an der
abendländischen Bildung teilhaben, zwei deutliche Strömungen in uns haben: nicht nur die eine christliche Strömung,
sondern ganz wesentlich auch die arabische. »In dem, was der
heutige Mensch … über Schicksal, über Naturordnung, über
das Leben überhaupt denkt, darin stecken bis in den Bauern-
kopf hinein die mannigfaltigsten arabischen Gedanken.«
(286) Zwei Elemente sind charakteristisch für diese arabische
Denkweise. Zunächst einmal stellt man fest, daß sie »spitzfin-
dig ist, abstrakt ist, das Konkrete nicht gern hat, daher am
liebsten alle Welt- und Naturverhältnisse in Abstraktionen betrachtet« (286). Daneben aber bemerkt man eine nicht nur

blühende, sondern geradezu wollüstige Phantasieentwicklung. Steiner weist vor allem darauf hin, wie sich neben dieser nüchternen, abstrakten, sich sogar im Künstlerischen zeigenden Denkweise die Phantasie entwickelt hat über eine Art Paradies, über eine Art Jenseits, mit all den Freuden, die aus dem Bereich des Sinnlichen in dieses Jenseits hineinversetzt worden sind. Diese beiden Elemente sind aber nicht nur Vergangenheit, sondern »nüchternes, materialistisches Betrachten von Natur- und Weltverhältnissen, auf der andern Seite üppiges Phantasieleben, selbstverständlich in Abstumpfung dann und im Gescheitwerden ist etwas, was sich bis in die Gegenwart herein fortgepflanzt hat« (286). Steiner weist daraufhin, daß, wenn man heute irgend etwas von der geistigen Welt vorbringen will, die Leute dann noch darauf eingehen, wenn man es ihnen in Form von Phantasie gibt. » Dann brauchen sie nicht daran zu glauben, sondern können es als Phantasiegebilde hinnehmen. Das lassen sie sich gefallen, denn daneben wollen sie das haben, was sie echt, wirklich nennen. Das muß aber nüchtern, das muß trocken, das muß abstrakt sein.« (287) Wenn auch das Arabertum kriegerisch in vieler Beziehung damals zurückgedrängt worden ist, so ist doch die arabische Vorstellungsart tief eingedrungen in das europäische Leben. »Man glaubt gar nicht, wieviel eigentlich in Europa dem Türkentum nahesteht, der mohammedanischen Kultur nahesteht in den Gedanken, die der Europäer über Leben, Schicksal und so weiter hat.« (287)

Die Bedeutung von Gondischapur

In sehr breiter Form kommt R. Steiner in seinen im Oktober 1918 in Dornach gehaltenen Vorträgen zum Thema » Die Polarität von Dauer und Entwicklung im Menschenleben. Die kosmische Vorgeschichte der Menschheit «[77] auf das Thema Arabismus und Islam zu sprechen. Die Entwicklung der

Menschheit steht immer unter dem Einfluß von drei Strömungen: der normalen, ureigenen menschlichen Entwicklung und der beiden Seitenströmungen, der ahrimanischen
und der luziferischen. Ein Knotenpunkt menschlicher Entwicklung war das Jahr 666 nach Christi Geburt, wo diese drei
Strömungen zusammenflossen; allerdings war dieses Ereignis
durch die verworrenen äußeren Verhältnisse so verdeckt, daß
man nicht genau sieht, was eigentlich geschieht, bzw. genauer
gesagt: was hätte geschehen sollen und auch geschehen können, was aber nicht geschehen ist. Die Mitte des 4. nachatlantischen, griechisch-lateinischen Zeitraumes, der sich von 747
v. Chr. bis 1413 n. Chr. erstreckte, war das nachchristliche
Jahr 333, das der Höhepunkt einer normalen, ungestörten
Entwicklung der Verstandesseele gewesen wäre. So ist es aber
nicht gekommen, »weil gewissermaßen schon der Wurm
nagte, der da projektierte 333 Jahre danach, 666, eine ganz
bestimmte Prozedur mit der Menschenentwicklung vorzu-
nehmen« (268). Was da durch die widergöttliche Macht, sym-
bolisiert in der Gestalt des Tieres im 13. Kapitel der Johannes-
Apokalypse, bewirkt werden sollte, bestand darin, daß der
Mensch alle geistig-seelischen Errungenschaften, die er damals noch nicht hatte und in der Gegenwart auch noch nicht
hat, sondern erst in der Zukunft durch eigenes Bestreben erreichen wird, im Jahre 666 zu früh hätte bekommen können.
»Dieses Jahr 666 war bestimmt, die Menschheit geradezu zu
überschwemmen mit einem Erkennen und mit einer Kultur,
die von den der Menschheit ureigenen Göttern eben erst im
3. Jahrtausend der Menschheit zugedacht ist. Es ist nicht aus-
zudenken ... in welche Situation die sogenannte gebildete
Welt gekommen wäre, wenn sie in solcher Weise mit diesem
sechshundertsechsundsechziger Wissen überschwemmt worden wäre. Die Menschen würden in ihrer mangelnden Selbst-
zucht verkommen sein.« (269f.) Diese gefährliche Entwicklung konnte dadurch verhindert werden, daß ein bestimmter
Gleichgewichtszustand hervorgerufen wurde.

Steiner vergleicht diesen Vorgang mit einer Waage, dessen einer Waagebalken von 333 bis 666 reicht, der andere von 333 zurück bis zum Mysterium von Golgatha. Durch den ersten Waagebalken hätten die ahrimanischen Mächte allen Hochmut materialistischer Art mit genialen Kräften in die Höhe gebracht. Das Gleichgewicht konnte nur dadurch gehalten werden, daß 333 Jahre früher das Christuswesen aufgetreten war, das seine eigene göttliche Substanz in die Waagschale der Menschheitsentwicklung geworfen und dadurch das Gleichgewicht hergestellt hat. Nur so blieb die Zukunft der Weiterentwicklung der menschlichen Erkenntnisfähigkeiten offen. Dies alles hat sich gewissermaßen hinter den Kulissen der äußeren profanen Geschichte abgespielt. Doch auch die *äußere* Geschichte liefert uns eine Bestätigung dafür, daß ein solcher Vorgang wirklich stattgefunden hat.

Wer die inneren Zusammenhänge kennt, sieht auch mehr in der äußeren profanen Geschichte. R. Steiner weist auf den Umstand hin, daß im Jahre 529 Kaiser Justinian die griechische Philosophenschule in Athen schließt. Vorausgegangen waren schon andere Maßnahmen des römischen Reiches in ihrem planmäßigen Kampf gegen die griechisch-orientalische Weisheit, im Kampf gegen den Geist. Die großen Weisheitsträger, gelehrte Philosophen, mußten auswandern. Auf dem langen Wege ihres Exils wurden sie schließlich bis nach Persien vertrieben und förderten dort die damals schon in Blüte stehende Akademie von Gondischapur. Steiner hält diese Akademie für äußerst bedeutungsvoll, und ohne ihre Kenntnis »versteht man nichts von der ganzen Entwickelung der neueren Menschheit« (281)! Hier wird der schon ins Syrische übersetzte Aristoteles ins Arabische übersetzt – Gondischapur war 641 von den Arabern erobert worden –, durch diese Übersetzung aber in mancher Hinsicht verfälscht; denn die aristotelischen Begriffe erschienen nun im Licht der arabischen Seele, »dieser merkwürdigen Seele der Araber, wie sie damals war, wo schärfstes Denken verbunden war mit einer gewissen Phantastik, welche aber in logischen Bahnen verlief und bis zum Schauen sich erhob « (282). So entwickelte sich in Gondischapur eine gewaltige Weltanschauung, die aber im denkbar größten Gegensatz stand zu dem, was aus dem Ereignis von Golgatha sich entwickelt hat.

Diese antichristliche Tendenz bei den Weisen von Gondischapur beschreibt Steiner so: » Dieses Bestreben war . . . eine umfassende Wissenschaft, die hätte ersetzen sollen die Anstrengungen der Bewußtseinsseele, die aber den Menschen zum bloßen Erdenmenschen gemacht hätte, ihn abgeschlossen hätte von seiner wirklichen Zukunft, der Hineinentwicklung in die geistige Welt. Weise Menschen würden entstanden sein, aber materialistisch denkende Menschen, reine Erdenmenschen. Tief hinein hätten sie sehen können auch in das geistige Irdische, in das Übersinnlich-Irdische; aber abgeschnitten gewesen wären sie gerade von derjenigen Entwicklung, die dem Menschen zugedacht ist von seinen Schöpfern mit dem Geistselbst, Lebensgeist und Geistesmenschen. Und wer eine Ahnung hat von der Weisheit von Gondischapur, der wird sie zwar halten für eine der Menschheit im höchsten Sinne gefährliche, aber er wird sie zu gleicher Zeit halten für ein ungeheueres Phänomen. Und die Absicht bestand, nicht nur die Umgegend, sondern die ganze damals bekannte zivilisierte Welt, nach Asien und Europa überall hin, mit dieser Gelehrsamkeit zu überschwemmen. « (282)

An diesem historischen Punkt nun sieht Steiner die weltgeschichtliche Bedeutung und Funktion des Arabismus bzw. des Islam angesiedelt. Der großen Bedeutung wegen zitieren wir auch hier einen längeren Abschnitt: » Aber es wurde abgestumpft dasjenige, was von Gondischapur ausgehen sollte, gewissermaßen zurückgehalten von retardierenden geistigen Kräften, die doch zusammenhingen, wenn sie auch wiederum eine Art von Gegensatz bilden, mit dem, was durch den Christus-Impuls beeinflußt war. Es wurde abgestumpft dasjenige, was von Gondischapur ausgehen sollte, zunächst durch das

Auftreten Mohammeds, indem Mohammed eine phantastische Religionslehre verbreitete. Vor allen Dingen über diejenigen Gegenden, über die man verbreiten wollte die gnostische Weisheit von Gondischapur, nahm er sozusagen dieser
gnostischen Weisheit von Gondischapur das Feld weg. Er
schöpfte sozusagen den Rahm weg, und dann segelte dasjenige nach, was von Gondischapur kam, und konnte nun nicht
durch dasjenige durch, was Mohammed getan hatte. Das ist
gewissermaßen die Weisheit in der Weltgeschichte; man kennt
auch den Mohammedanismus erst richtig, wenn man zu den
anderen Dingen noch weiß, daß der Mohammedanismus dazu
bestimmt war, die gnostische Weisheit von Gondischapur ab-
zustumpfen, ihr die eigentliche, stark ahrimanisch versucheri-
sche Kraft, die sie auf die Menschheit sonst ausgeübt hätte, zu
nehmen.« (283) Diese gnostische Gondischapur-Weisheit
wandert nun, wenn auch abgestumpft, über Afrika nach Spanien, nach Frankreich; allerdings wird das Übersinnliche aus
ihr herausgetrieben und nur das Sinnliche zurückbehalten.
Die Tendenz, die Intention, bleibt. So entsteht aus der Abstumpfung der gnostischen Weisheit von Gondischapur das
abendländische naturwissenschaftliche Denken.

R. Steiner nennt ausdrücklich den spanisch-arabischen Gelehrten Averroes (gest. 1198), der für die Entwicklung der
abendländischen scholastischen Theologie eine so große Bedeutung bekommen würde, als tief von der gnostischen Weisheit Gondischapurs beeinflußt. Nach Averroes hat der
Mensch keine persönliche Individualität, sondern das Seeli-
sche im Einzelmenschen ist nur die Spiegelung der einen und
einzigen All-Seele. Dies lag insofern in der Tendenz der Weisheit von Gondischapur, als nach dieser nicht jeder einzelne
Mensch die Bewußtseinsseele entwickeln soll, sondern den
Menschen die Bewußtseinsseelenweisheit als eine Offenbarung von oben herunter zukommen sollte. So wäre in der Tat
der Inhalt der Bewußtseinsseele monistisch geworden; die
einzelnen Bewußtseine wären eigentlich nur Schein gewesen.

Zusammenfassend schreibt R. Steiner: »Der Erdenmensch hat die Wahl in dem heutigen Zeitalter der Bewußtseinsseele, die Wahrheit anzustreben; dann muß er mutig sich dem Geistigen gegenüberstellen. Oder er wählt, das Geistige zu meiden, dann kann er bei der Illusion bleiben, bei der Nichtwahrheit bleiben. Die Akademie von Gondischapur, die wollte dem Menschen ersparen das Streben nach Wahrheit, wollte dem Menschen ersparen die Mühe der Weiterentwicklung, wollte ihm also offenbaren dasjenige, was sie selbst auf ahrimanischem Wege geoffenbart bekommen hat. Die Akademie von Gondischapur, die ihren letzten Schatten, ihr Gespenst in der naturwissenschaftlichen Illusion der Gegenwart hat, diese Akademie von Gondischapur wollte den Menschen zum reinen Erdenmenschen machen. Sie ist in ihren Bestrebungen überwunden worden durch dasjenige, was in die Menschheit schon vor ihrem Entstehen hineingestellt worden ist: durch das Mysterium von Golgatha.« (298)

Impulsabstumpfung und bleibende Gefahr

Der bedeutsame Vortrag »Wie finde ich den Christus?« vom 16. Oktober 1918 in Zürich[78] bringt gegenüber dem bislang Dargestellten noch wichtige Differenzierungen. Steiner spricht zunächst von der Abstumpfung des Impulses von Gondischapur durch den Islam: »Und statt daß eine Weisheit herausgekommen ist, gegen welche alles das, was wir heute in der äußeren Welt wissen, eine ganze Kleinigkeit wäre, statt daß eine Weisheit durch Eingebung in spiritueller Weise über alles dasjenige herausgekommen ist, was man nach und nach durch das Experimentieren und durch die Naturwissenschaft bis zum Jahre 2493 sich erobern wird und das durch eine glänzende, großartige Gelehrsamkeit herausgekommen wäre, sind dann nur die Reste davon geblieben, in dem, was arabische Gelehrte nach Spanien gebracht haben. Aber es war auch schon abgestumpft. Das ist nicht in jener Weise herausgekommen, wie es gewollt war, es ist abgestumpft worden. Und an dessen Stelle ist der Mohammedanismus, ist *Mohammed* mit seiner Lehre geblieben, und es ist nur der Islam anstelle desjenigen gekommen, was von der Akademie von Gondischapur hätte ausgehen sollen. Die Welt war durch das Mysterium von Golgatha abgebracht worden von dieser ihr verderblichen Richtung.« (170)

Steiner betont noch einmal nachdrücklich, daß all diese Vorgänge um Gondischapur gewissermaßen »hinter den Kulissen der äußeren Weltentwickelung«, im Übersinnlichen, vor sich gehen. »Wir müssen solche Ereignisse … in viel, viel bedeutenderen Tiefen aufsuchen, als man gewöhnlich meint.« (171) Doch trotz aller Abstumpfung sind doch starke negative Wirkungen von dem Gondischapur-Impuls ausgegangen und bis heute geblieben. »Zurückgeblieben ist der Menschheit schon etwas von dem, was damals hätte geschehen sollen und was nur abgestumpft worden ist, indem von etwas Großartigem der phantastische, jämmerliche Islam herausgekommen ist … Das ist geschehen, daß dazumal die Menschheit, auf welche der Impuls von Gondischapur gewirkt hat, dieser neupersiche Impuls, der zur Unzeit den Zarathustra-Impuls wieder brachte, daß die gesamte Menschheit … einen innerlichen Knacks bis in die Leiblichkeit hinein bekommen hat.« (171) Steiner spricht auch von einer »Krankheit«, von einem »Stachel« (172); und bei diesem Wort weist er hin auf die paulinische Formel vom »Stachel im Fleisch«. Wer sich, so Steiner, heute ganz diesem Stachel hingibt, wird ein Gottesleugner, ein Atheist. Durch diese Krankheit wird die Seele mehr an den Leib geschmiedet, der Mensch wird »für diese Erde sehr groß« (173) gemacht, ja, selbst nach dem Tode wirkt diese Krankheit in der Weise, daß der Mensch auch dann nicht die Neigung hat, am geistigen Leben teilzunehmen. Der Stachel will den Menschen »vom Erdenleben her konservieren« (173). Das Mysterium von Golgatha hat

dann in bewußter Gegenwirkung erreicht, daß die Menschen-
seele wieder näher an den Geist gebracht worden ist.

In diesem Zusammenhang nennt Steiner auch die katholische Kirche, die nach seiner Meinung sehr stark unter den
Resten des Impulses der Akademie von Gondischapur stand.
Das ist zwar eine ungewöhnliche Sicht, aber: »Die Geschichte nimmt sich eben anders aus, als sie zum Hausge-
brauch der Menschen, die man gerne leiten möchte, von dieser oder jener Seite her oftmals geformt wird.« (174) Nach
Steiner hat die katholische Kirche auf dem Ökumenischen
Konzil von Konstantinopel im Jahre 869 »dogmatisch bestimmt, daß man nicht an den Geist zu glauben habe« (173).
Von ihr »ist der Geist 869 abgeschafft worden. Das Dogma
. . . heißt, man habe nicht an den Geist zu glauben, sondern
nur an Leib und Seele, und die Seele habe in sich etwas Geist-
artiges.« (174) Dadurch ist Finsternis ausgebreitet worden
über das Mysterium von Golgatha. Denn dieses ist in seiner
letzten und tiefsten Bedeutung letztlich nicht historisch be-
weisbar, sondern nur auf eine übersinnliche Weise erschaubar.
Das Mysterium von Golgatha ist aber diejenige Kraft, die den
Menschen vom Tode befreit und »ihn zum Geiste innerlich
hinführt« (174).

Es sei noch eine Erläuterung gegeben zu der wie nebenbei
gemachten Aussage, der Impuls von Gondischapur sei ein
neupersischer Impuls, »der zur Unzeit den Zarathustra-Impuls wieder brachte« (171). Im dritten nachchristlichen Jahrhundert hatte sich im Stammgebiet der altpersischen Kultur
des Zarathustra so etwas wie eine Neubelebung dieser Son-
nenreligion vollzogen. Gondischapur wurde Residenz der
Perserkönige und Zentrum der zarathustrischen Magier-Hier-
archie. Der in die Geheimnisse des hohen Sonnengeistwesens
eingeweihte Zarathustra hatte vor langer Zeit den großen
Sonnengeist verkündet und als dessen Wegbereiter die irdische Inkarnation vorbereitet. Drei Urprinzipien sind Gegenstand dieser Lehre: der aller Wirklichkeit zugrunde liegende

Zurvan (Zeruane akarene = die unerschaffen dahinfließende
Zeit) als Vater der anderen beiden Prinzipien, des Zwillings-
paares Ormuzd und Ahriman (Lichtprinzip und Finsternis-
prinzip). Die neupersische Zarathustra-Religion hat immer
wieder geschwankt zwischen einem fast monotheistisch geprägten Zurvanismus und einem Dualismus von Ormuzd und
Ahriman. Jedenfalls hängen diese drei Grundprinzipien innerlich miteinander zusammen: Was zu einem *früheren* Zeitpunkt in der vergangenen Gestalt Licht und Gutes war,
wurde dadurch zu Finsternis und Bösem in der Welt, daß es
diese vergangene Gestalt in einen *späteren* Zeitraum hinein bewahrt und sich nicht mit veränderter Lage und fortschreiten-
der Zeit in seiner Gestalt gewandelt hat. Nun hatte aber nach
dem Mysterium von Golgatha Zarathustra seine erste Mission
eigentlich erfüllt. Doch ohne durch diesen christlichen Impuls verwandelt zu sein, tritt diese Religion in ihrer früheren,
jetzt »überholten« Gestalt 200 Jahre später wieder auf. Diese
Tatsache verleiht der Ormuzd-Religion den ahrimanischen
Charakter des Anachronistischen, Unzeitgemäßen.

Ahrimanischer Islam und luziferischer Moslem

Die folgenden Äußerungen zur Frage nach der Wesenheit Allahs bedürfen einer klärenden Vorbemerkung. Es geht hier
um eine Antwort Rudolf Steiners auf eine Frage des Stuttgarter Waldorflehrers Johannes Stein anläßlich einer Lehrerkon-
ferenz; die Aussagen Steiners beruhen auf einer privaten Auf-
zeichnung. Ob sie den genauen Wortlaut wiedergeben, ist
nicht verbürgt. Überhaupt sind alle Äußerungen Steiners
zum Islam in seinem großen Vortragswerk jeweils gefärbt
durch die konkrete Fragestellung und Perspektive, müssen
also auch aus ihrem jeweiligen Kontext heraus gedeutet und
unter Umständen relativiert werden. Anlaß zu der Äußerung
Steiners war, wie gesagt, die Frage nach der Wesenheit Allahs.

Diese Frage wird aber nur indirekt beantwortet; denn es erfolgt keine theologische Definition Allahs, sondern, in echt
geisteswissenschaftlicher Art, ein Hinweis auf die damalige
Bewußtseinslage. G. Röschert[79] hat zu diesem Problemkreis
sehr wichtige, erhellende Bemerkungen gemacht, die diese
Aussagen Steiners ins rechte Licht rücken. Wir geben zunächst den überlieferten Text Steiners wieder:»Es ist schwer,
die übersinnlichen Wesen zu charakterisieren, indem man sie
einregistriert. Der Mohammedanismus ist die erste ahrimanische Manifestation, die erste ahrimanische Offenbarung nach
dem Mysterium von Golgatha. Der Gott Mohammeds, Allah,
Eloha, ist ein ahrimanischer Abklatsch, der Abglanz der elo-
histischen Wesenheiten, der Elohim, aber monotheistisch erfaßt. Er bezeichnet sie immer in einer Einheit. Die mohammedanische Kultur ist ahrimanisch, aber die Gemütsverfassung
der Islamiten ist luziferisch.«[80]

Die den Text beherrschenden Stichworte sind die Charakterisierungen von »ahrimanisch« und »luziferisch«. Hiermit
sind aber nicht theologische Inhalte gemeint, sondern bestimmte Phänomene des Bewußtseins. Schon gar nicht haben
diese Charakterisierungen etwas mit einer grundsätzlich nega-
tiven Qualifikation von Judentum oder Islam zu tun. Wir versuchen nun, im Anschluß an G. Röschert, die beiden Charakteristika anhand des Textes konkreter zu erläutern. *Ahrimanische* Tendenz bedeutet zunächst einmal so etwas wie überstar-
ker Einheitsimpuls, Tendenz zur Vereinheitlichung, zum Mo-
nismus, zum exklusiven Monotheismus. Wir haben oben dargelegt, wie beherrschend der Begriff des tauḥīd, der Einheit
und Einheitlichkeit, für den Islam ist. Steiner wollte mit seinen Bemerkungen auf die Gefahr der Exklusivität dieses Ein-
heitsstrebens hinweisen. Zum Verhältnis des koranischen Allah zu den alttestamentlichen Elohim bemerkt G. Röschert:
»Das Bewußtsein des Propheten erhob sich in der Begegnung
mit dem Archangelos (Gabriel) in der Inspiration bis zu der
Sphäre der Geister der Form oder Gewalten, d. h. der Elo-

him, und nahm deren Vielfalt als Einheit wahr. Der Prophet
näherte sich so dem jahwistischen Bewußtsein der Bibel.«
(839). Dies könnte der tiefste Grund dafür gewesen sein, daß
Mohammed zunächst wie selbstverständlich davon ausging,
daß die Juden Arabiens sich ihm anschließen würden.

Zum Verhältnis von Einheit und Vielheit im Begegnungs-
raum von Judentum, Islam und Christentum, meint G. Röschert: »Der Inspirationsquell des Judentums und des Islam
ist ... die Sphäre der Elohim. Der einheitliche Weltengrund,
den der Christus als den Vater anruft, durchwirkt selbstverständlich alle Pläne der geistigen Welt. Theologisch gesehen
ist es daher vollständig berechtigt, Allah als den All-Gott der
Welt anzusprechen, philosophisch als die Personifikation der
All-Einheit der Substanz. Geisteswissenschaftlich muß dagegen die konkrete Bewußtseinsgestalt ins Auge gefaßt werden,
die der Prophet ausgebildet hatte: Die Summe der Formgei-
ster wird als Einheit erlebt und mit dem Namen Allahs benannt, unter Absehung von der Mannigfaltigkeit im Universum.« (840) In die christliche Gemütsverfassung konnte dagegen das Prinzip der Mannigfaltigkeit bzw. Vielheit Eingang
finden, weil der Christus Jesus als Gott-Mensch erkannt
wurde und dann noch der göttliche Geist (Pneuma, Ruach
Elohim) hinzukam. Das Festhalten am ureigenen christlichen
Geheimnis der Trinität ist immer eine gefährliche Gratwande-
rung zwischen den Abgründen von Tritheismus (drei Götter)
und Monarchianismus (ein göttlicher Alleinherrscher).

Der *luziferische* Impuls wird mit einer gewissen Automatik
aufgerufen, wenn eine zu stark ahrimanische, die Vielheit zu
wenig wahrnehmende und beachtende, vereinnehmend ver-
einheitlichende Tendenz vorherrscht. Gottes absolute Transzendenz hat zum Gegenüber nur dienende, sich hingebende
und unterwerfende Geschöpfe. Was hier fehlt, würde man
heute als die »relative Autonomie der irdischen Wirklichkeiten« bezeichnen. Diese relative Autonomie, Eigengesetz-
lichkeit, der Schöpfung spielt im Islam keine Rolle. Die Krea-

tur hat letztlich keine eigene, wenn auch nur »zweite«, Ursächlichkeit. Alle Ereignisse und Vorgänge in der Welt sind direkt und unmittelbar auf ständige Willensimpulse Allahs zurückzuführen. Die Gemütsverfassung der Moslems, von der Steiner sagt, sie sei luziferisch, ist ganz auf die jenseitige göttliche Welt gerichtet. Das Defizit dieses Phänomens beschreibt G. Röschert so: »Die schwärmerische Überzeugung, in der frommen Hingabe des Studiums, im Halten der Gebote, im Erlebnis der Gemeinschaft der Gläubigen, sei Allah zum Greifen nahe, übersieht den gewaltigen Abgrund zwischen der sinnlichen und der geistigen Welt, der im Christentum seinen stärksten Ausdruck in der Theologie des Kreuzes gefunden hat und der in der Esoterik als die Schwelle bezeichnet wird. Diese Seelenlage, das Absehen von der Schwelle, nennt Steiner luziferisch.« (840 f.) Doch auch diese Charakterisierung als »luziferisch« zielt nicht auf theologische Inhalte, sondern auf Bewußtseinsphänomene!

Re-Inkarnationen von Arabisten – »himmlisches Konzil« von 869

In seinen hochbedeutsamen Vorträgen »Esoterische Betrachtungen karmischer Zusammenhänge«[81] aus dem Jahre 1924 beschreibt R. Steiner am Beispiel repräsentativer Persönlichkeiten, »wie in dem karmischen Gang des menschlichen Lebens durch wiederholte Daseinsphasen die Gesamtentwicklung der Menschheit« (I, 133) weitergeht. Für den Arabismus bedeutet das, daß man, wenn man die rein äußerliche Geschichte betrachtet, zu dem Schluß kommen könnte, der Arabismus sei in der Schlacht von Tours und Poitiers abgeschlagen und aus der Weltgeschichte eigentlich verschwunden. Doch »unter der Oberfläche des gewöhnlichen geschichtlichen Lebens gehen die eigentlichen großen Strömungen, in denen die Individualität der Menschen, die in einer Epoche da waren, gewirkt haben, und die dann wieder und wieder erscheinen, indem sie ... in ganz andere Gedankenrichtungen hineingeboren werden, aber mit denselben Grundtypen ihres Wirkens.« (I, 172) Aus dieser Perspektive war der Arabismus durchaus nicht ausgestorben. Vielmehr lebten im Arabismus fest verwurzelte Individualitäten innerhalb der europäischen Zivilisation. Steiner spricht vom Kalifen Harun al Raschid (786–809), unter dessen Kalifat Bagdad eine kulturelle Hochblüte erlebte, der eine Reinkarnation erfuhr in Lord Bacon von Verulam (= Francis Bacon); der arabische Feldherr Tarik, der die moslemischen Truppen von Afrika über Gibraltar (= Ğebel al Tārik) nach Europa führte, in Charles Darwin; der Kalif Muʿāwiya (661–680) in Woodrow Wilson. Steiner beschreibt, welche konkreten Auswirkungen der arabistische Hintergrund für die neue Situation hat. So hat z. B. der Pädagoge Amos Comenius, der Begründer der modernen Erziehungswissenschaft, eine Reinkarnation des Ratgebers von Harun al Raschid, in seiner Tendenz, anschauliche Bildlichkeit in den Unterricht hineinzubringen, den Materialismus dadurch gefördert, daß er die unmittelbar sinnliche Anschaulichkeit scharf betont hat. Er beschreibt den Menschen als Maschinerie, und seine Lehrmethode läuft darauf hinaus, das »Gegebene« in Natur und Menschenwelt die Jugend exakt, aber passiv widerspiegeln zu lehren. Sein pädagogisches Hauptwerk ist der »Orbis pictus«, was so viel bedeutet wie »naturalistisch gezeichnete Welt«. Summa summarum: »In unserer Wissenschaft ist mehr Arabismus als Christentum!« (V, 52). Die europäische Kultur wäre eine ganz andere geworden, wenn das Christentum allein gewirkt hätte. Wer Europas kulturelles Leben anschaut, der erkennt, »daß wir unsere gegenwärtige Weltanschauung – den materialistischen Geist, auf der anderen Seite die Wissenschaft mit dieser Schärfe des Denkens, mit einer arabeskenhaft entwickelten Logik ... – nicht hätten, wenn nicht, trotzdem der Arabismus zurückgeschlagen worden ist, derselbe weitergewirkt hätte« (V, 52).

Ein anderes bedeutsames Ergebnis der Geistesforschung R. Steiners ist die übersinnliche Kenntnis von dem sogenannten »himmlischen Konzil«, jenem »Interview« (V, 112) in demselben Jahr 869, in dem auch das verhängnisvolle 8. Ökumenische Konzil von Konstantinopel stattgefunden hat, auf dem, wie R. Steiner sich ausdrückt, »der Geist abgeschafft wurde«. Zu diesem »übersinnlichen Konzil« trafen sich in der geistigen Welt der oben schon genannte Harun al Raschid und sein Ratgeber auf der einen, Alexander der Große und Aristoteles auf der anderen Seite. In den beiden ersten verkörperte sich eine blendende Geisteskultur, die aber nichts von Christus wußte, in der die besten Elemente des Arabismus lebten, in der auch alte Formen des Aristotelismus lebten, und zwar überwiegend die aristotelische Logik und Dialektik. Im Gegensatz zu diesen beiden, in denen der arabistische Impuls von Gondischapur wirksam war, nahmen mit den beiden letzteren, Aristoteles und seinem Schüler Alexander, Individualitäten an dieser Begegnung teil, in denen bereits im Keim, im anfänglichen Zustand, das Christentum wirksam geworden war. »Es wird nicht das Alte aus der Welt geschafft, aber ein mächtiger neuer Impuls, das Christentum auf eine besondere Weise in die Erdenzivilisation einzuführen, das war es, womit sich Alexander und Aristoteles durchgesetzt hatten.« (V, 107)

Von jener Begegnung ging das Wirken zweier Strömungen aus: einer, die im Arabismus verläuft, und einer anderen, die den Aristotelismus durch die Impulse der Michael-Herrschaft ins Christentum herüberführt (vgl. V, 109). H. Wilkens hat durchaus recht, wenn er von diesem Treffen sagt, es sei in ihm ein »Dialog des Aristotelismus mit sich selbst«[82] zu Wort gekommen, und zwar einerseits in der Form, die diese griechische Geistigkeit durch die Übersetzung und damit auch Verfälschung in die Atmosphäre und Sprache der Akademie von Gondischapur annahm, zum anderen »in Gestalt einer Bildekraft, die ihre Fortwirkung in den Individualitäten selbst fand, die dereinst diese Geistigkeit hervorbrachten und über die damalige Kulturwelt ausbreiteten« (19).

Daß sich die geistige Konstellation des »himmlischen Konzils« von 869 *heute* im Erkenntniskreis *jeder* Individualität bewegt, darin geben wir H. Wilkens Recht. Die Frage ist, ob der Mondencharakter des *Abspiegelns* beherrschend bleibt, oder ob er in den Sonnen-Charakter geistigen *Entwerfens* steigernd aufgehoben werden kann. Jeder Mensch, so meinen wir, muß sich jederzeit und überall dieser großen weltgeschichtlichen Strukturfrage, die 869 zur Debatte stand, in seiner Lebensgeschichte stellen. Das »übersinnliche Konzil« lebt als Entscheidungsfrage in jedem freien Menschen fort. Um mit H. Wilkens zu fragen: »Wird die asiatisch-visionäre, z. T. auch absurd-phantastisch befruchtete *Offenbarung* ichloser Intellektualität bestimmend sein – oder eine sowohl freie wie verbindliche Phantasie in vor-entwerfender *Imagination?* « (22) Die faustische Existenz auf dem Wege zu sich selbst darf nicht im Namen eines Arabismus übersprungen werden, »der jene Art des Fortschreitens meidet, die nur übend, durch Katarrakte selbstverantworteter Leiden zu erringen ist« (22). Die Auseinandersetzung zwischen dem schöpferischen Ich im Christentum und dem intellektuellen Es im Arabismus als weltgeschichtlicher *und* individualgeschichtlicher Strukturfrage beinhaltet auch eine Auseinandersetzung zwischen Unfähigkeit zur Anerkennung, Grenzziehung, Fixierung auf Vorgegebenes, gesetzhaft Verfestigendes (»Koran im Hirn« nach H. Wilkens[83]) einerseits und Einbeziehung, Anerkennung, zukunftsorientierter Grenzüberschreitung, kreativer Phantasie, Unabhängigkeit von Dogmatik, freier Kommunikation andererseits. Dies sind die Horizonte, vor denen und innerhalb derer das auf den ersten Blick so esoterisch erscheinende Phänomen des »übersinnlichen Konzils« steht.

Naturwissenschaftlicher Nominalismus gegen Realismus des Geistigen

Eine letzte, zusammenfassende Äußerung R. Steiners zum Thema Arabismus finden wir in den Anthroposophischen Leitsätzen vom März 1925[84]. Sie stehen unter der Thematik » Das scheinbare Erlöschen der Geist-Erkenntnis in der Neuzeit «. Der in das europäische Geistesleben einziehende Arabismus hielt die erkennenden Seelen von der Geist-Welt zurück. Wer von ihm erfaßt wurde, in dem begann ein oft unbewußter innerer Seelenhochmut, der zwar die Macht des Intellektualismus empfand, aber nicht das Unvermögen des *bloßen* Intellektes, in die Wirklichkeit einzudringen. Steiner beschreibt in diesem Zusammenhang den Kampf, den vom frühen Mittelalter an Realismus und Nominalismus führten. Der Realismus entstand dadurch, daß man die Ideenwelt in sich fühlte, sie als etwas Reales erlebte, aber man in der Seele nicht die Kraft fand, in den Ideen den Geist zu erleben. Dieser Realismus empfand die Realität in den Ideen, konnte diese Realität aber nicht finden. Der Realismus war nicht fähig, die Sprache des in der Ideenwelt sprechenden Weltenwortes zu verstehen, obwohl er sie hörte.

Der sich diesem Realismus entgegenstellende Nominalismus leugnete dann, daß dieses Sprechen überhaupt vorhanden sei, weil es nicht verstanden werden konnte. Für ihn war die Welt der Ideen nur eine Summe von Formeln in der menschlichen Seele ohne eine Wurzelung in einer geistigen Realität. Diese beiden Strömungen lebten, so R. Steiner, bis in das 19. Jahrhundert fort. Der Nominalismus lebte weiter in der naturwissenschaftlichen Denkungsart, die zwar ein großartiges System von Anschauungen der sinnenfälligen Welt aufbaute, aber die Einsicht in das Wesen der Ideenwelt vernichtete. Der Realismus hingegen »lebte ein totes Dasein. Er wußte von der Realität der Ideenwelt; aber er konnte im lebendigen Erkennen nicht zu ihr gelangen« (313). Aus diesem

Dilemma, so tröstet uns R. Steiner, kann die Anthroposophie einen Ausweg zeigen, durch den man den Weg finden wird von den Ideen zu dem Geist-Erleben *in den Ideen*. Steiner schließt mit dem Satz, mit dem auch wir unser Referat seiner Darstellung des Arabismus beschließen möchten: »In dem wahrhaft fortgebildeten Realismus muß dem naturwissenschaftlichen Nominalismus ein Erkenntnisweg zur Seite treten, der zeigt, daß die Erkenntnis des Geistigen in der Menschheit nicht erloschen ist, sondern in einem neuen Aufstieg aus neu eröffneten menschlichen Seelenquellen in die menschliche Entwicklung wieder eintreten kann.« (313)

Immer wieder war in Steiners Ausführungen die Rede von der überragenden Bedeutung der Akademie von Gondischapur. Wir versuchen im folgenden, dieses Phänomen Gondischapur zu erläutern durch eine Zusammenfassung dessen, was heute historisch zu verifizieren ist.

Die Akademie von Gondischapur – historische Zeugnisse

Gondischapur, südöstlich vom heutigen Dezful in der persischen Provinz Chusistan, aber noch diesseits des Sagros-Gebirges gelegen, besaß eine um 350 gegründete medizinisch-philosophisch-theologische Hochschule christlich-nestorianischer Prägung, die vom 4. – 11. Jahrhundert ein hochbedeutsames Zentrum kulturellen und religiösen Geschehens war. Die Akademie besaß nicht nur ein berühmtes Hospital (Bimaristan), sie war der Sammlungsort indischer, chinesischer, persisch-zarathustrischer und griechischer Kultur. Aus dem Westen vertriebene Gelehrte hatten 263 aus Antiochien, 489 aus Edessa und 531 aus Athen in ihr Zuflucht gefunden. Die friedliche Eroberung durch die Araber 641 brachte die islamische Komponente dazu. Um 670 wurde die Akademie nach Damaskus, um 760 nach Bagdad verlagert.

Daß R. Steiner hinsichtlich der Akademie von Gondischapur von einem gefährlichen anti-christlichen Impuls sprechen konnte, ist nach H. Wilkens durch die dort vollzogene Verschmelzung von drei Faktoren verursacht: »Aus dem mysteriengeschichtlichen Hintergrund wirkte der Zarathustrismus Persiens ein – mit dem Akzent, aus dem Licht des Erkennens die Dunkelheit der Erde überwindend umzugestalten, bis in eine dem Menschen verfügbare Technik. Dann lebte in der Akademie die Dekadenz des Jahve-Impulses auf, der die besondere Befähigung zur Abstraktion, der Auffassung von Gesetzen einerseits mit blutgebundener Vision andererseits verband, zu schauen die Sternenschrift im Erbstrom seit Abraham. Letzteres impulsierte Gemeinschaftsbildung über das identische Blut und grenzte die Gemeinschaft zugleich von anderen ab. Diese Situation des Judentums stand und steht in Korrespondenz zum Arabertum. Die Araber stammen vom Sohn der Nebenfrau des Abraham, Hagar, ab: von Ismael. Die Hauptfrau, Sarah, bekam später den Sohn Isaak, Stammvater der Juden. Konflikte zwischen Verwandten pflegen besonders brückenlos zu verlaufen. Dem Hintergrund urpersischen Wissens und dem nach dem Mysterium von Golgatha unverwandelt fortwirkenden Jahve-Impuls verlieh schließlich – und dies ist der dritte Faktor – die griechische Philosophie in Gestalt des mehrfach übersetzten Aristoteles die prägende Formkraft.«[85]

Diese »Summe aus der Einsicht bildloser Gesetzmäßigkeit und der Schubkraft instinktiv-visionärer Imagination, gebündelt durch griechische Gedankenkräfte« näherte sich nun jenem im 13. Kapitel der Johannes-Apokalypse mit der »Zahl des Tieres«, 666, bezeichneten Jahr. Nach Wilkens ist dies die Zahl desjenigen Menschen, der das Paulus-Erlebnis des »Nicht ich, sondern Christus in mir« verweigert. Der antichristliche Frontalangriff bestand darin, »durch die unvermittelte Verschmelzung von naturwissenschaftlich orientierter Denk-Intelligenz und willenshaft visionärer Imagination einer Form des Bewußtseins *vorweg* einzuimpfen – zusammen mit der aus diesem Bewußtsein erreichbaren Technischen Magie –, das ausgereift erst nach dem zweiten nachchristlichen Jahrtausend für den Menschen hätte erreichbar sein sollen« (236). Aus christlicher Perspektive gesehen hätte dieser Bewußtseinszustand erst langsam und organisch durch ein vom Ich geführtes Fortschreiten über Widerstände hinweg erreicht werden sollen.

Der Medizinhistoriker H. H. Schöffler hat das große Verdienst, die grundlegenden geisteswissenschaftlichen Einsichten R. Steiners betreffend Gondischapur und die Funktion des Arabismus im einzelnen und historisch-konkret einer äußerlich-geschichtlichen Verifikation zugeführt zu haben. Der interessierte Leser sei für ein detailliertes Studium auf dieses sehr nützliche, weil erhellende Werk verwiesen.[86] Uns interessiert hier besonders die anthropologisch-christologische Perspektive, genauer gesagt: die höchst bemerkenswerte Entsprechung von nestorianischer Christologie und aristotelischer Anthropologie, wie Schöffler sie als charakteristisch für das damalige geistig-geistliche Milieu beschreibt. Seine zusammenfassende These lautet: »*Das Amalgam, das der Aristotelismus mit dem Nestorianismus eingeht*, scheint von solcher Festigkeit und Widerstandsfähigkeit im rivalisierenden Kampf, daß *darin* der Grund für das Aufblühen des geistigen Lebens in der Persis überhaupt gesucht werden muß. Die urchristliche trichotomische Christologie, welche an der wahren Bedeutung der Gottwerdung in der Jordantaufe festhält, die spirituellste Version der Christologie überhaupt, verbindet sich mit der spirituellsten Version der Anthropologie, der trichotomischen Gestalt des Menschen in Leib, Seele und individuell werdendem Geist, wie sie in den drei Büchern *de anima* des Aristoteles veranlagt ist.« (89)

Wir können Schöffler unsererseits nur voll zustimmen: in der Tat ist die Christologie des Nestorius die spirituellste, die unter den möglichen Denkmodellen und Vorstellungshilfen für eine Verbindung von Göttlichem und Menschlichem denkbar ist, weil sie (auch für den Menschen Jesus) das menschen-würdigste und geist-vollste Menschenbild impliziert. Sie könnte auch heute noch bzw. wieder in eine christologische Neubesinnung eingebracht werden! Oder sind die in einer bestimmten geschichtlichen, auch machtpolitischen Situation als »häretisch« gebrandmarkten Denkmodelle für alle Zeiten erledigt?

Der Kampf um das Menschenbild in Gondischapur hat schließlich, nachdem lange Zeit die feste Engführung von nestorianischer Christologie und aristotelischer Anthropologie rationalistische Umdeutungsversuche hatte abwehren können, zu einem Sieg des arabistischen Menschenbildes (Vergessen des Geistes durch Denkautomatismus und überwuchernde Phantasietätigkeit) geführt, vorbereitet durch die schon im Neuplatonismus angelegten Tendenzen zum Monopsychismus, d. h. zur Auffassung vom Kollektivgeist, von der *einen* und einzigen Gesamtseele, die eine Zeitlang im Menschen wohnt, ihm aber nicht innerlich zu eigen ist.

Bevor wir das nestorianische Christus-Bild beschreiben, werden wir zunächst das *aristotelische Menschenbild* vorstellen, indem wir den unserer Meinung nach zentralen Schlüsseltext vorlegen: De anima (Über die Seele) III, 5, 430 a 10 – 18 (nach unserer eigenen Übersetzung).

»Weil es in der ganzen Natur (physis) für jede Gattung zum einen das materielle Substrat (hyle) gibt ... zum andern das Ursächliche und Schaffende ... wie die verfertigende Kunst (techne) im Verhältnis zum Material, so sind notwendigerweise auch in der Seele diese Unterschiede vorhanden. Es gibt hier einmal den Geist (nous), der alles *werden* kann, und zum andern den Geist, der alles *schafft*, der wie eine Art Habitus (hexis) ist, wie das Licht; denn in gewisser Weise macht ja auch das Licht potentielle Farben zu wirklichen Farben. Und dieser Geist ist frei vom Körper (chōristos, getrennt), leidensunfähig, unvermischt (mit dem Körper), seinem Wesen nach Wirk-lichkeit (energeia); denn das Schaffende ist immer höher

im Rang als das Passive und das schaffende Prinzip (arche)
ranghöher als der zugrundeliegende Stoff (hyle).«

Daß hier einerseits werdender und andererseits wirkender,
schaffender Geist klar gegenübergestellt werden, zeigt den
Dualismus an, gut platonisch, der hier am Werke ist. Einer
besonderen Klärung bedarf der griechische Ausdruck chōristos, den man am besten und sinnvollsten mit »frei vom Körper« übersetzt (nicht mit »getrennt«). An einer anderen Stelle
(Über die Zeugung der Lebewesen II, 3, 736 b 27) präzisiert
Aristoteles diese Aussage, indem er den (wirkenden) Geist
»durch die Tür«(thyrathen), von außen, in den Menschen
hineinkommen läßt. Auf jeden Fall aber bleibt der Geist »unvermischt« (amigēs) mit dem Körper. »Passiver Geist, der zu
allem werden kann« (nous pathētikos) und »schaffender
Geist« (nous poiētikos), wie sie später genannt werden, sind
die beiden Schichten der menschlichen Seele als ganzer. Daß
der »tätige Geist« leidensunfähig und unsterblich ist, betont
Aristoteles ausdrücklich. Ob er nach seiner Meinung auch
präexistent ist, ist aller Wahrscheinlichkeit nach zu vermuten.
Im Grunde ist hier das *drei*teilige, trichotomische Menschenbild von Leib, Seele und Geist, wenn auch eher abstrakt und
noch wenig plastisch-bildhaft, grundgelegt. Wir stimmen
H. H. Schöffler voll zu, wenn er ausführt, daß diese Begriffe
»sowohl für die konzilsdogmatische Auffassung des *Logos-
Sarx*-Verhältnisses als auch für das antik-anthropologische
Verhältnis Geist–Seele–Körper von grundlegender Bedeutung« sind (51).

Inwiefern nun entspricht, wie oben behauptet, diesem trichotomischen aristotelischen Menschenbild das nestorianische Christus-Bild? Inwiefern sind beide »kongenial«?

Werfen wir zunächst einen Blick auf die Person des *Nestorius*
selbst. Geboren wurde er in Persien um das Jahr 381. Er stu-
diert an der Hochschule von Antiochia, wo der Aristotelismus
vorherrschte zusammen mit einer ausgeprägten – wir würden
heute sagen – »historisch-kritischen« Bibelexegese. Der irdi-

sche, historische Jesus spielte eine besonders bedeutsame
Rolle. Als Prediger weit bekannt, wird er im Jahre 428 auf den
Stuhl des Patriarchen von Konstantinopel berufen. Wegen
seiner (unten darzulegenden) Auffassung, man dürfe Maria
nicht »Gottesgebärerin« nennen, wird er nach dem dritten
Ökumenischen Konzil von Ephesus 431, das gegen ihn ent-
schied, abgesetzt und verbringt den Rest seines Lebens in der
Verbannung.

Was seine theologische Lehre betrifft, so ist sie natürlich
geprägt von der antiochenischen Schule, die, wie oben schon
angedeutet, sehr stark aristotelisch geprägt war, d. h. konkret:
Es ist davon auszugehen, daß Nestorius mit der aristotelischen Psychologie (= Anthropologie) gut vertraut war. Dann
müßte sich bei ihm eine Christologie finden, die der Lehre von
einem tätigen Geist, der in einem sterblichen Gefüge lebt,
aber selbst dabei unvergänglich bleibt, leidenslos, unvermischt mit dem Körper, wie durch eine Tür, von außen, in
dieses Gefüge eintretend, jeweils entspricht. Und in der Tat,
wenn wir genau und *vorurteilsfrei* (ohne Angst vor Häresiever-
dächtigung) hinschauen, erkennen wir eine solche christologische Sicht bei Nestorius: H. H. Schöffler weist im Anschluß
an die Forschungen von Ignaz Rucker über die Konzilsakten
von Ephesus auf, daß es bei Nestorius tatsächlich die Auffassung gab, daß im Leib–Seele–Gefüge des Menschen der
»Geist« (nous) als unwandelbarer, unveränderlicher, vom
Leib verschiedener, leidensloser vorhanden ist. Es kommt
nicht zu einer Vermischung von beiden. Die Lehre von den
zwei Naturen in Jesus Christus ist der konsequente Ausdruck
davon. Die wichtige Frage ist jetzt, wann und wie der Geist,
das Pneuma, in das Wesensgefüge Jesu eintritt: bei der Zeugung, bei der Geburt, bei der Taufe im Jordan? Es deutet alles
darauf hin, daß Nestorius die Meinung vertrat, daß die *Taufe
Jesu im Jordan* der entscheidende Augenblick war, in dem der
Geist, das göttliche Pneuma, in den dreißigjährigen Menschen Jesus von Nazareth einging: der Christus Jesus war »ge-

boren«. Der Logos war Fleisch »geworden«. Maria ist die
Mutter des Kindes Jesus, nicht die Mutter Gottes. Jesus »als
das Organon des Geistes, seines Geistes, der thyrathen, – wie
eine Taube – herniederstieg, das also ist das christologische
Geheimnis des Nestorius, daß ihn davon zurückhält, die Jungfrau Maria als Gottesmutter zu benennen.« (57)

Nach dem Lukasevangelium (3,22) in der Variante des
Codex Bezae Cantabrigiensis spricht die Stimme aus dem
Himmel unmittelbar nach der Taufe Jesu und dem Herab-
kommen des Pneumas: »Mein Sohn bist du, *heute* habe ich
dich gezeugt.« (Die anderen Text-Varianten haben: »Du bist
mein geliebter Sohn, an dem ich Wohlgefallen habe.«) Diese
Lesart wird durch Zitate bei Irenäus, Justin, Clemens von Al-
exandrien, Origenes und Hilarius bestätigt: Der in Ewigkeit
geborene Sohn, der Logos, steigt endgültig in die irdische Je-
sus-Leiblichkeit hinab.

Diese Christologie ist die spirituellste, die denkbar und
möglich ist. Die Gründe dafür können wir nicht besser aus-
drücken, als es E. Bock getan hat. Darum sei ein etwas länge-
res Zitat von ihm gestattet: »Der Sinn des Jesus-Lebens, das
die 30 Jahre zwischen Bethlehem und Jordantaufe ausfüllte,
bestand darin, daß die edelsten und reifsten menschlichen
Hüllen zubereitet wurden, damit, wenn die Zeit erfüllt sein
würde, die Christuswesenheit als Ich zur Inkarnation in sie
einziehen könnte. Bis zur Jordantaufe hin, insbesondere zwischen dem zwölften und dreißigsten Jahre, waren der physische Leib, der Lebensleib und der Seelenleib des Jesus von
Nazareth von dem reifsten und umfassendsten Ich bewohnt,
das es in der Menschheit gab. Jesus von Nazareth war die Vollendung des Menschentums, soweit sie vom Irdisch-Menschli-
chen aus erreicht werden konnte. Deshalb gebührt ihm die
Bezeichnung des ›Menschensohns‹. Aber eben die letzte Vollendung konnte in diesem Entscheidungsaugenblick, den wir
die Mitte der Zeiten nennen, nur dazu führen, daß sich in der
Seele Jesu die ganze leidvolle Geistverarmung der Menschheit

und zugleich ihre inbrünstige Sehnsucht nach göttlicher Hilfe wie in einem Brennpunkt sammelte. Jesus nahm nicht nur an der allgemeinen Messias-Erwartung seines Zeitalters teil. Indem er das schmerzliche Versagen auch der reinsten und reifsten Menschenkraft angesichts des seelischen Menschheitssterbens erlebte, mußte er sehend werden für die helle Lichtglorie der Christuswesenheit, die auf ihrem Niederstieg zur Erde vor dem Tor der Inkarnation angelangt war. Und er mußte zugleich erkennen, daß es falsch wäre, auf eine von selbst einsetzende Gotteshilfe zu hoffen. Nur durch ein höchstes menschliches Seelenopfer konnte das Opfer der Gottheit ermöglicht werden: Der herandrängenden Christuswesenheit mußte dadurch das Tor in die Menschheit herein aufgetan werden. Die Bereitschaft zu der großen opfernden Selbsthingabe war es, die Jesus beseelte, als er sich auf den Weg zu Johannes dem Täufer begab. Sein hohes, menschheitlich gewordenes Ich gab dem Gottes-Ich des Christus den Platz frei.«[87]

Die innere, spirituelle Grundhaltung der Reifung durch Opfer kommt leibhaftig zum Ausdruck in der Geste des sein Haupt zur Taufe neigenden Jesus. Und das ist in der Tat dann die spirituellste Christologie, die es gibt: »In Jesus trat der Christus als Mensch in die Erdenwelt« (so das Neue Bekenntnis der »Christengemeinschaft«).

Im Spiegel dieser Christologie erweist sich die dieser entsprechende Anthropologie als ebenso geistlich-spirituell. Die dreiteilige Menschensicht (Leib, Seele und Geist) eröffnet der an den Leib gebundenen Seele (dem nous pathētikos) den Weg hin zum Geist (nous poiētikos), den Aufstieg von der leibgebundenen Erkenntnis hin zur leibfreien Erkenntnis: den »mystischen« Aufstieg der Seele zur geistig-göttlichen Welt. R. Steiner nennt den Raum, in den die Seele aufsteigt bei ihrer Annäherung an diesen »nous poiētikos«, den »tätigen Geist«, die Welt der *Imagination*.[88] Er vergleicht diese Welt (der aristotelisch-neuplatonischen rationalen Mystik) mit dem moder-

nen Erkenntnisweg, wie er ihn selbst beschrieben hat in seinem Buch »Wie erlangt man Erkenntnisse der höheren Welten«. Leider ist diese in Gondischapur angelegte Tendenz
zum kreativ-spirituellen Geist dann wieder abgeschwächt und
verdunkelt worden: Gründe dafür sind der »Aufschwung in
logischer Schulung, die Bindung des Denkens an den nous
pathētikos, der Verlust der rational-mystischen Dimension,
das vordergründige Ergreifen der äußeren Fakten, der akzele-
ratorische Aufschwung der Zivilisation zu jener Frühform
von Bewußtseinsseelen-Kultur, kurz, zu allem, was heute als
der › Vorsprung der arabischen Welt vor dem Abendland‹ ver-
meintlich entdeckt und gefeiert wird« (127 f.)

Arabistisches im Koran

Wer seinen Blick und sein Problembewußtsein geschärft hat
in einer geisteswissenschaftlichen Erkenntnis bzw. Analyse
der Ergebnisse der Geistesforschung hinsichtlich des Phänomens Arabismus, Ergebnisse, die sich ja teilweise auch histo-
risch-dokumentarisch verifizieren lassen, der vermag, von
dort in den Koran zurückblickend, hier auch »Arabistisches«
zu entdecken. Da ist z. B. das in Sure 25, 3 zum Ausdruck
kommende Prinzip: »Und sie haben an seiner Stelle Götter
genommen, die nichts erschaffen, sondern selbst erschaffen
werden« (lā yaḫluqūna šai'an wa-hum yuḫlaqūna), oder kurz
und grundsätzlich ausgedrückt: Erschaffenes erschafft nichts!
Damit wird allem Kreatürlichen jede Kreativität abgespro-
chen. In der Geschichte der islamischen Kunst hat dieser
Grundsatz voll durchgeschlagen. Die Wiederholung des ewig
Gleichen in der Arabeske beispielsweise zeigt es deutlich an.
Im Geistesleben gibt es nichts kreativ-imaginativ zu entwer-
fen, gilt es nicht, produktiv und ichdurchkraftet den Erkenntnisweg zur geistig-göttlichen Welt zu gestalten. Es bedarf
nicht der schöpferischen Geisteskräfte des Menschen, weil

alle Erkenntnis der geistigen Welt nur als prophetische Offenbarung in absolutem Gehorsam entgegenzunehmen ist. Im
griechischen Denken war das Sonnenhafte menschlichen Geistes in seiner spirituellen, schöpferischen Form noch mit dem
Logisch-Verstandesmäßigen zusammengegangen. Insofern
war es innerlich eng dem Christlichen verbunden. Das Da-
zwischentreten von Arabismus und Islam hat diese Entwicklung unterbrochen bzw. gebremst.

Ein anderes arabistisches Prinzip innerhalb des Koran tritt
uns entgegen in Sure 12, 40, wo es, wörtlich übersetzt, heißt:
»Nicht dient ihr ohne ihn (»anstelle von ihm«; gemeint ist der
eine Gott) wenn nicht Namen« (mā taʿbudūna min dūnihi illā
asmāʾa); anders und etwas grundsätzlicher ausgedrückt: »Außer Allah nur Namen« (»die ihr und eure Väter selbst aufge-
bracht habt«). Hier haben wir im Prinzip schon das vor uns,
was man später *Nominalismus* nennen wird. Begriffe sind nur
Namen ohne dahinterstehende Wirklichkeit. Es gibt keine innere Beziehung der Welt der menschlichen Begriffe zur Wirklichkeit der Schöpfung. Namen sind Schall und Rauch, Elemente in einem abstrakten Begriffsspiel, das sich im Arabismus zur höchsten Feinheit und Differenzierung entfaltet
hat. Die Ideenwelt ist »nur eine Summe von Formeln in der
menschlichen Seele ohne eine Wurzelung in einer geistigen
Realität« (R. Steiner[89]). So wurde der Nominalismus zur
Denkform der modernen Naturwissenschaft, die zwar ein
großartiges Anschauungssystem der Sinneswelt aufbaute,
aber die Einsicht in das Wesen der Ideen vernichtete.

Arabismus in der Kunst

Daß der Islam »mehr in Abstraktionen« lebt als das Christentum, darauf hat R. Steiner[90] immer wieder hingewiesen. Der
Arabismus liebt nicht das Konkrete, darum betrachtet er am
liebsten auch alle Welt- und Naturverhältnisse in Abstraktio-

nen. Diese Tendenz, die sich dann auch im Künstlerischen auslebt, ist zutiefst theologisch begründet. Die christliche Theologie ist geprägt vom trinitarischen Geschehen und Gedanken. Das Vaterwesen ist das Geistige in allem Naturleben, der Geist der Naturgesetze. Daraus folgt in gewisser Weise die *Notwendigkeit* allen Geschehens. Was den Menschen betrifft, so wird er aber von einem bestimmten Lebensalter ab ein *freier* Mensch. Daß wir uns dann ganz und gar von der Natur losmachen, das bewirkt in uns, so R. Steiner, das Sonnenwesen, der Christus. Und der Impuls des Heiligen Geistes in uns sorgt dafür, daß wir nicht nur im Leibe leben, sondern als Geist auferweckt werden. Nur wenn wir Welt und Mensch so, d. h. trinitarisch, betrachten, betrachten wir sie *konkret*. Gegen diese Konzeption richtet aber der Islam die Abstraktheit auf: es gibt nur den Vatergott; und daraus resultiert die Vorherrschaft des rein Gedankenhaften, Nüchternen, Abstrakten, des Denkens, des Intellekts. Das schließt andererseits nicht aus, daß es daneben auch noch eine blühende, fast wollüstige Phantasieentwicklung gibt (man betrachte nur die phantastischen Beschreibungen des Paradieses mit all den aus dem Sinnlichen in dieses Jenseits hineinversetzten Freuden).

Diese Abstraktheit und Bildlosigkeit zeigt sich innerhalb der arabischen Kunst vor allen Dingen in der *Arabeske*, die an die Stelle der alten Ornamentik und des alten Reliefs mit den Bilddarstellungen aus der Welt des Lebendigen tritt. Die leere Denkform spiegelt sich wider in der leeren Form des Bildes. Es ist ein unendlich sich wiederholendes Spiel in rein ästhetischen Formen, ohne daß damit noch etwas Geistiges ausgedrückt würde, es sei denn die Leere als solche. Der Formalismus des Denkens wiederholt sich im Formalismus der Kunst. Sie ist tote Form, ohne Leben, ohne Geist. Die Arabeske beruht auf dem Prinzip einer einzigen schematischen Regel, zum Leben entwicklungsunfähig, ermüdend in ihrer steten Wiederholung. Alles ist geplant nach einem im Vorhinein ausgedachten Konzept; darum wendet es sich nur an den Gedan-

ken, nicht aber an das Gefühl. Die in der älteren arabischen
Kunst noch gepflegten Darstellungen aus dem pflanzlichen
Bereich werden in zunehmendem Maße, besonders nach dem
Einbruch des Islam, stilisiert, schematisiert, vereinfacht, bis
von der ursprünglichen Gestalt vielleicht nur noch eine
Krümmung übrig bleibt. Dadurch werden sie entseelt, Geist
und Leben werden aus ihnen sozusagen herausgesogen. Die
Kräfte des Kreativen haben sich aus ihnen zurückgezogen.
Das Leben, wenn es sich denn überhaupt noch darbietet, zeigt
sich jedenfalls nicht mehr in seinem Beginn und seinem Aufblühen, sondern bestenfalls noch an seinem Ende, dem Tode
nahe. Bei Leonardo da Vinci können wir übrigens beobach-
ten, wie er, zunächst fasziniert von dieser arabesken Kunst,
diese toten Formen durch Einführung z. B. des Geflechtes
doch wieder zum Leben erweckte.

B. Montifroy[91] hat mit Recht noch auf einen anderen
Aspekt arabistischer Kunst hingewiesen, nämlich den der feh-
lenden Tiefendimension. In der Tat lehnt islamische Kunst
die dritte Dimension ab, sie negiert die Tiefe und erreicht
nicht einmal das Halbrelief. Zum Ausgleich dafür hat der islamische Künstler aber das Bedürfnis, möglichst die ganze Fläche auszufüllen. Es scheint für ihn so etwas zu geben wie den
»horror vacui«, den Horror vor der Leere, die für ihn offenbar
nicht Stille und Ruhe bedeutet, sondern nur, negativ, Abwesenheit und Nichts. Ausfüllen der Fläche durch die bis ins
Unendliche immer wieder aufgenommene gleiche Idee: Hier
spiegelt sich dieses Bedürfnis nach Gewißheit und Sicherheit,
das wir im Islam schon im Bereich des Religiösen beobachte-
ten. Ungewohnte, nicht erwartbare Formen, überraschende
Gestalten, werden gemieden; der Betrachter weiß im Grunde
immer schon im voraus, was ihn erwartet, wohin die Bewegung der Linie geht, wo sie enden wird. Sicherheit und Gewißheit gibt sie, aber sie trägt im Grunde, weil ohne Leben,
schon das Moment der Trauer und der Melancholie in sich:
das Ende ist schon im allerersten Anfang sichtbar, alles ge-

schieht nach einem abstrakten, formalistischen Gesetz der Notwendigkeit, des unentrinnbaren Schicksals, dem gegenüber das eigentlich kreative Ich zum stummen Gehorsam verpflichtet ist.

Auch die *Architektur* spiegelt auf ihre Weise die religiöse Grundperspektive wider.[92] Charakteristisch für diese Architektur ist der Spitzbogen; aber nicht der authentische, spätere gotische, sondern eigentlich ein Spitzbogen, der, so paradox es klingen mag, eigentlich kein Spitzbogen ist. Wenn wir uns nämlich den islamischen Spitzbogen genau anschauen, und zwar sowohl den sogenannten »Hufeisenbogen« als auch den überspitzten sogenannten »Kielbogen«, so bemerken wir, daß ihm im Grunde genommen das Merkmal des Ahrimanischen anhaftet: er strebt nur scheinbar nach oben, aber letztlich strebt er nicht über sich hinaus, weist nicht auf etwas Höheres hin, sondern schließt den Menschen von der geistig-göttlichen Welt ab. Eben dies ist ja gerade die ahrimanische Tendenz, den Menschen im Irdischen zu verhärten, ihn abzuschneiden vom Kosmos, ihn zu einem kalten Verstandeswesen zu machen. Der islamische Pseudo-Spitzbogen ist der angemessene Ausdruck des sich in sich selbst abschließenden Verstandes einerseits und einer ausschließlich dem Irdischen verfallenden Denkweise andererseits. Von der geistzugewandten, himmelstürmenden Sehnsucht, die sich im gotischen Spitzbogen Ausdruck verschafft, ist der in seinem gehirngebundenen Denken ans Irdische gefesselte, arabische Mensch abgrundtief entfernt.

Ebenso ist die islamische Moschee als ganze im Grunde nur eine beliebig häufige Summierung, Aneinanderreihung, von vielen, völlig gleichen Schiffen. Die Moschee von Cordoba ist dafür das beste Beispiel. Letztlich kommt hier die radikale Leugnung jeglicher Individualität zum Ausdruck. Die unzähligen, gleichförmigen Gebetslinien treffen sich im Unendlichen, in Mekka. Allah ist fern und außerhalb.

Das neue, spirituelle Denken im Zeitalter Michaels

Der »Friedhofs-Frieden« Allahs, in dem sich die Menschen wähnen, die allein im Irdisch-Materiellen sich bewegen und dort ihre Bedürfniserfüllung finden, die aller geistigen Problematik und aller persönlichen Initiative und Anstrengung enthoben sind, deren Denken nicht mehr nach oben offen, spirituell orientiert ist, wird und kann er ein end-gültiger Frieden sein? Werden die Drachen-Kräfte des Ahrimanischen, des Kalten, Toten, siegen oder die michaelisch-christlichen der Wärme, des Vertrauens in die Wirklichkeit und Wirksamkeit der höheren geistig-göttlichen Welt des Sonnenhaften, Schöpferischen? Wenn die ahrimanisch-arabistische Tendenz nicht ins Chaos und zum Untermenschen führen soll, muß das Denken des Menschen vergeistigt, spiritualisiert werden, muß es sonnenhaft-kreative Kraft entfalten können. Der Mensch wird dann in eine höhere Bewußtseinsform eintreten. Michael wird den Drachen besiegen. Das heißt konkret: »Das dämonische Zwillingsungeheuer, das sich aus der Wechselbefruchtung zwischen arabistischer Forschung und mechanistischer Schöpfung gebar und das heute als Wissenschaft, Technik und Organisation nicht dem Menschen dient, sondern diesen zu seinem blinden Sklaven zu machen droht, ihm als Vampir sein Lebensblut aussaugt oder ihn zwischen seinen Pranken zermalmt, dieses die Erde umklammernde Ungeheuer wird im Zeichen einer höheren Macht dem Menschen dienen müssen.«[93]

Der michaelisch-christliche Impuls ist der Inbegriff des Geistig-Lebendigen, das jeder geistig-psychischen Verfestigung, Verhärtung, Erstarrung, entgegenwirkt. »Ich bin ... das Leben«: dieses Christus-Wort muß absolut ernst genommen werden: ICH und LEBEN, Leben, Verlebendigung, aus dem Ich heraus! Das gilt nicht nur im Blick auf die Zukunft, das hat auch schon für die Vergangenheit gegolten, von der wir gesprochen haben: ohne den Christusimpuls, schon

600 Jahre vor dem arabistischen Impuls, wäre die Lebens-
und Schöpferkraft in der Menschheit unter dem tödlichen
Einfluß des Arabismus wohl längst vollständig untergegan-
gen, würde das Abendland heute der völligen Verhärtung und
Todesstarre entgegengehen.

Wir sagten: es muß und wird eine Spiritualisierung des
Denkens geben, eine »rationale Mystik« – es gab sie übrigens
schon bei Platon und auch bei Aristoteles! – und zwar er-
kenntnistheoretisch gesehen dadurch, daß dieses Denken sich
verbindet mit dem Imaginativen, dem wiederauferstandenen
kreativ Bildhaften (nicht zu verwechseln mit dem Imaginär-
Phantastischen!).

In der Apokalypse des Johannes[94] ist die Entwicklung des
menschlichen Denkens in eindrucksvollen Bildern, imaginativ, uns vor Augen gestellt unter dem Bild der Pferde, die bei
der Öffnung der sieben Siegel des versiegelten Buches durch
das Lamm in Erscheinung treten (Kapitel 6): das weiße, rote,
schwarze und fahle Pferd, jeweils mit einem Reiter, der auf
ihnen sitzt. Hier interessiert zunächst vor allem das schwarze
Pferd: Symbol für die Hinwendung des Menschen zum ego-
istischen, kalten, materialistischen Denken, ahrimanisch, im
Gegensatz zum luziferischen roten, dem Symbol für die feu-
rige Leidenschaft. Die Waage in der Hand des Reiters ist das
Symbol für das sachliche Abwägen. Das »fahle Pferd« ist
Symbol für das farblose (griechische »chlōros«, d. h. chlorfar-
big, schwefelgrün), nüchtern sachliche, fade, leidenschafts-
lose und auch »neutral«-amoralische Denken, mit dem Tod
als Reiter, d. h. das Schöpferisch-Lebendige ist aus ihm her-
ausgeflossen. Der moderne, arabistisch geprägte Mensch als
Reiter auf dem fahlen Pferde. Im Zeichen des schwarzen Pferdes hatte das kompakt irdische Denken immerhin noch einen
gewissen Charakter, wenn auch den der seelenlosen Klugheit.
Wenn das fahle Pferd über die Erde reitet, wird das Denken
gespensterhaft, gar nicht mehr als solches ernst genommen.
Es entgleitet dem Menschen ganz. Am Ende aber steht, wie

am Anfang, das weiße Pferd (Apk 19, 11–21): als das Alpha und das Omega, als der Anfang *und* das Ende, steht das Ich des Christus da, das letztlich auch das Ich des Menschen ist (»Nicht mehr ich, sondern Christus in mir!«): die Kraft des reinen, spirituell durchtränkten Denkens.

Im Bereich vor allem des roten und schwarzen Pferdes hat der Mensch die Aufgabe, sich am Irdisch-Materiellen abzuarbeiten und durch es hindurch langsam zum erstarkten Ich-Bewußtsein zu gelangen. Nur so hatte die Abwärtsbewegung, hatte auch das Phänomen des Arabismus einen Sinn, wenn der Mensch mit der so auf seinem tiefsten Stand errungenen Kraft der Freiheit und des Geistes langsam sich in die Aufwärtsbewegung einschwingen kann und die Höhe des weißen Pferdes zurückgewinnt. Zunächst wird ihm dieses aus »Gnade«, ohne eigenes Verdienst, geschenkt. »Wort des Gottes« (logos tou theou) ist ein Name des weißen Reiters (Vers 13); d.h. die Höherentwicklung des menschlichen Denkens in die Zukunft hinein hängt davon ab, ob es in sich Gottes Denken und in seinen eigenen Logos den Logos Gottes aufnehmen kann.

Am Anfang der menschlichen Bewußtseinsgeschichte und Ich-Entwicklung war das Denken ein Schauen, war es mehr ein Anteilhaben an *Gottes* Denken. Als es dann langsam zum Eigentum des Menschen wurde, erlosch das Visionäre bis hin zum fahlen Pferd der abstrakten, geistlich leeren Blässe des Gedankens. Der heute erreichte Tiefpunkt ist aber auch der Wendepunkt zur Aufwärtsbewegung mit dem Ziel einer neuen, jetzt geistdurchwirkten, ichbewußten, in Schulung erarbeiteten Imagination: der Zugang zur imaginalen Welt des Heiligen, des Geistig-Göttlichen, durch das Organ der »kreativen Imagination« ist eröffnet. Das reine Götterlicht wird zurückgewonnen werden können. Goldene Kronen leuchten auf der Stirn des weißen Reiters.

Wie das Pferd in der imaginativen Schau der Johannes-Apokalypse, so ist nach uralter Überlieferung auch der schwarze Stein der Kaaba in Mekka einmal weiß gewesen und durch die »Sünde« des Menschen schwarz geworden. In diesem schwarzen Stein eingeschlossen ruht, so die Überlieferung, die Schrift des von Gott mit den Menschen einmal geschlossenen Bundes. Der arabische Steinanbeter der Vorzeit konnte diese Schrift noch unmittelbar entschlüsseln. Der Stein für die Kaaba, deren Fundament nach der alten Überlieferung von Gabriel vor der Sintflut gelegt und die von Ibrahim nach der Sintflut wieder aufgebaut worden war, war vom Engel Gabriel an die Menschen überreicht worden. Er repräsentiert das tote Mineral, die Welt des Physikalisch-Toten, die der Mensch durch die andere, die *geistige* Gabe eben dieses Gabriel, nämlich die abstrakte Intellektualität, geistig zu durchdringen und zu beherrschen lernen sollte: der Arabismus hatte diese Mission, sie ist nun erfüllt. Damit geht die Führung des Weltgeschehens von Gabriel über an Michael.

VI AUSBLICKE

*Die Konvergenz islamisch-traditionaler und
christlich-anthroposophischer Leitlinien für einen Religionsdialog*

Aus der faktisch gegebenen *Vielfalt* von Religionen in der Welt
resultiert nicht eine Relativierung aller aufgrund einer angeblichen, oberflächlichen Widersprüchlichkeit zwischen ihnen.[95] Im Gegenteil: Die Vielfalt der Religionen bestätigt und
bekräftigt die *Universalität* der Wahrheit und die unerschöpfliche Kreativität der einen Wirklichkeit. Die äußere Vielfalt
von Sinn-Welten spiegelt die *eine* innere Wahrheit wider.

Die traditionelle sogenannte »Vergleichende Religionswissenschaft« hat in der Regel diesen zentralen Gesichtspunkt
völlig negiert bzw. ihn als zu vernachlässigenden Aspekt angesehen, schlimmstenfalls, und zwar, weil ihr die spirituelle, in-
nerliche Intelligenz fehlte, das angeblich nicht zu Vergleichende und Pluriforme als Vorwand zur Ablehnung alles Religiösen *als* Religiösen benutzt (es blieb oft nur der *kulturelle*
Unterbau als Gegenstand der Analyse).

Wenn wir aber auch hier den erkenntnistheoretischen
Grundsatz gültig sein lassen und anwenden wollen, nach dem
Gleiches nur durch Gleiches erkannt werden kann, ist es nicht
verwunderlich, daß »profane« Religionswissenschaftler, die
nur ihr von spiritueller Vernunft auf rational-analysierenden
Verstand reduziertes Erkenntnisvermögen als Instrument für
ihr Studium religiöser Phänomene gebrauchen, von vornherein nur ein sehr begrenztes Feld von Gegenständen, Objek-
ten, zu Gesicht bekommen. Doch ist das noch wissenschaftlich »Objektivität«? Oder nicht vielmehr zunehmende Säku-
larisierung, Profanisierung und Relativierung?

Statt von »Religionswissenschaft« allgemein spricht man

heute auch speziell von »Religionsphänomenologie«. Die Phänomene, die »phainomena«, die Erscheinungen des Religiösen, sollen hier untersucht werden. Von »Erscheinung« kann aber doch nur sinnvoll gesprochen werden, wenn da etwas oder jemand ist, der erscheint, dessen Erscheinung dieses Phänomen ist. Hier liegt also, wenn denn Worte einen Sinn haben, wesentlich immer eine Unterscheidung zugrunde von Erscheinungs*grund* (Subjekt, Prinzip) und Erscheinungs*form*. Im Bereich der Religionen ist nun, summa summarum, von drei entscheidenden Theophanien, Epiphanien, des Heiligen die Rede: dem Kosmos, dem Menschen und der Offenbarung. Weil aber Erscheinung eines Innen immer Äußerung, ja Veräußerlichung, einschließt, so muß der Vorgang der Erkenntnis des Religiösen immer der umgekehrte Weg sein, der Weg der Rückkehr zum Ur-Sprung, zum Urprinzip. Die islamische, speziell schiitische Koranhermeneutik hat für dieses exegetische Grundprinzip den passenden Begriff »taʾwīl« geprägt, d. h. wörtlich: jemanden oder etwas auf seinen Ursprung zurückführen. Verstehen als »taʾwīl« aufgefaßt, ist der optimale Weg auch für das Studium der Religionen. Statt »taʾwīl« könnte man auch »esoterische Erkenntnis« sagen, weil es sich hier um einen Gang nach »innen« (esō) handelt. In diesem Sinne ist S. H. Nasr voll zuzustimmen, wenn er sagt: »Um also andere Religionen in der Tiefe studieren zu können, ist ein Vordringen in die Tiefen des eigenen Seins und ein verinnerlichender und tiefschürfender Verstand notwendig, der schon vom Heiligen durchdrungen ist. Ein rechtverstandener Ökumenismus muß eine esoterische Aktivität sein.« (372)

Betrachten wir kurz, sozusagen als negative Kontrastfolie, aus welchen Grundhaltungen heraus und mit welcher Methode in der Vergangenheit »Vergleichende Religionswissenschaft« getrieben wurde.

Da gab es zunächst den »*Szientismus*«, der zwar eine Fülle von Informationen und Fakten anhäufte über Riten, Symbole usw., aber Fragen nach dem *Sinn* des jeweiligen *Glaubens* kaum thematisierte. Damit eng verwandt ist der auf dem Evolutionsgedanken aufbauende *»Historismus«*: Spätere Religionen sind Anleihen bei früheren. Dies reicht zur Erklärung aus. Die Offenbarungsfrage wird gar nicht erst gestellt. Hier kommt keiner auf die Idee, verwundert zu fragen, wie ein auch noch so kluger Kameltreiber und Geschäftsmann im fernen Arabien, mit einigen Anleihen aus Judentum und Christentum, eine Bewegung in Gang setzen konnte, die in weniger als einem Jahrhundert bis an die Pyrenäen und an Chinas Grenzen sich ausdehnte und noch heute fast einer Milliarde Menschen einen Lebenssinn schenkt. Die *»Religionsphänomenologen«* verfallen oft in das im Vergleich zum Historismus gegenteilige Extrem, indem sie zwar an der Einmaligkeit einer jeden Offenbarungsreligion und an deren Wert und Bedeutung festhalten, dabei aber oft den historischen Ursprung und Zusammenhang vernachlässigen und so zu musealen Sammlern von mehr oder weniger unzusammenhängenden Religionsfossilien werden; der konkrete *»Sitz«* in der lebendigen Tradition wird dabei unterschlagen.

Eine andere Richtung, der *Reduktionismus* synkretistischer Prägung, will alle Religionen auf ihren kleinsten gemeinsamen Nenner reduzieren, um dadurch gegenseitiges Verständnis zu schaffen. Eine gewisse naiv-sentimentale Haltung kommt hier zum Ausdruck, als ob die radikale Ablehnung jeglicher Lehrtradition als dogmatisch und antispirituell und das Nicht-zur-Kenntnis-Nehmen der Besonderheiten jeder Religion im Namen eines angeblichen *»Universalismus«* dialogfördernd sei. Allenfalls der jeweils mystischen Dimension wird noch Aufmerksamkeit geschenkt, aber diese oft verwechselt mit Irrationalität. Im übrigen ist gerade die Mystik auf das je Spezifische einer Religion ausgerichtet und nicht auf eine Allerwelts-Einheitsreligion. *Islamischer* Mystik z. B. geht es um existentielles, verinnerlichtes Verstehen der koranischen Tradition. Mystik ist nicht von sich aus gestaltlos. Gestalt aber weist den Weg zum gestaltlosen Ursprung.

Diesem verwässernden, reduktionistischen, naiv-senti-
mentalen Ansatz begegnen wir heute übrigens auch sowohl
im innerchristlichen Ökumenismus wie auch im »Dialog«
von Christen mit Nichtchristen. Wenn z.B. H. Küng das
Christus-Verständnis so weit minimalisierend reduziert, daß
es soeben noch an das Jesusbild des Koran heranreicht, um
dadurch Moslems das Verständnis seiner Religion zu ermöglichen, liegt er ganz in diesem Trend. Echtes, tiefes Verständnis
einer anderen Religion kann nur aus der Wahrung der eigenen
Tradition heraus erwachsen.

Toleranz gegenüber andersdenkenden Mitmenschen ist nur
ein erstes, minimales Ziel eines Dialogs. Nicht Toleranz, sondern inneres Verstehen ist das Wünschenswerte. Akzeptanz
fremder Religionen ist letztlich nicht nur in Humanität, sondern in der Wahrheit und göttlichen Herkunft der anderen
Religion begründet. Es gibt nichts Einfacheres und Bequeme-
res als Vorurteilsfreiheit aufgrund von Desinteresse.

So ist das Fazit, das S. H. Nasr aufgrund einer solchen Situation heute insgesamt zieht, richtig, daß gegenwärtig letztlich nur noch die Wahl besteht »zwischen einem Absolutis-
mus, der alle Manifestationen des Absoluten außer der eigenen verwirft, und einem Relativismus, der die Bedeutung des
Absoluten überhaupt zerstört«.[96] Die schwierige Frage lautet
dann: Wie komme ich zu einem Verstehen der Tatsache verschiedener Religionen ohne Relativierung der Religion *als solcher?*

Der in seinen Grundsätzen bereits beschriebene sogenannte »*traditionale*« Ansatz unterscheidet zwischen dem Urprinzip und der Manifestation, zwischen Wesen und Gestalt,
Innerem und Äußerem, Esoterischem und Exoterischem. Der
Schlüsselbegriff ist dabei der des »relativen Absoluten«. Dies
ist näher zu erklären. Das Absolute, aber nur es, ist und bleibt
absolut. Im Hinduismus beispielsweise liegt die Tendenz,
auch dem *Relativen* Absolutheit zuzuerkennen. Jede Determi-
nierung des Absoluten bedeutet aber schon eine Relativie-

rung. Wenn die Sufis von der »Einheit des Einzigartigen« (al-tauḥīd wāhid) sprechen, meinen sie diese Einheit aller Religionen, die zunächst nur in dieser absoluten Wahrheit, der Quelle jeglicher Offenbarung, liegt. Die Inhalte der Religionen sind *nur* auf *dieser* Ebene gleich! Unterhalb dieser Ebene finden sich »nur« maximale Analogien, Ähnlichkeiten, Entsprechungen. Der Schlüsselbegriff des »relativen Absoluten« scheint nur auf den ersten Blick widersprüchlich. Zwar ist nur das Absolute absolut, »doch schafft jede Manifestation des Absoluten in Form einer Offenbarung eine Welt heiliger Formen und Bedeutungsgehalte, in der gewisse Bestimmungen, Hypostasen, göttliche Personen oder der Logos in dieser jeweiligen Welt als absolut erscheinen, ohne das Absolute selbst zu sein«.[97]

S. H. Nasr führt hier den Begriff des *Archetyps*[98] ein, der jeweils einen Aspekt der göttlichen Natur repräsentiert. Nach ihm manifestiert jede Religion auf der Erde die *Abspiegelung* eines Archetyps. Die gesamte Wirklichkeit einer religiösen Tradition, z. B. des Islam, ist in ihrer übersinnlich-übergeschichtlichen Existenz und auch ihrer Entfaltung in der ihr zugemessenen historischen Lebensspanne genau das in jenem Archetyp Beschlossene. Der unterschiedliche Charakter einer Religion resultiert aus dem Unterschied der Archetypen, die alle das eine Göttliche widerspiegeln, aber in diesen irdischen Abspiegelungen sich unterscheiden. Es kommt auch vor, daß die Abspiegelung eines Archetyps in der eines anderen umgedeutet wird. So ist die Schia zwar ein rein islamisches Phänomen, in dem sich aber doch der Archetyp des Christlichen teilweise widerspiegelt (vgl. die Imamologie und die christliche Lehre vom Logos und Pneuma). Dieses Ineinander von Abspiegelungen ist aber »völlig unabhängig von historischen Einflüssen«[99]; es geht hier um die übersinnliche Geschichte, um ein vertikales Ursache–Wirkung–Geschehen.

Nur dieses von der »profanen« Religionswissenschaft natürlich überhaupt nicht wahrnehmbare übergeschichtliche

Geschehen bietet die Erklärung dafür, warum einerseits jede Religion *eine* Religion und andererseits Religion *an sich* ist, und daß derjenige, der *eine* Religion ganz gelebt hat, damit *alle* Religionen gelebt hat. Weil sich in einer »integralen Tradition« (so Nasr)[100] *alle* Grundelemente der Religion finden müssen, braucht z.B. das Christentum als Weg der *Liebe* auch einen Nikolaus von Kues als Weg der *Erkenntnis*, braucht der Islam mit der Betonung des *unmittelbaren* Zugangs zu Gott in den Imamen der Schia seine »Fürsprecher«, braucht die »Selbsterlösungsreligion« des Buddhismus die Gnade in der Amida-Variante. Insofern kann *jede* Religion *die* Religion sein. Nun verfügen aber de facto nicht *alle* Religionen zu *allen* Zeiten über *alle* ihnen prinzipiell eigentümlichen Möglichkeiten. Es gibt historische Religionen, die nicht mehr praktikabel und in diesem Sinne tot sind, weil der lebendige Geist aus ihren Symbolen gewichen ist. Bei anderen sind Teil-Dimensionen unzugänglich geworden. Bei wieder anderen ist z.B. die Dimension des Kultischen spirituell wie tot. So kann man sagen, daß de facto heute nicht alle Religionen in gleicher Intensität bzw. Integralität gelebt werden können. Die hier dargelegte Sicht vertritt übrigens schon der bedeutende islamische Gelehrte Ibn ʿArabī (gest. 1240), der z.B. jeden Propheten mit einem Aspekt der aus dem Logos bzw., sufistisch gesprochen, aus der »übersinnlichen Wahrheit Mohammeds« (ḥaqīqa muḥammadiyya) stammenden Weisheit identifiziert hat.

Diese Perspektive erleichtert es auch, nicht nur religiöse Phänomene im Vergleich einfach gegenüberzustellen, sondern die unterschiedlichen Ebenen überhaupt in den Blick zu bekommen, auf denen erst ein Vergleich sinnvoll und wahr ist: Nicht Mohammed z.B. ist mit Christus zu vergleichen, sondern der Koran, der Buch gewordene Gott. Der jungfräulich-marianische Aspekt des Christlichen wäre vergleichbar mit der Allahs Wort aufnehmenden Seele des Propheten Mohammed.

Ein aus diesen Prinzipien heraus gestalteter Dialog mit anderen Religionen hat immer einen *esoterischen* Charakter. Nur *spirituellem* Denken, nur »heiliger Erkenntnis«[101], gelingt die Synthese der beiden wesentlichen Perspektiven: einer, die der Vision einer übersinnlich-übergeschichtlichen Wirklichkeit verpflichtet ist, und einer, die auf die Entfaltung dieser Wirklichkeit in Zeit und Geschichte gerichtet ist. Von »Weisheit« und »Gnosis« (vgl. Kol 2, 3; 3, 16) erfüllte Menschen sind so zwar nicht die einzig möglichen, wohl aber die *optimalen* Gesprächspartner für einen Dialog zwischen den Religionen. Von daher sind diejenigen geschichtlichen Fälle besonders lehrreich und vorbildhaft, in denen mit solchen Fähigkeiten erfüllte Menschen dem Sinn-Universum einer ihnen fremden Religion begegneten, es geistig und geistlich durchdrangen, sich damit auseinandersetzten. Solche Glücksfälle waren auf christlicher Seite etwa Nikolaus von Kues (1401–1461), vor allem in seiner 1453 entstandenen Schrift »Der Frieden im Glauben« (De pace fidei), auf islamischer Seite z. B. der große Mystiker Ǧalāl al-Dīn Rūmī und vor ihm Al-Ḥallāǧ (gest. 922). Dieser hat das tiefbedeutsame Wort gesprochen: »Ich habe über Religionen (dīn) nachgedacht, mich sehr bemüht, sie zu verstehen. Und ich habe erkannt, daß sie ein einziges Prinzip (Wurzel) mit vielen Verzweigungen sind.«[102]

Eine letzte, zukunftsweisende Vertiefung aus der Sicht eines erneuerten Christentums findet dieser »traditional« zu nennende Ansatz einer vergleichenden Religionsbetrachtung in der anthroposophischen Sicht Rudolf Steiners. Ziel der Geisteswissenschaft ist es, »den Wahrheitskern in unseren äußeren Religionsbekenntnissen zu suchen, auf die Quellen zurückzugehen, aus denen die heute existierenden Bücher hervorgegangen, geschaffen sind«. Dieser Satz steht in einem Vortrag mit dem Titel »Der Weisheitskern in den Religionen«[103]. In ihrem inneren Wesenskern, in ihrer inneren Wahrheit, eben in ihrem *Weisheitskern*, soll das Spezifische einer Religion, auch im Zusammenhang der Menschheitsentwicklung, verstanden werden. Alle Religionen, alle Bekenntnisse, stammen »aus einem einheitlichen geistigen Weltengrund«[104]. In dieser Formulierung ist Steiners Sicht sehr eng verwandt mit der oben ausgeführten traditionalen Sicht. Anthroposophie selbst will keine Religion sein, wohl aber ein *neues Verständnis* der *bestehenden* Religionen vermitteln und damit zu deren gegenseitiger Anerkennung führen. Die relative Wahrheit der Religionen und Bekenntnisse soll durchschaut werden.

Alle vorchristlichen Religionen sind letztlich Hinführungen zum Christentum, das selbst diese alle in sich vereinigen kann und größer ist als alle Religion und Religionen. Es ist keine zeitlich und räumlich begrenzte »Stammesreligion« mehr, sondern eine *Menschheits*religion, die aber letztlich, in ihrer reifen Entwicklung und in ihrem reinen Ausdruck, nicht mehr auf *Glauben* gebaut ist, sondern so durch *Weisheit* und *Erkennen* durchformt ist, daß sie schließlich *als Religion* von Weisheit abgelöst wird. Das Christentum wird immer mehr *Weisheitsreligion* werden. Im Rosenkreuzertum sieht Steiner einen wichtigen Faktor für diese Entwicklung. Die Geisteswissenschaft will den Menschen bei diesem Prozeß behilflich sein. Der innerste, aus dem einheitlichen Urquell stammende Wahrheitskern ist in *jeder* Religion enthalten. Doch diese Wahrheit entwickelt sich zu höheren Formen. »Der Wahrheit nach können Sie allerdings, wenn Sie tief genug forschen wollen, das, was das Christentum an Lehren enthält, in den anderen Religionen auch finden. Neue Lehren hat das Christentum nicht gebracht.«[105] Auch hier finden wir wieder große Übereinstimmungen mit dem »traditionalen« Ansatz. Allerdings sieht Steiner das wesentlich Christliche nicht in den *Lehren*, sondern in der göttlichen *Tat*.

Wirksamer »Helfer«, »Paraklet«, bei dem Prozeß wachsender Vertiefung spiritueller Erkenntnis innerhalb der Menschheits- und Christentumsentwicklung ist der »Heilige Geist«, das »Pneuma«, das uns »in alle Wahrheit einführen« wird (Jo 16, 13). Wir haben bereits entscheidende Konvergenzen dargelegt zwischen der schiitisch-islamischen Imamologie und einem johanneisch geprägten, erneuerten Christentum. R. Steiner führt uns in dieselbe Richtung, wenn er schreibt: »Wenn wir diesen Geist bei uns erfüllt fühlen, so dürfen wir uns berufen halten zu einer stetigen und nimmer aufhörenden Fortentwickelung des christlichen Geistes. Und gerade durch die anthroposophische Geistesentwickelung sind wir berufen, nicht ein totes, starres Christentum fortzupflanzen, sondern ein immer neues Christentum, das immer neue Weistümer und Erkenntnisse hervortreibt aus sich selber, in die Zukunft hinein zu entwickeln.«[106] Vor allem muß in einem solchen dogmenfreien, ichdurchdrungenen Christentum der Glaube und das religiöse Gefühl geführt und geklärt werden von einem *klaren Denken* geistiger Tatsachen, um so die fatale, schizophrene Spaltung von Glauben und Wissen grundsätzlich zu überwinden.

Das Mysterium von Golgatha als Wendepunkt des Denkens

Im Christentum gibt es zwar ein Bewußtsein davon, daß das Mysterium von Golgatha das zentrale Ereignis der Menschheitsgeschichte war und ist, aber es fehlt weitgehend das Verständnis bzw. das Bewußtsein dafür, daß dadurch auch in der Entwicklung des menschlichen *Denkens* ein entscheidender Wendepunkt eingetreten ist.[107] Zunächst war Golgatha aber ein Tiefpunkt in der Entwicklung des menschlichen Bewußtseins: Die Mission des Menschen in der nachatlantischen Zeit bestand ja in der Eroberung der physisch-sinnlichen Welt. Es erwachten damals die Gedankenkräfte und Gemütskräfte, die nicht von der geistigen Welt unmittelbar mehr angeregt wurden, sondern dadurch entstanden, daß der Mensch die Welt der Sinne immer schärfer beobachtete, sich in sie hineinlebte und sie bearbeitete. Diese Eroberung schritt von Stufe zu Stufe vorwärts: von der urindischen über die urpersische und chaldäisch-babylonische hin zur griechisch-römischen und schließlich zur heutigen 5. nachatlantischen Kulturepoche. Diese Eroberung der physisch-sinnlichen Welt mußte aber notwendig zur Entfremdung von der geistigen Welt führen. Insofern kann man die Entwicklung des menschlichen Bewußtseins einen Gang nach Golgatha nennen, indem nämlich das Denken sich immer enger verband mit der menschlichen »Schädelstätte«, mit dem Gehirn. Der Mensch kann nur noch das Tote erkennen. Auf Golgatha war der »intellektuelle Sündenfall« an seinen Tiefpunkt und Todespunkt gekommen, aber an eben diesem Todespunkt ist das Kreuz Christi aufgerichtet, was bedeutet, daß hier auch das Denken prinzipiell aus seiner Todesstarre erlöst ist und es fortan auch für das Bewußtsein des Menschen die Möglichkeit der Auferstehung zu einem neuen Leben gibt.

Prinzipiell war diese Möglichkeit jetzt gegeben. Die Menschen aber haben dessen ungeachtet die »Höllenfahrt« ihres Denkens weiter fortgesetzt, auch dadurch, daß sie durch die Trennung von Glauben und Wissen sich von der Verantwortung für das Denken dispensieren wollten. So hatte zunächst einmal Ahriman seine Zeit, und wir konnten sehen, bis zu welchem Punkte seine Zerstörungstendenzen bis heute fortschreiten konnten. Die Trennung von Glauben und Wissen, von Pistis und Gnosis, ist insofern tragisch zu nennen, weil dadurch der Glaube entscheidend daran gehindert wurde, ein Keim für das neue, christliche Denken und Erkennen zu sein. Das, was im menschlichen Gehirn, in der Schädelstätte des Geistes, stirbt, hätte eigentlich vom Herzen her auferstehen können und sollen. Das arabistisch geprägte Denken ist ja darum so kalt, fahl und tot, weil es eine einseitige Gehirnangelegenheit ist. Vom Christusimpuls getragen, müßte aber der *ganze* Mensch am Erkennen seinen Anteil haben, also auch die Kräfte des Willens und Fühlens. Das *muß* im übrigen nicht bedeuten, daß der Mensch dadurch automatisch wieder den Weg des Arabismus geht, d. h. daß der ganze Erkenntnisprozeß damit ins unkontrollierbar Phantastische abgleitet, so wie wir es für den koranischen Menschentyp als mögliche Gefahr aufgezeigt haben. Aber ist nicht das sonnenhaft warme Herz inzwischen auch schon kalt geworden und hart wie Stein? Doch wenn wir die wirksamen Konsequenzen dessen wahrnehmen und annehmen, die darin liegen, daß wir bekennen: »Nicht mehr ich, sondern Christus in mir«, dann dürfen wir auch mit der Auferstehung des spirituellen Denkens des ganzen Menschen rechnen und sie uns zu-muten!

Die tragische Entwicklung der modernen, vom Arabismus verursachten einseitigen Entwicklung des Denkens und Erkennens liegt ja darin, daß der Mensch selbst eigentlich mit seinem wahren Wesen in diesem Denken nicht darinnen steht. Nicht der Geist denkt, nicht *ich* denke, sondern *es* denkt, das Gehirn denkt. Der Erkenntnisprozeß verläuft mechanisch, dem Ideal der Maschine entsprechend. Ein vom das Sohnesprinzip verneinenden Islam impulsierter Arabismus *mußte* zu diesem Ergebnis führen; denn nur durch das »Christus in mir«, nur durch die Einwohnung des Sohnes im Menschen, wird der Mensch selbst »Sohn Gottes«. Seine Geistigkeit selbst wird sohnhaft, d. h. sein höheres Ich, jetzt von Christus mit schöpferischen Kräften erfüllt, ist wieder selbst ganz Subjekt des Denkens, dem sich das wahre geistige Wesen der Welt wieder erschließen und das in diesem innovativ-kreativ wirkenden Geist das Angesicht der Erde erneuern kann.

Islam und Christentum auf dem Wege zum Gral

Das vom Islam in die Welt hinausgetragene arabische Element stand am Anfang der rationalistisch-materialistischen Epoche, die jetzt zu Ende geht. Dieser Islam, der die epochale Initialzündung gegeben hatte, steht nun, nachdem er eine Zeitlang wie verschwunden war, wieder vor uns, unübersehbar. Das im Weltenplan der geistig-göttlichen Welt liegende

Ziel des Arabismus ist im wesentlichen erreicht: das menschliche Ich hat mittels des Materialismus seine nötige Stärke erreicht und kann sich so organisch weiterentwickeln. Der Islam als Geburtshelfer muß nun Lebensgefährte werden. Und es stehen in der Tat innerhalb des Gesamtislam genügend Kräfte bereit, die spirituell und zukunftsträchtig genug sind, um gemeinsam mit einem erneuerten, durchgeistigten Christentum den Weg in das dritte Jahrtausend zu gehen. K. Heyer gebraucht in diesem Zusammenhang das Bild vom islamischen Halbmond als Schale, die, noch leer, die Hostie des christlichen Gral in sich aufnehmen muß: »Erst wenn das an sich nur form- und schalenhafte Denken der heutigen im tieferen Sinne noch immer ›arabistischen‹ Wissenschaft den lebendigen Geistesinhalt aufnimmt, der nur aus der fortlaufenden, zeitgemäß weiterentwickelten christlichen Strömung hervorgehen kann, wenn der Halbmond seinen Zweck als ›Gefäß‹ erfüllt, indem er die ›Hostie‹ aufnimmt, und das schalenhafte Denken selbst sich verlebendigend sich wandelt, erst wenn so Arabismus und Christentum in unserer Kultur wirklich zu einer höheren Einheit verschmelzen, wird der innere Widerstreit zwischen beiden überwunden sein. Erst dann wird im Sinne der Gesamtmenschheitsentwicklung auch die Mission des Arabismus ganz erfüllt sein.«[108]

Das Bild vom Islam/Arabismus als Halbmond/Schale kann man nun aber noch ergänzen durch ein anderes Bild auch aus dem Parzival-Grals-Bereich. Da gibt es die Gestalt des *Feirefiß*, Halbbruder des Parzival, dessen Mutter Belakane eine Araberin ist. Was für eine Funktion hat Feirefiß eigentlich innerhalb der Gralsuche bzw. Gralsfindung? Wichtig wird seine Rolle erst im letzten Stadium der Suche. Das letzte Stück Weges geht er *zusammen mit* Parzival. *Beide zusammen* kommen zum Gral. Vorher hatten sie gegeneinander gekämpft. Feirefiß ist stärker, aber wendet seine Stärke nicht tödlich gegen Parzival. Feirefiß als der ritterliche, humane Vertreter des – *Islam?*

Allgemein spricht man von Feirefiß als dem Vertreter der »östlichen« Weisheit im allgemeinen, ohne dies näher zu konkretisieren. Vieles deutet aber darauf hin, daß Feirefiß in der Tat als Vertreter speziell des Islam gemeint ist: Seine Mutter, wie gesagt, ist Araberin, Trägerin »einer Weisheit, wie sie aus arabischer Quelle kommt«.[109] Es tauchen auch immer wieder Namen arabischer Städte auf: Bagdad, Damaskus . . . Feirefiß' Heer besteht aus Sarazenenvölkern; denn er beherrscht die arabische Welt. Von Feirefiß wird ausdrücklich gesagt, er habe die arabischen Namen der von Kundrie aufgezählten sieben Planeten wohl gekannt. Feirefiß, der bisher nur den Vatergott kannte (den monotheistischen Gott des Islam), erkennt durch die an ihm vollzogene Taufe dann auch den christlich-trinitarischen Gott. Und dann gibt es die geheimnisvollen Verse am Ende des Kampfes zwischen Parzival und Feirefiß, wo letzterer sagt: »Unser Vater, du und ich, wir sind ein Ganzes, alle drei, wie ungleich unser Wesen sei . . .« Könnte hier, kühn gefragt, nicht eine tiefe Anspielung vorliegen auf die Gemeinsamkeit der drei Abrahams-Religionen? Gachmuret der Vater als Abraham, Parzival als Isaak, von dem Judentum und Christentum herkommen, und Feirefiß als Ismael, der Ahnherr der Araber und des Islam? Alle drei zwar »ungleich«, aber letztlich ein Ganzes?

P. Ponsoye hat in seinem Buch »L'islam et le graal«[110] aufgezeigt, daß die Gralsforschung die islamischen Elemente im Parzival nicht genügend erkannt hat, weil die »wissenschaftliche« Forschung die esoterischen Motive nicht genügend kenne und berücksichtige. Ponsoye bekräftigt unsere Vermutung, daß in der Dreiheit Gachmuret, Parzival, Feirefiß letzterem die Aufgabe zufällt, den Islam zu vertreten. »Auf jeden Fall hat die Erscheinung des Feirefiß am Ende der Geschehnisse, die bewirkt, daß sich die Ergebnisse der Gralssuche ›kristallisieren‹, und die sie sanktioniert, etwas von der Rolle des ›Parakleten‹, die dem Islam in Beziehung auf die beiden vorhergehenden Traditionen (die jüdische und die christliche) zuerkannt wird.«[111] Wir können dies aus unseren Darlegungen über die Schia heraus nur bestätigen! Zur islamischen Mystik gibt es im Parzival auch noch weitere Tiefenverbindungen (z. B. Smaragd als Farbe höchster Einweihung dort und das smaragdene Tuch, auf dem der Gral getragen wird), die wir hier nicht im einzelnen aufzeigen können. Aber alles deutet insgesamt darauf hin, daß Feirefiß in der Tat der Vertreter des Islam ist. Und dann wäre auch im »Parzival« ahnungsvoll darauf verwiesen, daß auf dem letzten Stück Weges zur Erkenntnis des Heiligen, zur Christus-Wirklichkeit, der Islam, vom Arabismus gereinigt, erneuert und letzten Endes auch »getauft«[112], d. h. mit neuer, hellseherischer Kraft erfüllt, als Weggefährte und »Beistand« mitwandert.

Aus unserer Darstellung der Schia und der in ihr bereitstehenden geistigen Potenzen dürfte bereits klar geworden sein, daß diese Kraft innerhalb des Islam der Zukunft eine sehr bedeutsame, wenn nicht die zentrale Rolle spielen wird. Insofern stimmen wir mit J. Pohl überein, wenn dieser nicht der *zahlenmäßig* stärksten Sunna (besonders stark in Indonesien, Pakistan, Bangladesch, Indien, Türkei, Sowjetunion, also in nicht-arabischen Staaten) das Hauptgewicht zuerteilt, sondern der Schia. Er betont, »daß wir heute in erster Linie mit der esoterisch gegründeten Kraft der Schia zu rechnen haben«[113]. »Die Nähe christlicher Mysterien in der Ausbildung der Führer der Schiiten, Reinkarnation und Karma bei den Drusen, Dreigliederungsgedanken bei Khadafi – am Ende des 20. Jahrhunderts, am Ende der Epoche des intellektualistischen Materialismus, versammeln sich Partner um das Mittelmeer, um dabeizusein bei der Entstehung einer neuen, einer postintellektualistischen Epoche.«[114] Feirefiß *und* Parzival, Islam *und* Christentum müssen die nächste Wegstrecke *miteinander* gehen, aus spiritueller Erkenntnis heraus oder wenigstens unter dem Druck wachsender weltumspannender, interkultureller, sozialer und ökonomischer Verflechtungen. Wer zum Gral kommt, muß den Menschenbruder mitbringen.

ANMERKUNGEN

1 Mystische Dimensionen des Islam. Die Geschichte des Sufismus, Köln 1985, S. 47. » Alastu « ist das arabische Anfangswort, nach dem dieser berühmte Vers benannt ist: » Bin ich nicht ...? «

2 Der Islam und das Problem der kulturellen Bewältigung sozialen Wandels, Frankfurt ²1991, bes. 38 ff.; vgl. ders., Die Krise des modernen Islams. Eine vorindustrielle Kultur im wissenschaftlich-technischen Zeitalter, Frankfurt 1991, S. 74. 122. 148.

3 Vgl. hierzu H. A. R. Gibb – J. Landau, Arabische Literaturgeschichte, Zürich 1968, bes. den Abschnitt über das » Heroische Zeitalter «.

4 Zum Verhältnis Mohammeds zum Judentum vgl. die hervorragende Studie von J. Bouman: Der Koran und die Juden. Die Geschichte einer Tragödie, Darmstadt 1990.

5 G. Röschert, Das Wort ward Buch. Das Offenbarungsbild des Islam, in: Die Drei 10 (1989) 417–428, hier S. 420.

6 A. Schimmel, aaO, S. 50, im Anschluß an H. Wolfson.

7 Röschert, aaO, S. 422.

8 Der Islam ..., S. 52.

9 Wir berufen uns für diese Deutung auf die tiefschürfende Studie von F. Schuon, Den Islam verstehen. Eine Einführung in die innere Lehre und die mystische Erfahrung einer Weltreligion, Bern 1988, bes. 13 ff. und 75 ff..

10 Wir beziehen uns hier auf S. H. Nasr, Traditional Islam in the Modern World, London – New York 1990, S. 27–33.

11 Vgl. zum Folgenden H. Laoust, Les schismes dans l' islam, Paris 1965.

12 C. Colpe, Problem Islam, Frankfurt/Main 1989, S. 68.

13 Das arabische Reich und sein Sturz, Berlin ²1960, S. 5 f..

14 Die Welt des Islam, in: J. Pohl (Hrsg.), Die Welt des Islam, Dornach 1989, S. 32. Zur Dreigliederung des sozialen Organismus vgl. grundlegend bei R. Steiner: Die Kernpunkte der sozialen Frage, Dornach 1919 u. ö. (= GA 23), vor allem den zweiten Vortrag, S. 50 ff. Dreigliederung meint die relative Selbständigkeit von Wirtschaft, Politik/ Recht und Kultur.

15 Muʿammar al-Qaḏḏāfī, Al-Kitāb al-Aḫdar (Das Grüne Buch), Tri-
   poli, o. J.; vgl. zum Folgenden insgesamt M. M. Ayoub, Islam and
   the Third Universal Theory: The religious thought of Muʿammar al-
   Qaḏḏāfī, London – New York – Sidney 1987.

16 Diese und die folgenden Seitenzahlen beziehen sich auf die deutsche
   Übersetzung von Rushdies Roman, im Artikel 19 Verlag, 1989.

17 Vgl. hierzu B. Tibi, Die Krise des modernen Islam, S. 240–279.

18 Über diese grundlegenden Strömungen im Islam informiert außer
   dem in Anm. 10 angeführten Buch aus der »traditionalen« Sicht das
   exzellente Werk von S. H. Nasr: Die Erkenntnis und das Heilige,
   München 1990. Diesem Werk verdanken wir sehr viele, grundlegende Einsichten.

19 Nasr, aaO, S. 97.

20 Vgl. zum Ganzen das Kapitel »Reflections on Islam and modern
   thought« in S. H. Nasr, Traditional Islam …, S. 97–113.

21 Die Geheimwissenschaft im Umriß, Taschenbuchausgabe, Dornach
   1977, S. 296.

22 aaO, S. 297.

23 aaO, S. 298.

24 Vgl. zu diesem ganzen Abschnitt S. H. Nasr, Die Erkenntnis und das
   Heilige, S. 23 ff.

25 Zitiert nach A. Schimmel, Muhammad Iqbal. Prophetischer Poet
   und Philosoph, München 1989, S. 61.

26 Für unsere Darstellung der Schia beziehen wir uns wesentlich und
   häufig auf das umfangreiche Opus von Henry Corbin, besonders auf
   sein mehrbändiges Werk: En Islam iranien. Aspects spirituels et phi-
   losophiques, 4 Bände, Paris 1971 ff. Angegebene Band- und Seitenzahlen beziehen sich auf dieses grandiose Werk.

27 I, 39 ff.

28 I, 54 ff.

29 I, 51.

30 Vgl. H. Halm, Die Schia, Darmstadt 1988, 62–73.

31 Corbin, III, 224.

32 Dieses Urteil betrifft den Ismaelismus (Siebener-Schia) oder extreme
   Formen des Sufismus. Das gleichzeitige Festhalten am Äußeren und
   Inneren ist die goldene Regel der Zwölfer-Schia. So wie das unter
   dem Diktat des Engels vom Propheten vorgetragene Wort die Erscheinungsform (Epiphanie, mazhar) des Ewigen Wortes ist, so ist
   der Wort-Sinn die Epiphanie des geistlichen Sinnes. Also: epiphani-

sche Beziehung statt »hypostatischer Union« (christologisches Denkmodell des Konzils von Chalkedon 451: eine Person in zwei Naturen).

33 Anspielung auf die Unterscheidung zwischen Muslim und Mu'min, eine in der Schia fundamentale Unterscheidung. Der wahre Gläubige ist derjenige, der sich den Zwölf Imamen anvertraut mit der zusätzlichen Glaubensbezeugung vom Imamat. Imān (Glaube) ist der Kern, Islam nur die Schale, die äußere Hülle, die aber für dessen Wachstum und Schutz notwendig ist.

34 Corbin, III, 302.

35 Zum Folgenden vgl. im einzelnen das 4. Kapitel des III. Bandes bei Corbin, S. 274–355; dazu das einzige ins Deutsche übersetzte Werk: Die smaragdene Vision. Der Licht-Mensch im persischen Sufismus, München 1989, 155–180.

36 III, 300.

37 I, 45. 52. 103–110.

38 I, 51f.

39 IV, 303–337.

40 IV, 322.

41 IV, 434. Zur Frage nach den Wahrnehmungsorganen und der Ebene der »Wiederkunft Christi« vgl. auch H.-W. Schroeder, Von der Wiederkunft Christi heute, Stuttgart 1991; A. Suckau, Christentum und Islam, in: Die Drei 60 (1990) 825–832, hier: 831.

42 IV, 434.

43 Hamūyeh, IV, 435.

44 IV, 437–443.

45 N. Berdjajew, Le sens de la création, Paris 1955, S. 142.

46 Corbin, IV, 444–450.

47 Dem hier zitierten Text liegt die Übersetzung von M. Tworuschka (Islam, Göttingen 1982) zugrunde, die wir nur an wenigen Stellen leicht korrigiert haben; Text bei T. Seite 86–93. Die Übersetzerin gibt auch viele Erläuterungen zum Text, denen wir einige Anregungen verdanken.

48 IV, 457f.

49 Weitere Informationen zur Siebener-Schia bei H. Halm, Die Schia, Darmstadt 1988, S. 193–243; O. Yahia, s. v. Ismaélisme, in: Encyclopaedia Universalis.

50 Vgl. J. Chabbi, Encyclopaedia Universalis, s. v. »soufisme«; das große Standardwerk zur islamischen Mystik ist: Annemarie Schim-

mel, Mystische Dimensionen des Islam. Die Geschichte des Sufismus, Köln 1985.

51 Vgl. Schimmel, aaO, S. 206–211.

52 F. Meier, Vom Wesen der islamischen Mystik, in: J. Pohl (Hrsg.), Die Welt des Islam, Dornach 1988, 121–139, hier: S. 131 (ursprünglich Habilitationsvorlesung, Basel 1942). Meier ist Übersetzer und Herausgeber von Werken Kubras, seine Deutung ist verläßlich.

53 Meier, ebd. Betreffend die Zusammenhänge mit dem »himmlischen Zeugen«, dem »Doppelgänger« usw. vgl. H. Corbin, Die smaragdene Vision (vgl. Anm. 35), Kapitel IV »Visio smaragdina« über Kubra, S. 87–128.

54 Wir zitieren nach: A. Schimmel, Muhammad Iqbal (vgl. Anm. 25).

55 Zwei islamische Dichtungen, in: Novalis. Zeitschrift für europäisches Denken 45 (1991) 28 f..

56 Zum Thema »Abraham und der Islam« vgl. vor allem die Ausführungen von J. Bouman, Der Koran und die Juden. Die Geschichte einer Tragödie, Darmstadt 1990, und Y. Moubarac, Abraham dans le Coran, Paris 1958.

57 Annäherungen. Abraham und der Islam, in: Die Drei 11 (1990) 832 bis 847, hier: 833.

58 Röschert, aaO, S. 844.

59 Vgl. Röschert, S. 845.

60 R. Frieling, Christentum und Islam. Der Geisteskampf um das Menschenbild, Stuttgart 1977.

61 Stuttgart 1991.

62 Rezension des Buches von Waage, in: Die Drei 61 (1991) 333–334, hier: 334.

63 L. Ravagli, Der Geist der Freiheit. Das Christentum der Erkenntnis und das Dogma der Offenbarungen, in: Individualität 7 (1988) 15–39, hier: 22.

64 Esoterische Betrachtungen karmischer Zusammenhänge, V, Dornach 1975 (= Gesamtausgabe 239), S. 229 f. (vierzehnter Vortrag, Breslau, 13.6. 1924).

65 Vgl. H. Küng, J. van Ess – H. von Stietencron – H. Bechert, Christentum und Weltreligionen, München – Zürich 1984, S. 621.

66 Vgl. Nasr, Erkenntnis, S. 403, A. 23.

67 Im Anschluß an S. von Gleich, Geisteswissenschaftliche Entwicklungslinien im Hinblick auf den Impuls von Gondi-Schapur, Stuttgart ³1983, S. 8 f.

68 AaO, S. 11 f..

69 W. Schüpbach, Der Arabismus. Seine historischen und spirituellen Hintergründe und sein Fortwirken in der Gegenwart, Schaffhausen 1986, S. 9.

70 Vgl. aaO, S. 12 f..

71 AaO, S. 23.

72 Welt, Erde und Mensch, Dornach 1974 (= GA 105).

73 Exkurse in das Gebiet des Markus-Evangeliums, Dornach 1963 (= GA 105).

74 Gegenwärtiges und Vergangenes im Menschengeiste, Dornach 1962 (= GA 167).

75 Im Bereich der Theologie trifft dieses Urteil auf manche »Christologien« »von unten« zu.

76 Mysterienwahrheiten und Weihnachtsimpulse. Alte Mythen und ihre Bedeutung, Dornach 1966 (= GA 180).

77 Dornach 1968 (= GA 184).

78 In: Der Tod als Lebenswandlung, Dornach 1976 (= GA 182), S. 157–184.

79 Röschert, Annäherungen (vgl. Anm. 57), S. 839–841.

80 Lehrerkonferenzen, Band I, Dornach 1975 (= GA 300a), S. 130 (Stuttgart, 6. Juni 1920).

81 Dornach 1970, 6 Bände (= GA 235–240).

82 Eine weltgeschichtliche Strukturfrage: Arabismus und Christentum, in: Die Drei 61 (1991) 15–26, hier:S. 19.

83 Im Treffpunkt von Freiheiten: Grenzerfahrungen und Christus-Prinzip, in: Die Drei 61 (1991) 181–191, hier: S. 185.

84 Anthroposophische Leitsätze, Dornach 1954 (= GA 26), S. 309–313.

85 Zum Golfkrieg, in: Die Drei 61 (1991) 235–237, hier: S. 236.

86 H. H. Schöffler, Die Akademie von Gondischapur. Aristoteles auf dem Wege in den Orient, Stuttgart [2]1980.

87 E. Bock, Die drei Jahre, Stuttgart [8]1981, S. 50.

88 Vgl. Schöffler, S. 68.

89 Anthroposophische Leitsätze (vgl. Anm. 84), S. 312.

90 Vgl. zum Folgenden: Esoterische Betrachtungen, Band V (= GA 239), S. 51 ff..

91 Der Sieg des Lebens über die Abstraktion, in: J. Pohl (Hrsg.), Die Welt des Islam, Dornach 1989, S. 106–120.

92 Vgl. hierzu K. Heyer, Araber und Islam als weltgeschichtlicher Kul-

turimpuls, in: J. Pohl (Hrsg.), Die Welt des Islam, Dornach 1989, S. 68–91, bes. 82 f.

93 Schüpbach, aaO, S. 61.

94 Vgl. hierzu: Schüpbach, S. 229–237, und E. Bock, Apokalypse, Stuttgart 1982, S. 103–114.

95 Wir übernehmen im Folgenden im wesentlichen die bereits im Laufe dieser Untersuchung beschriebene »traditionale« Perspektive, so wie sie z. B. S. H. Nasr (Die Erkenntnis und das Heilige) vertritt (vgl. besonders das Kapitel IX).

96 S. 384.

97 S. 387.

98 Vgl. S. 388 f.

99 S. 388.

100 Vgl. S. 394.

101 S. 395.

102 Zitiert bei Nasr, S. 370.

103 Die Welträtsel und die Anthroposophie, Dornach 1966 (= GA 54), S. 177.

104 Geisteswissenschaft als Lebensgut, Dornach 1959 (= GA 63), S. 104.

105 Die Apokalypse des Johannes, Dornach 1960, S. 29 f..

106 Die tieferen Geheimnisse des Menschheitswerdens im Lichte der Evangelien, Dornach 1966 (= GA 117), S. 189.

107 Siehe auch: E. Bock, Paulus, Stuttgart 1981, S. 353–360.

108 AaO (vgl. Anm. 92) S. 90.

109 R. Meyer, Zum Raum wird hier die Zeit. Die Gralsgeschichte, Stuttgart ³1980, S. 126 f.

110 Paris 1958.

111 S. 57, Übersetzung von H. Gerbert, in: J. Pohl (vgl. Anm. 90), Der Islam und der Gral, S. 98–105, hier: S. 100.

112 Vgl. zur Taufe die wichtigen Ausführungen bei R. Meyer, aaO, S. 198–201.

113 Die Welt des Islam, aaO, S. 34.

114 Ebd.

HERMAN VON SKERST
Der unbekannte Gott
Griechische Mysterienschau und christliche Erfüllung
148 Seiten, 31 Abbildungen, Leinen

DIETHER LAUENSTEIN
Die Mysterien von Eleusis
320 Seiten, 85 Zeichnungen, Leinen

HANS WALTER
Das griechische Heiligtum
Dargestellt am Heraion von Samos
208 Seiten, 206 Abbildungen, Zeichnungen und Pläne, broschiert

PETER HEIMANN
Der griechische Weg zu Christus
Elemente zum Verständnis des Ersten Petrusbriefes
117 Seiten, kartoniert

EMIL BOCK
Beiträge zur Geistesgeschichte der Menschheit
Bd. 1: Urgeschichte · Bd. 2: Moses und sein Zeitalter
Bd. 3: Könige und Propheten · Bd. 4: Cäsaren und Apostel
Bd. 5: Kindheit und Jugend Jesu · Bd. 6: Die drei Jahre · Bd. 7: Paulus

RUDOLF FRIELING
Gesammelte Schriften
zum Alten und Neuen Testament
Bd. 1: Studien zum Alten Testament · Bd. 2: Psalmen
Bd. 3: Christologische Aufsätze · Bd. 4: Studien zum Neuen Testament

VERLAG URACHHAUS STUTTGART

REINHARD WAGNER
Die Gnosis von Alexandria
Eine Frage des frühen Christentums an die Gegenwart
190 Seiten, kartoniert

ADOLF MÜLLER / ARNOLD SUCKAU
Werdestufen des christlichen Bekenntnisses
136 Seiten, kartoniert

CHRISTOPH RAU
Struktur und Rhythmus im Johannes-Evangelium
Eine Untersuchung über die Komposition des vierten Evangeliums
172 Seiten, kartoniert

CHRISTOPH RAU
Das Matthäus-Evangelium
Entstehung – Gestalt – Essenischer Einfluß
160 Seiten, kartoniert

PETER MÜLLER
Der Soma-Begriff bei Paulus
Studien zum paulinischen Menschenbild und seine Bedeutung für
unsere Zeit
116 Seiten, kartoniert

EDUARD LENZ
Betrachtungen über das Matthäus-Evangelium
Studien zur Komposition und Initiation im Ersten Evangelium
Hrsg. von Johannes Lenz
140 Seiten, kartoniert

VERLAG URACHHAUS STUTTGART